Christoph Quarch
Eros & Harmonie

Christoph Quarch
Eros & Harmonie
vom Autor verbesserte Neuauflage 2020

Ein Imprint der Kraterleuchten GmbH,
Gartenstraße 3, 54550 Daun

Lektorat: Paul Kaltefleiter und Christine Teufel
Korrektorat: Stefanie Häb
Umschlaggestaltung: Björn Pollmeyer
Layout & Satz: Björn Pollmeyer
Foto auf Seite 269: Ulrich Mayer

Gedruckt in der Europäischen Union, Finidr, CZ

FSC www.fsc.org MIX Papier aus verantwortungsvollen Quellen FSC® C014138

ISBN 978-3-948206-05-5

www.legenda-Q.de

Christoph
Quarch

Eros & Harmonie

legenda Q

»Freilich ist ein glückseliges Leben keine ganz einfache Sache.«

– Seneca

Sonnenlicht und Blumenblick
Einleitende Bemerkungen zum Glück in glückloser Zeit ... 9

1 **Beate, Felicitas, Fortuna**
Drei Damen, die das Glück bedeuten ... 20

2 **Vom Diesseits ins Jenseits und zurück**
Wie das große Glück der Griechen zur *happiness* verkam .. 32
Happiness **– das kleine Glück des modernen Menschen ... 33**
Eudaimōnía **und** ***Beatitudo*** **– vom diesseitigen Glück des Weisen zum jenseitigen Glück des Christen ... 42**
a) Aristoteles ... 42
b) Augustinus ... 52
Harmonie **– das große Glück des ganzen Menschen ... 62**
Sokrates und die Sophisten ... 63
Platon ... 76

3 **Unverfügbar, zeitlos, schwebend**
Wie Harmonie erfahren wird ... 89
»Sämtliche Räder kreisten.« Die Gabe der Fortuna ... 90
»Mitsingen im Chor der Sphären.« Eingestimmt in die Harmonie des Kosmos ... 96
»Ward die Welt nicht eben vollkommen?« Das große Glück schwingt in der Schwebe ... 100

4 **Bildung, Ästhetik, Lebenskunst, Mystik**
Viele Wege führen zum Glück – aber nicht alle machen glücklich ... 108
Paideía – Glück durch Bildung? ... 110
a) Platons Weg zum guten Leben ... 112
b) Humboldts Bildungsprogramm ... 120
Ästhetik – Glück durch Schönheit? ... 125
a) Nietzsches Willen zur Macht ... 141
b) Schmids Aneignung des Lebens ... 144
Mystik – Glück durch Einung? ... 150
a) Aufgabe des Eigenwillens ... 159
b) Gelassenheit gegenüber dem Kreatürlichen ... 161

c) Bildung als Ent-Bildung ... *162*
d) Empfänglichkeit und Jungfräulichkeit ... *164*
e) Fruchtbarkeit, Tätigkeit, Weib-Sein ... *168*

5 **Erotik** – Der Weg der Liebe führt zum Ziel ... 174
a) Hingerissen vom Schönen ... *180*
b) Zwischen Göttern und Menschen ... *186*
c) Sowohl weiblich als auch männlich ... *189*
d) Zum Sex, im Sex und über ihn hinaus ... *193*
e) Der Geist der Schwebe ... *199*
f) Verliebt im weiten Meer der Schönheit ... *206*

6 **Verliebe dich ins Leben!**
Der erotische Imperativ und zehn Vorschläge, wie Sie ihn befolgen können ... 215
1. **Erkenne dich selbst!**
Philosophie – im Einklang mit der Wahrheit ... **219**
2. **Lass dich los und schau hin!**
Kontemplation und Meditation – im Einklang mit dem, was ist ... **222**
3. **Lass dich bewegen!**
Wellness, Sport, Kunstgenuss – im Einklang mit Leib und Sinnen ... **226**
4. **Lass gut sein!**
Seelenerforschung – im Einklang mit der eigenen Herkunft ... **230**
5. **Sei dankbar!**
Achtsamkeit – im Einklang mit deiner Umgebung ... **233**
6. **Sei schöpferisch!**
Kreativität – im Einklang von Empfänglichkeit und Schaffen ... **234**
7. **Mach dich schön!**
Kosmetik und Tanz – im Einklang von Leib und Seele ... **237**
8. **Tu den ersten Schritt!**
Kommunikation – im Einklang mit anderen ... **239**
9. **Spiel mit!**
Spielen – im Einklang mit dem Leben ... **243**
10. **Bleibt der Erde treu!**
Demut – im Einklang mit der Endlichkeit ... **251**

Anmerkungen ... **255**
Über den Autor ... **269**

Sonnenlicht und Blumenblick

Einleitende Bemerkungen zum Glück in glückloser Zeit

»Was ist Glück?« – es ist wohl eine der ältesten Menschheitsfragen, die auf den ersten Seiten von Jutta Bauers Kinderbuch *Selma*[1] aufgeworfen wird – und zwar von einem depressiv ins Leere blickenden Fuchs vor einem halb leeren Glas Rotwein. Da er mit der Frage nicht weitergekommen sei, so lässt uns dieser menschliche, allzu menschliche Repräsentant unserer Gegenwart wissen, habe er den unschwer als Philosophen auszumachenden *großen Widder* konsultiert, der seine Frage mit der Geschichte des Schafes Selma beantwortet habe. Selma sei auf beispielhafte Weise glücklich, da sie sich nicht mehr und nicht weniger wünsche als das, was sie ohnehin tut: Gras fressen, Sport treiben, plaudern, gut schlafen. Also sprach *der große Widder*.

Jutta Bauers Büchlein wurde ein Bestseller. Groß ist offenbar die Zahl derer, die sich mit dem rat- und rastlos nach Glück suchenden Fuchs identifizieren. Und groß ist die Zahl derer, die von dem einfachen Glück des Schafes

Selma träumen – und doch nicht glücklich sind. Tatsächlich nämlich belehren uns Sozialwissenschaftler und Statistiker darüber, dass unsere an materiellen Gütern reiche und freie westliche Welt im Allgemeinen und Deutschland im Besonderen eine Region mit einem außergewöhnlich niedrigen Glücksquotienten ist – ganz anders als materiell arme Länder wie Bhutan oder Bangladesch, deren Einwohner sich weit häufiger als glücklich erleben. Irgendwie scheint es mit dem Glück schwieriger zu sein, als uns die reizende Geschichte von Selma, dem wunschlosen Schaf, glauben machen möchte.

Kein Wunder daher, wenn in unseren Breiten das Geschäft mit dem Glück boomt. Jedenfalls steht in eigentümlichem Kontrast zu der vom *großen Widder* propagierten Einfachheit des Glücks eine nicht mehr zu überblickende Vielfalt von Traktaten, Ratgebern und Abhandlungen über das Glück. Und das nicht erst seit gestern: Von dem römischen Autor Varro wissen wir, dass zu seiner Zeit bereits 288 verschiedene Lehrmeinungen über das Glück existierten[2], und allein aus der Zeit der französischen Aufklärung sind mehr als 50 selbstständige Traktate über das Glück überliefert[3]. Doch dies alles hält die Menschen der westlichen Welt nicht davon ab, sich mit neuer und besonderer Verve des Glücks anzunehmen. Der literarische Erfolg von *Selma* ist nur ein besonders prägnantes Beispiel für die anhaltende Hochkonjunktur des Glücks. Nicht nur Kinderbuch und *BILD*-Zeitung (»Das Glück kam mit dem Alter«) haben sich des Themas angenommen, auch Spiritualität, Philosophie und Wissenschaft scheuen sich nicht mehr, dem Glücke nachzujagen: So rangierte lange Zeit *Der Weg zum Glück*[4] des Dalai-Lama auf den obersten Plätzen der Bestseller-Charts, mit seiner *Philosophie der Lebenskunst*[5] gelang es dem Philosophen Wilhelm Schmid in den 1990er-Jahren, das Nachdenken über das Glück akademisch wieder hoffähig zu machen, und im Grenzland zwischen Psychologie und Neurophysiologie hat sich derweil eine eigene empirische Glückswissenschaft etabliert[6], die präzis zu beschreiben beansprucht, was mit uns geschieht, wenn wir glücklich sind. Nur: Was Glück *wesentlich* ist und *wie* wir am Ende wirklich glücklich werden – das kann auch sie uns nicht sagen. Und so stehen denn zeitgenössische Glückssehnsucht, Glücksverheißung und Glückserfahrung in einem merkwürdigen Missverhältnis.

Solche Merkwürdigkeiten laden zum Nachdenken ein. Und allein deshalb scheint es angezeigt, dem Reigen der Glücksbücher ein weiteres hinzuzufügen – eines, das der Sorge entwächst, die Konjunktur des Glücks könnte sich bei näherer Betrachtung als Inflation erweisen: als Korruption, in deren Folge das Glück erst banalisiert und dann entwertet wird. Denn: Wer vermag noch, den Reichtum und die Tiefe des Wortes *Glück* zu erahnen, wenn jeder Zigarettenautomat die fahle Parole: »Rauchen macht glücklich« ausgibt? Wer spürt noch den Zauber und die Verheißung dieser fünf Buchstaben, wenn das Glück als erwerbbare Ware auf dem Marktplatz feilgeboten wird? Wer hat noch den Sinn und das Gespür eines Hermann Hesse, aus dessen Feder die wohl schönste Meditation über das Wort *Glück* stammt:

> *Glück. Es ist eins von den Wörtern, die ich immer geliebt und gern gehört habe. Mochte man über seine Bedeutung noch so viel streiten und räsonieren können, auf jeden Fall bedeutete es etwas Schönes, etwas Gutes und Wünschenswertes. Und dem entsprechend fand ich den Klang des Wortes. Ich fand, dieses Wort habe trotz seiner Kürze etwas erstaunlich Schweres und Volles, etwas, was an Gold erinnerte, und richtig war ihm außer der Fülle und Vollwichtigkeit auch der Glanz eigen, wie der Blitz in der Wolke wohnte er in*

der kurzen Silbe, die so schmelzend und lächelnd mit dem GL begann, im Ü so lachend ruhte und so kurz, und im CK so entschlossen und knapp endete. Es war ein Wort zum Lachen und Weinen, ein Wort voll Urzauber und Sinnlichkeit; wenn man es recht empfinden wollte, brauchte man nur ein spätes, flaches, müdes Nickel- oder Kupferwort neben das goldene zu stellen, etwa Gegebenheit oder Nutzbarmachung, dann war alles klar. Kein Zweifel, es kam nicht aus Wörterbüchern und Schulstuben, es war nicht erdacht, abgeleitet oder zusammengesetzt, es war Eins und rund, war vollkommen, es kam aus dem Himmel oder aus der Erde wie Sonnenlicht und Blumenblick.[7]

Sonnenlicht und Blumenblick – nicht erdacht und nicht erfunden: Glück ist ein Wort, das aus dem Herzen kommt, ein Wort das mit dem Herzen gehört und mit dem Herzen verstanden sein will. Wenn wir uns auf den folgenden Seiten anschicken, über das Glück nachzudenken, dann mit dieser Zielrichtung: dem Glück seinen Zauber zurückzugeben, diese zarte und empfindliche Pflanze vor Inflation und Vermarktung zu schützen, um ihr dann einen Ort in der Mitte des Lebens zu geben.

Aber um dorthin zu gelangen, ist es zunächst wichtig, sich von den Bildern und Konzepten zu befreien, die das Glück entstellt und seine Kommerzialisierung möglich gemacht haben – denn ob wir wollen oder nicht: immer sitzen uns Bilder und Verheißungen, Ideen und Ideologien wie Brillengläser auf der Nase und verzerren unseren Blick auf das Leben. So lässt sich häufig beobachten, dass eine bestimmte Idee vom Glück, ein bestimmtes Bild, das uns von irgendwoher zugeflogen ist und mit dem wir uns – warum auch immer – identifizieren, uns von unserem Glück abhält: weil wir uns eine Idee zum Maßstab nehmen, die nicht unsere ist, die nicht unserem Herzen erwächst, sondern die gedacht, konzipiert, proklamiert worden und deren Saat mit den Winden der Ideengeschichte dem Garten unserer Seele zugeflogen ist, wo sie sich nunmehr zu wuchern anschickt. Da haben sich Ideen eingenistet, die uns gänzlich überfordern: die uns ein Glück in Aussicht stellen, das nicht das Glück von Menschen, sondern die Seligkeit von Göttern (oder auch von Schafen) ist. Wo solche Ideen sich um unser Leben ranken, verschatten sie jeden Sonnenglanz: Selbst wo wir glücklich sein könnten, sind wir es doch nicht, da wir Maßstäben und Kriterien folgen, die in Wahrheit gerade nicht *unsere* Maßstäbe und Kriterien sind. Andererseits gedeihen im Garten der Seele ebenso Konzepte, die viel zu kurz greifen: Glücksverheißungen, die leicht erreicht werden, die aber nie einlösen, was sie versprechen (etwa: »Einfach glücklich sein. Jetzt«) und daher stets durch neue, ebenso billige Konzepte ersetzt werden können. Nein, wir müssen zunächst Unkraut jäten, bevor Blumenblick und Sonnenglanz des Glücks unser Herz erleuchten können; wir müssen Ideen kultivieren, die unserem Herzen und Leben entsprechen: die uns das rechte Maß geben.

Und hier ist die Philosophie gefragt. Denn deren Geschäft ist es seit Sokrates, uns in der alltäglichen Gedankenlosigkeit zu erschüttern, mit der wir die Zauberworte und Wahrheiten des Lebens daherplappern und uns dabei zumeist auch noch einbilden zu wissen, wovon die Rede ist. Das Gerede – wie Martin Heidegger unser achtloses und seichtes Alltagsbewusstsein nannte – ist eines der größten Hindernisse auf dem Weg zu einem erfüllten, eigentlichen und glücklichen Leben.

Dieses Hindernis aus dem Weg zu räumen, war der erste und wichtigste Schritt der philosophischen Gesprächskunst des Sokrates, dieses Meisters einer »wissenden Unwissenheit«, deren Wahlspruch lautet: »Ich weiß, dass ich nichts weiß.«. Zu den Erfahrungen des Sokrates gehörte freilich auch, dass man sich keineswegs Freunde damit macht, Menschen in ihrem Alltagsbewusstsein zu erschüttern – vor allem dann nicht, wenn man sie in ihrem Verständnis gerade derjenigen Konzepte erschüttert, mit denen sie sich identifizieren, auf denen sie ihr Selbstverständnis und Selbstwertgefühl bauen. *Glück* ist ein solches Konzept. Wer Menschen in ihrem Verständnis vom Glück in Frage stellt, läuft Gefahr, Hass und Ablehnung zu ernten. Sokrates wurde zum Tode verurteilt.

Nun steht dies in unseren Tagen – Gott sei Dank – nicht mehr zu erwarten, und so machen wir uns frohgemut daran, die Philosophie – im Sinne des Sokrates – als einen geistigen Weg wiederzuentdecken: als Weg zu einem in sich stimmigen, gelingenden, glücklichen Leben – als Weg zum *großen Glück*. Es geht auf diesem Weg weder darum, neues Wissen anzusammeln, noch wissenschaftlich gesicherte Erkenntnis zu gewinnen. Es geht darum, die Oberfläche unseres alltäglichen Geredes zu durchstoßen, in die Tiefe zu gehen, um dort die Weisheit freizusetzen und zuzulassen, die in unseren Herzen immer schon da ist. Und es geht darum, dieser Weisheit Ausdruck zu verleihen, ohne sie dabei sogleich wieder zu banalisieren, trivialisieren, korrumpieren. Es geht darum, vom Glück zu reden, ohne dabei dem Gerede zu verfallen. Aus eben diesem Grunde trägt dieses Buch nicht den Untertitel: *Eine Philosophie des Glücks*, sondern: *Eine Philosophie der Glückseligkeit*. Dieses etwas altertümlich anmutende Wort soll uns davor bewahren, allzu vorschnell dem alltäglichen Gerede vom Glück aufzusitzen.

Nun gibt es viele Möglichkeiten, auf die Frage nach dem Glück zu antworten. Man kann es – wie schon die Gesprächspartner des Sokrates – mit einer Definition versuchen. So gehen Lexika vor. Etwa das *Lexikon für Religion in Geschichte und Gegenwart* (RGG): »Glück meint das Gelingen des Lebens.«[8] Oder die *Brockhaus Enzyklopädie*, die Glück definiert als »seelisch gehobener Zustand, in welchem der Mensch mit seiner Lage und seinem Schicksal einig und sich dieser Einhelligkeit gefühlsmäßig bewusst ist«. Wer es gerne kurz und prägnant hat, kann Staatsmänner konsultieren, haben diese doch stets eine Neigung zu präzisen Aussagen. So formulierte, kurz nachdem Thomas Jefferson 1776 in der amerikanischen Unabhängigkeitserklärung das Streben nach Glück (*pursuit of happiness*) in den Rang eines bürgerlichen Grundrechts erhoben hatte, der zweite Präsident der Vereinigten Staaten, John Adams, kurz und knapp, Glück bestehe aus *ease, comfort, security*: Wohlbehagen, Zufriedenheit und Sicherheit[9]. Damit aber sollten wir uns nicht zufriedengeben. So schreibt Ludwig Marcuse in seiner *Philosophie des Glücks*:

> *Zwar wird an jedem Tag von neuem und leichtsinnig der Versuch gemacht, es [das Glück] säuberlich zu definieren. Doch diese kleinen definitorischen Sätzchen, die so duftig und adrett antworten auf die Frage: was ist Glück?, decken sie nur mit ärmlichen Antworten zu. Sie setzen hinter eine lange Geschichte des Nachdenkens – eine kurze Gedankenlosigkeit. [... Die lange Reihe der Definitionen zeigt] was alles schon einmal jemand glücklich gemacht hat; wie vielfältig der Mensch Glück hervorgebracht hat. Das eine Glück erhält seine vielen Gesichter von den zahllosen Ursprüngen, aus denen es wuchs. Das große Glück ist wahrscheinlich kein Plural; aber seine Herkunft ist plural. Und alle herrischen, beschränkenden, beschränkten Definitionen: »Glück ist...«, stammen aus dem Irrtum, dass Glück nur auf einem Wege entstehen kann.*[10]

Definitionen, so will uns Marcuse sagen, sind entgegen ihrer Anmutung stets subjektiv und entsprechend relativ auf die Erfahrungen dessen, der sie formuliert hat. So gesehen wäre es redlicher, direkt von diesen Erfahrungen zu erzählen, um so der unhintergehbaren Individualität des Glückserlebens Rechnung zu tragen. Denn solche Zeugnisse sind kostbar, auch wenn sie uns – beziehungsweise gerade *weil* sie uns – keine allgemeingültigen Sätze zumuten, sondern gelebte Erfahrung vermitteln. Zwar muss hier Marcuses Warnung ernst genommen werden, man könne Gefahr laufen, sich in ein fremdes Glück einzuleben und dabei sein eigenes zu versäumen, doch darf man mit ihm ebenso festhalten, dass »dies vorbildliche Glück nicht gleichgültig« ist. Es »schenkt zwar kein Rezept, nicht einmal eine Definition. Aber macht Mut zum eigenen Glück; nährt das eigene Talent zum Glück. Und belehrt mich über die Wege, die gangbar, und die Wege, die nicht gangbar sind – zu meinem Glück«[11].

Verzicht auf Definitionen – Erzählen von Geschichten. Ist es damit wirklich getan? Können wir uns darauf beschränken, wenn uns darum zu tun ist, Sonnenlicht und Blumenglanz des Glücks zurückzugewinnen? Wohl nicht, denn am Ende können Geschichten doch nicht mehr sein als ein Wegweiser, ein Ansporn, eine Aufforderung zum Glück. Sie legen allenfalls Spuren zur Glückseligkeit, ebenso wie jede (brauchbare) Definition eine Spur zu ihr legt. Doch wollen wir diesen Spuren folgen. Denn eben dies ist das Geschäft der Philosophie: dass sie sich anschickt, aus Definitionen und Geschichten, die von dem oder über das infrage stehende Thema vorgetragen werden, ein Gemeinsames zu destillieren, das nicht als Summe oder Extrakt des Vorgetragenen verstanden werden darf, sondern als die *Resonanz*, die durch Definitionen und Geschichten in unseren Herzen zum Schwingen gebracht wird, weil sie mit der Erfahrung unseres Lebens *übereinstimmt*. Nur wenn es uns gelingt, diese Resonanz zu vernehmen, werden wir in der Lage sein, uns den ursprünglichen Glanz der Glückseligkeit zu erschließen.

Aus diesen Erwägungen ergeben sich die Abschnitte des geistigen Weges, die in diesem Buch gegangen werden sollen. Am Anfang steht der Versuch, ein wenig Ordnung in unseren Sprachgebrauch zu bringen – uns ein Stück weit über die Konfusion unseres *Geredes* aufzuklären: Welche Bedeutungen klingen an und schwingen mit, wenn vom Glück die Rede ist? Und wo liegen bereits auf der rein begrifflichen Ebene die Quellen von Missverständnissen und Irrungen? (Kapitel 1)

Diese Fragen verweisen uns auf die Geschichte des Glücks. Wir sollten uns keinen Augenblick darüber täuschen, dass unsere Bilder und Vorstellungen, unsere Assoziationen und Träume vom Glück das Produkt einer Jahrtausende währenden Ideengeschichte sind, in deren Strom wir – ob wir wollen oder nicht – hineingeworfen sind. Um einen freien und unvorbelasteten Zugang zum – eigenen – Glück, zum Glück des eigenen Herzens zu gewinnen, ist es für eine philosophische Lebenskunst unausweichlich, sich über diese Geschichte zu verständigen, um zu entdecken, wie sich in ihrem Verlauf die Konzepte und Theorien des Glücks verändert haben – wie Ursprüngliches entstellt und durch Neuartiges ersetzt wurde. Dabei wird es uns gerade um dieses Ursprüngliche zu tun sein: die Philosophie des antiken Griechenlands, hat diese doch gegenüber allem, was nach ihr kommt, den unschätzbaren Vorteil, nicht durch eine lange Reihe von begrifflichen Aus- und Umarbeitungen belastet zu sein. In Krisen des europäischen Geistes – und unser (Miss-)Verhältnis zum Glück ist das Symptom einer solchen Krise – hat es sich noch immer als hilfreich erwiesen, den Weg zurück zu den Griechen anzutreten, da sie es sind, die uns den Blick für die Unmittelbarkeit unseres Lebens lehren können. (Kapitel 2)

Die alte griechische Theorie vom Glück führt uns auf das Gemeinsame, das Menschliche, das Geheimnisvolle unseres eigenen Herzens, das es nun zu Bewusstsein zu bringen gilt. Im dritten Abschnitt wird es darum gehen, anhand dreier ausgewählter literarischer Glücksbeschreibungen die erarbeiteten Kennzeichen der Glückseligkeit mit menschlichen Glückserfahrungen abzugleichen. (Kapitel 3)

Damit sind wir gut vorbereitet, um uns die Frage zu stellen, die wohl allen unter den Nägeln brennt: Wie wird man glücklich? Die Antwort erfolgt in drei Anläufen: Zunächst, indem wir uns vier gängige und Erfolg versprechende Lebensmodelle anschauen, die den Anspruch erheben, uns Menschen zum Glück zu geleiten: Paideía und Bildung, Ästhetik und Kunst, philosophische Lebenskunst und Mystik. (Kapitel 4)

Dabei wird sich zeigen, dass sie alle – bei allen unbestreitbaren Verdiensten – am Ende allein für sich nicht befriedigen können. Deshalb werden wir neuerlich eine Anleihe bei den alten Griechen machen und eine Lebensform anschauen, die sich mit dem Namen des *Eros* verbindet und sich daher trefflich als *erotische Lebenskunst* bezeichnen lässt – allerdings nur, wenn man sich aller modernen Assoziationen enthält, die den Namen des *Eros* entstellt und in Misskredit gebracht haben. (Kapitel 5) Und im Schlusskapitel (Kapitel 6) wird diese *erotische Lebenskunst* mit einigen praktischen und konkreten Anwendungsbeispielen angereichert werden.

Auf diesem Weg, liebe Leserin und lieber Leser, sind Sie selbst gefordert. Wichtiger als das geschriebene Wort ist Ihr Mit- und Nachdenken – ist, dass Sie das Gelesene im

Herzen bewegen und immer wieder zu Ihrer Lebenswirklichkeit in Bezug setzen. So sind Sie Gesprächspartner/-in und Mitautor/-in in einem. Lassen Sie uns nun gemeinsam aufbrechen.

1

Beate, Felicitas, Fortuna

Drei Damen, die das Glück bedeuten

Was ist Glück? – fragen wir noch einmal diese Frage aller Fragen. Aber fragen wir sie richtig! Fragen wir aus der Mitte unseres Herzens, in dessen Tiefe die Antwort verborgen ist, die wir ihm doch erst über den Umweg des Denkens abringen müssen. Machen wir uns frei von allen fertigen und vorgefertigten Antworten, die uns auf der Zunge liegen und in denen wir so gerne von unseren Ratgebern und Lehrern bestätigt werden wollen. Fragen wir ins Offene, auch wenn das bedeutet, dass wir uns dabei selbst in Frage stellen lassen müssen. Fragen ist nicht nur, wie Heidegger sagte, die »Frömmigkeit des Denkens«[12], Fragen ist überhaupt der Anfang aller Philosophie. Denn Fragen öffnet – und nur wer offen ist, kann Erfüllung finden. Fragen wir also mit dem depressiven Fuchs aus *Selma*, fragen wir mit allen aufrichtigen Glückssuchenden: »Was ist Glück?« – Und lassen wir uns für einen Augenblick ein auf die Antwort jenes wunderlichen Philosophen, der uns von Jutta Bauer als *großer Widder* vorgestellt wird:

Es war einmal ein Schaf. Das fraß jeden Morgen bei Sonnenaufgang etwas Gras, lehrte bis mittags die Kinder sprechen, machte nachmittags etwas Sport, fraß dann wieder Gras, plauderte abends etwas mit Frau Meier, schlief nachts tief und fest. Gefragt, was es tun würde, wenn es mehr Zeit hätte, sagte es: »Ich würde bei Sonnenaufgang etwas Gras fressen, ich würde mit den Kindern reden – mittags, dann etwas Sport machen, fressen, abends würde ich gern mit Frau Meier plaudern. Nicht zu vergessen: ein guter, fester Schlaf.« – »Und wenn Sie im Lotto gewinnen würden?« – »Also, ich würde viel Gras fressen, am liebsten bei Sonnenaufgang, viel mit den Kindern sprechen, dann etwas Sport machen, am Nachmittag Gras fressen, abends würde ich gerne mit Frau Meier plaudern. Dann würde ich in einen tiefen festen Schlaf fallen.«

So die Geschichte von Selma, dem Schaf, geschrieben 1997. Als habe er diese Geschichte antizipiert, verfasste mehr als 100 Jahre zuvor einer, der sich selbst gern als den Philosophen des 21. Jahrhunderts bezeichnete, einen Abschnitt, der sich wie eine Entgegnung auf Jutta Bauers ländliche Idylle liest: Im ersten Abschnitt seiner Unzeitgemäßen Betrachtung »Vom Nutzen und Nachtheil der Historie für das Leben« schreibt Friedrich Nietzsche:

Betrachte die Heerde, die an dir vorüberweidet: sie weiss nicht was Gestern, was Heute ist, springt umher, frisst, ruht, verdaut, springt wieder, und so vom Morgen bis zur Nacht und von Tage zu Tage, kurz angebunden mit ihrer Lust und Unlust, nämlich an den Pflock des Augenblickes und deshalb weder schwermüthig noch überdrüssig. Dies zu sehen geht dem

Menschen hart ein, weil er seines Menschenthums sich vor dem Thiere brüstet und doch nach seinem Glücke eifersüchtig hinblickt – denn das will er allein, gleich dem Thiere weder überdrüssig noch unter Schmerzen leben, und will es doch vergebens, weil er es nicht will wie das Thier. Der Mensch fragt wohl einmal das Thier: warum redest du mir nicht von deinem Glücke und siehst mich nur an? Das Thier will auch antworten und sagen, das kommt daher dass ich immer gleich vergesse, was ich sagen wollte – da vergass es aber auch schon diese Antwort und schwieg: so dass der Mensch sich darob verwunderte.[13]

Nietzsche, der selbst ernannte »Philosoph mit dem Hammer«, zertrümmert in diesem Passus mit einem gezielten Schlag unsere Selma-Idylle: Das Glück des Tieres ist eine Illusion – es ist das Glück der Geschichts- und Zeitlosigkeit oder wenigstens doch das Glück des Vergessens. Der Mensch aber vergisst nicht so leicht. Er ist ein zeitliches und geschichtliches Wesen und wird deswegen nie das einfache Glück einer Selma teilen können. Dagegen mag man einwenden, dass dies im Ganzen sicher zutrifft – dass wir es aber ungeachtet dessen doch darauf anlegen können, uns wenigstens für einen Augenblick einmal an den »Pflock des Augenblicks« zu legen: ganz im Hier und Jetzt zu sein und eben darin die Zeit- und Geschichtslosigkeit des Tieres zu teilen. Tatsächlich legen nicht wenige spirituelle Lehrer ihren Adepten diese Strategie nahe – und wir werden sehen, dass sie nicht unrecht daran tun. Und doch ist es gut, sich klarzumachen, dass sich damit ein Konzept von Glück verbindet, das sich vorderhand nicht am menschlichen, sondern am tierischen Leben ausweisen lässt – ein sonderbares Glück, das uns abverlangt, all das auszublenden, was landläufig den Menschen vom Tier unterscheidet und ihm gegenüber seine Würde begründet:

Bewusstsein: die Fähigkeit, sich zu sich selbst ins Verhältnis zu setzen

Zeitlichkeit: das Vermögen, zu erinnern und vorauszuschauen

Identität: das Wissen um die Kontinuität des eigenen Daseins

Freiheit: die Ungebundenheit vom Unmittelbaren

Stattdessen: Bewusstlosigkeit, Zeitlosigkeit, Identitätslosigkeit und Gebundenheit an das Jeweilige, Je-Tunliche, Je-Anstehende. Und – merkwürdig genug – dennoch blicken wir, wie Nietzsche formuliert, eifersüchtig nach diesem Glücke hin, verspricht es doch Freiheit von Schmerz und Überdruss. Offenbar ist es genau dies, was am Tier zu sehen den Menschen »hart angeht«, weil er in seiner Glückssehnsucht davon träumt und doch weit davon entfernt bleibt. Denn wo ist der Mensch, der nicht von Langeweile gemartert ein Selma-Leben führen würde: Gras fressen, mit den Kindern reden, Sport treiben, Gras fressen, plaudern – von Tag zu Tag, von Jahr zu Jahr? Hier wird deutlich, dass wir über unser Menschsein nachdenken müssen, wenn wir verstehen wollen, was menschliches Glück ist. So müssen wir uns fragen, was es über unser Bild von uns selbst sagt, wenn wir auf die Idee kommen, das Glück außerhalb unserer eigenen Existenz zu suchen: bei Tieren oder auch – vor allem in früherer Zeit – bei Göttern?

Götter und Tiere haben eines gemeinsam, das sie vom Menschen unterscheidet: Zeitlosigkeit. Für die alten Griechen war es selbstverständlich, dass die Götter die *Unsterblichen* sind: diejenigen, denen nicht irgendwann die Stunde schlägt, diejenigen, die nicht den Gesetzen von Alter und Verfall preisgegeben sind, sondern sich in ewiger Jugend ihres Daseins freuen. Frei sind sie von Überdruss und

Schmerzen, denn fremd ist ihnen das Wissen vom Ende, der Begrenztheit der Zeit. Wohl wissen sie um ihre Unsterblichkeit, sie sind sich ihrer selbst bewusst, und eben deshalb haben sie Geschichte – eben deshalb können wir Geschichten von ihnen erzählen. Das Glück der Götter ist nicht geschichtslos, da es nicht bewusstlos ist. Aber es ist zeitlos, da ihnen die Zeit nichts anhaben kann. Das ist beim Tier anders: Die Zeitlosigkeit des Tieres gründet in seiner – mutmaßlichen – Geschichts- und Bewusstlosigkeit. Eine Selma kann sich nicht zu sich selbst ins Verhältnis setzen und weiß deshalb nicht, dass sie eine Identität hat, die sich vom *eben* ins *gleich* fortschreibt. Sie vergisst, wie Nietzsche sagt, jeden Augenblick den vorherigen – kurz angebunden, unfähig aufzublicken und festzustellen, dass sie eine Geschichte hat.

Wenn wir uns das Glück in Gestalt einer Selma ausmalen, dann blenden wir diesen Aspekt aus. Wir tun so, als könne Selma befragt werden und im Lotto gewinnen. Wir stellen uns vor, sie verfüge über Bewusstsein und sei doch aller Schmerzen und allen Überdrusses enthoben. Kurz: Wir dichten ihr ein Glück an, das nicht menschlich ist und das traditionell eher als das Glück der Götter denn als das Glück der Tiere gedacht wurde. Damit sind wir mitten hineingeworfen ins Schlamassel unserer Begrifflichkeit. Zwar haben wir uns angewöhnt, beim zeitlosen Glück der Götter von »Glück« zu reden, doch wäre es präziser, dafür andere Begriffe zu verwenden, die nur leider (sicher nicht zufällig) aus der Mode gekommen sind: *Wonne* etwa oder *Seligkeit*. Wobei für das Glück der Selma das Wort *Wonne* wohl am besten passt, da ihm eine Spur von jener Bewusstlosigkeit des Tieres beigemischt ist. Mit *Wonne* verbindet sich ein Überschwang an emotionaler Erfüllung – eine entrückte Gefühlsdichte, die sich eher mit Rauschzuständen als mit der klaren Bewusstheit göttlicher *Seligkeit* verbindet.

Mit der göttlichen *Seligkeit* hingegen klingt eine Wahrnehmung der Wirklichkeit an, die nicht mehr die unsere ist: das Paradigma des Mythos. Tatsächlich ist es gerade die Verwurzelung im mythischen Weltgewahren, die dem griechischen Geist und der griechischen Philosophie – wenigstens bei einigen ihrer wichtigsten Exponenten – große Unmittelbarkeit und Frische verleiht. Denn Mythen sind nichts anderes als hoch konzentrierte Verdichtungen einer umfassend wahrgenommenen Lebendigkeit. Sie sind wie Brausetabletten, die man nur in das Wasser des eigenen Lebens zu tunken braucht, um sie fröhlich sprudeln und ihren Geschmack und Reichtum freisetzen zu lassen.

Diese hochgradig verdichtete Lebendigkeit des Mythos prägt auch die griechische Sprache, die eine überaus differenzierte Begrifflichkeit für die Wirklichkeiten und Phänomene des Lebens aufweist. Daher gibt es zu denken, dass sie für das, was wir »Glück« nennen, (mindestens) drei grundverschiedene Begriffe kennt. Da ist zunächst das den unsterblichen Göttern vorbehaltene Glück der *Seligkeit* (*makariótēs*), von dem noch Friedrich Hölderlin weiß, wenn er dichtet: »Ihr wandelt droben im Licht, selige Genien!«[14] Daneben steht ein Wort, das unter den Bedingungen von Zeit und Geschichte das rein menschliche Glück benennt: *eudaimōnía* – zumeist übersetzt als *Glückseligkeit*. So konnte ganz am Ende der klassischen Phase des griechischen Geistes Aristoteles in seiner *Nikomachischen Ethik* darauf hinweisen, dass die *makariótēs* der Götter von der *eudaimōnía* der Menschen genau darin unterschieden sei, dass die Götter durchweg die vollendetste und beste Tätigkeit der Seele ausübten, während dies bei den Menschen nur partiell der Fall sei:

> *Das Leben der Götter ist seiner Totalität nach selig, das der Menschen nur, sofern ihnen eine Ähnlichkeit mit dieser Tätigkeit zukommt; von den Tieren aber*

ist keines glückselig, da sie an der Vernunft in keiner Weise teilhaben.[15]

Aristoteles sagt also: Die *Seligkeit* der *makariótēs* gründet in ihrer Unbegrenztheit, Absolutheit, Totalität – in all dem, was sich für den Griechen mit dem Prädikat *göttlich* verband. Die menschliche Glückseligkeit der *eudaimōnía* erscheint dagegen mangelhaft, bruchstückhaft. Ihr fehlt jener Glanz des Absoluten. Auf ihr liegt allenfalls dessen Abglanz, wenn der Mensch dem Göttlichen *ähnlich* wird. Anähnlichung, Ähnlich-Werden mit Gott (*homoiōsis theō*) konnte folglich bei Aristoteles ebenso wie bei seinem Lehrer Platon zu einem Leitmotiv der philosophischen Lebenskunst werden.

Bleiben wir aber noch ein wenig bei dem Glück der Götter – bleiben wir bei der *makariótēs*. Die antiken Texte sind voll von schönen und lichten Darstellungen jener göttlichen *Seligkeit,* und stets spüren wir darin all das Glänzende, Glitzernde, Glamouröse – die Glorie und die Grazie, das Goldene und das Ganze –, das Hermann Hesse aus dem GL des Glückes heraushören konnte. Und so erscheint es gewiss nicht unzulässig, wenn in unserem Sprachgebrauch die *Seligkeit* nachgerade in das *Glück* eingegangen und von diesem Begriff geschluckt worden ist.

Allein – wir sollten uns vor dem Missverständnis hüten zu glauben, damit wäre alles über das Glück gesagt. Wir sollten uns in Acht nehmen vor der Selma-Idylle, die so tut, als sei das aller Zeit und Geschichte entrückte Glück in seiner ganzen Ungetrübtheit auch die Glückseligkeit des Menschen. Wir sollten nicht der Versuchung anheimfallen, das Glück auf das goldene GL einzuschränken und das erdhaft-irdische ÜCK dabei zu ignorieren – dieses ÜCK, aus dem all das Lückenhafte, Bruchstückhafte und Bedrückte des menschlichen Lebens klingt. Davor dürfen wir die Augen nicht verschließen, wenn wir unser menschliches GlÜCK bedenken, das eben tiefer reicht als das Glück der GLänzenden göttlichen Seligkeit. Umgekehrt wäre es aber auch zu kurz gegriffen, wenn wir unser menschliches Glück nur als Antwort auf unser Schicksal als Sterbliche begreifen wollten. Am Ende scheinen uns die fünf Buchstaben des Wortes GLÜCK wohl bedeuten zu wollen, dass sich unser Glück aus beidem zusammensetzt – dass es sich irgendwo in der Mitte befinden muss zwischen dem GLanz vollendeter göttlicher Seligkeit und dem Schmerz irdischer BruchstÜCKhaftigkeit – in der Schwebe zwischen Erde und Himmel.

Und noch etwas: Ebenso wie die Vision von der GLanzvollen Seligkeit der Götter und das Bewusstsein um die LÜCKenhaftigkeit des menschlichen Daseins ist das Wissen um die SchiCKsalhaftigkeit des Lebens in unser Verständnis von Glück eingeflossen: Das Wissen um seine Zufälligkeit, seine Unverfügbarkeit – das Wissen um das Glück, das man *haben* muss, wenn man glücklich sein will. Denken wir nur an all die Glücksspiele, die Glücksbringer, die Glücksfeen und Glückskinder vom Schlage eines Gustav Gans; denken wir an das Glück, das wir hatten, wenn wir knapp einer Gefahr entronnen oder – zufällig – in den Genuss eines Gewinns gekommen sind. Auch das ist Glück, und vermutlich wird in der deutschen Sprache das Wort *Glück* am häufigsten in diesem Sinne verwendet.

Diesem Glück haben die alten Sprachen einen eigenen Namen gegeben – mehr noch: Es verdichtete sich für sie zu einer göttlichen Gestalt, die von den Griechen *Týchē*, von den Römern *Fortuna* genannt wurde. Der *Týchē* entspricht dabei das Verb *tynchánein*, dessen Bedeutungsfeld sich um Worte wie *treffen* und *erlangen* gruppiert. *Týchē* ist so gesehen dasjenige, was uns trifft, was sich trifft, was betroffen macht. *Týchē* ist, um ein mythologisches Wörterbuch zu zitieren, die »schicksalhafte Zuwendung«, wobei zunächst offen ist, ob sie uns im Guten oder im Bösen ereilt. Ursprünglich eigneten sowohl der *Fortuna* als auch der *Týchē* zugleich lichte wie dunkle Seiten, und erst im Laufe der Zeit wurde *Týchē* und stärker noch *Fortuna* zu jener Glücks- und Segensbringerin, die uns aus den endlosen Gründen ihres Füllhorns Glücksgüter vom SUV bis zum Traumurlaub auf den Malediven beschert.

Wenn man dies hört, ist es nur natürlich und naheliegend, dass *Týchē* und *Fortuna* für die mythisch gestimmten Menschen der Antike eine leibhaftige Gestalt annehmen mussten, die durch zweierlei gekennzeichnet ist: Jungfräulichkeit und Flügel. Das mythische Bewusstsein kennt Flügel in erster Linie bei solchen Wesen, die sich im Zwischenreich zwischen Menschen und Göttern bewegen: *Daimonen* nannten sie die Griechen[16], wobei man nicht an die putzigen Fratzengesichter romanischer Kapitelle denken sollte, sondern an Gestalten wie Nike, die – sei es als »Goldelse« auf der Berliner Siegessäule oder als *Nike von Samothrake* im Louvre – den Siegern im Wettkampf den Ruhmeskranz reichte, oder den Eros, der mit Pfeil und Bogen bestückt unsere Herzen trifft. Natürlich gehören auch die Engel zu jenen geflügelten Wesen des Zwischenraums: ob nun als Engel der Verkündigung, als Cherubim und Seraphim, als Erzengel oder als deren abtrünniger Bruder Luzifer.

Es ist aber nicht nur die vermittelnde Tätigkeit zwischen Gott und Mensch, die in den Flügeln der daimonischen Wesen ihren Ausdruck findet, es ist vor allem ihre als Jungfräulichkeit symbolisierte Unverfügbarkeit. Einen Engel können Sie nicht herbeizwingen. Davon weiß sogar die österreichische Verkehrswacht, wenn sie Motorradfahrern nahelegt: »Gib deinem Schutzengel eine Chance.« Den Geflügelten kann man sich öffnen, man kann sich für sie bereithalten, aber man kann sie sich nicht verfügbar machen. Das hat die Menschheit aber nicht davon abgehalten, Strategien, Kniffe und Mittel zu ersinnen, um sich *Fortuna* und *Týchē* gefügig zu machen. Doch am Ende haben sie nur zu einer Einsicht geführt: Das jungfräuliche Glück lässt sich nicht gewaltsam oder strategisch einnehmen. Es wendet sich uns zu oder eben nicht. Das mag – kein Wunder bei den Flügeln – dem einen oder anderen als flatterhaft oder gar zickig erscheinen, ihrem verführerischen Charme tut dies aber keinen Abbruch.

Göttliche Seligkeit (*makariótēs*), menschliche Glückseligkeit (*eudaimōnía*), unverfügbare schicksalshafte Zuwendung (*týchē*): Auch andere europäische Sprachen kennen für diese drei unterschiedliche Worte – Worte, die wir im heutigen Deutsch jeweils korrekt mit *Glück* wiedergeben können.

Deutsch:	Glück als *Seligkeit*	Glück als *Glückseligkeit*	Glück als *Zufall*
Griechisch:	*Makariótēs*	*Eudaimōnía*	*Týchē*
Lateinisch:	*Beatitudo*	*Felicitas*	*Fortuna*
Italienisch:	*Beatitudine*	*Felicita*	*Fortuna*
Französisch:	*Beatitude*	*Bonheur*	*Bonne chance*
Englisch:	*Blessedness*	*Happiness*	*Luck*

Was machen wir damit? Am einfachsten wäre es zu sagen, uns müsse der sonderbare Sonderstatus unseres Wortes *Glück* nicht belasten – etwa weil er einer allgemeinen Verflachung der deutschen Sprache geschuldet sei, in deren Folge die schönen alten Worte *Seligkeit* und *Glückseligkeit* verdrängt und durch das einfachere *Glück* überlagert worden seien. Dies hieße aber die Weisheit der Sprache unterschätzen. In der Sprache geschieht nichts zufällig, und selbst wenn alle Sprachen eine Tendenz zur Verflachung aufweisen, haben wir damit noch keinen Anhaltspunkt dafür, warum diese Vereinfachung ausgerechnet darin bestehen soll, dass *Glück* auch die Bedeutungen von *Seligkeit* und *Glückseligkeit* übernommen hat. Naheliegender ist es anzunehmen, dass es trotz der Differenziertheit der anderen Sprachen einen inneren Zusammenhang zwischen *Seligkeit*, *Glückseligkeit* und *glücklicher Fügung* gibt, der es rechtfertigt, alle drei unter die Oberhoheit des einen *Glücks* zu stellen. Wir werden nicht nur sehen, dass dieser Zusammenhang besteht, sondern auch, dass er so gewichtig ist, dass man Glückseligkeit nicht verstehen kann, wenn er außer Acht gelassen wird.

Aber eben darum ist es uns doch zu tun: um unser *menschliches* Glück, um unsere *Glückseligkeit*. So viel dürfte aus dieser kurzen Reflexion über unseren Sprachgebrauch deutlich geworden sein: Wenn wir das spezifisch menschliche Glück – die Glückseligkeit – verstehen wollen, sind wir gut beraten, die anderen Aspekte, die sich offenbar mit der menschlichen Glückseligkeit verbinden, auch wenn andere Sprachen eigene Begriffe für sie haben – die göttliche *Seligkeit* und das unverfügbare *Schicksal* –, im Auge zu behalten. Mehr noch: dass wir sie in unser Verständnis der Glückseligkeit integrieren müssen, wenn wir sie in ihrer Tiefe und ihrem umfassenden Reichtum zu Bewusstsein bringen wollen.

Eben darauf weist uns auch das ursprüngliche griechische Wort für das menschliche Glück: *eu-daimōnía*. Es bezeichnet den Zustand dessen, der in sich einen guten (*eu*) Geist (*daimōn*) zum Führer hat, wie es bei Euripides einmal heißt[17]. Wobei dieser Geist eben Gabe ist: göttliche Fügung, göttliches Schicksal, unserer menschlichen Verfügung und Gewalt entzogen – aber vielleicht doch göttlich und daher vielleicht auch willig, sich zu uns zu gesellen, wenn wir ihm eine Chance lassen.

Was ist Glückseligkeit? – Die Frage ist noch unbeantwortet. Doch vielleicht stellen wir sie tiefer, wacher und bewusster, wenn wir uns klargemacht haben, *wonach* wir dabei eigentlich fragen – und was alles mitklingt in dieser Frage, die wir im Herzen bewegen und die unsere Geister bewegt. Damit dürften wir gut gerüstet sein, uns im nächsten Schritt den Antworten zuzuwenden: den vielfältigen (teilweise auch einfältigen) Antworten, die die Geschichte des Glücks für uns bereithält. Wenn wir uns ihr nunmehr zuwenden, dann nicht in der Erwartung, in ihr die eine, einzig richtige Antwort zu finden, sondern mit dem Vorsatz, aus der Zusammenschau des bislang Gedachten einen frischen und ursprünglichen Zugang zum Glück zu gewinnen – einen Zugang, zu dem wir im Herzen »Ja« sagen können, weil unser Herz in seiner Tiefe seine Wahrheit kennt.

2

Vom Diesseits ins Jenseits und zurück

Wie das große Glück der Griechen zur *happiness* verkam

Zum Auftakt dieses zweiten Kapitels wird Ihnen eine kleine Reflexion zugemutet, die Sie vielleicht überraschen wird. Aber erinnern Sie sich an das, was Friedrich Nietzsche gegen das idyllische Glück der Schafe einzuwenden wusste: Er verweist uns darauf, dass der Mensch ein geschichtliches Wesen ist – und dass wir uns nur dann recht begreifen, wenn wir anerkennen, dass wir nicht zufällig so sind, wie wir sind, sondern dass wir sind, wie wir sind, weil wir eine bestimmte Geschichte haben. Folglich hat auch unser Verständnis vom Glück, haben unsere Bewertung vom Glück und unsere Glückserfahrung eine Geschichte. Und wenn es auf dem Weg des Denkens zunächst darum geht, uns Klarheit darüber zu verschaffen, welche Vorurteile und Voraussetzungen wir auf unseren Weg zum Glück mitbringen, wird es nicht unnütz sein, uns einen Gang durch die Geschichte des Glücks zuzumuten – ganz nach dem Motto: *Zurück in die Zukunft.* Wir beginnen dort, wo wir sind – in der Gegenwart.

Happiness – das kleine Glück des modernen Menschen

Wir stehen am Beginn des 21. Jahrhunderts. Da mag es passend erscheinen, zunächst einen – vielleicht *den* – Philosophen des 21. Jahrhunderts zu Wort kommen zu lassen, auch wenn er längst gestorben ist. Sie ahnen es schon: Die Rede ist erneut von Friedrich Nietzsche, der sich als Philosoph des 21. Jahrhunderts sah. Bedenkt man, wie einflussreich er nicht nur für die Philosophie, sondern auch für das Alltagsverständnis der Gegenwart wurde, ist man – bei allem, was man gegen ihn einwenden mag – versucht, seiner Prognose zu folgen: Nietzsche ist ein geistiger Zeitgenosse. Und als solchen wollen wir ihn nun in seiner ätzenden Kritik an unser aller Glücksbemühen zu Wort kommen lassen. Angesichts des eingangs beschriebenen inflationären Gebrauchs von *Glück*, angesichts seiner kommerziellen Ausbeutung und Trivialisierung drängt sich gleichsam der Eindruck auf, er habe bei der Abfassung der Vorrede seines großen Werkes *Also sprach Zarathustra* die Menschen der Jetztzeit vor Augen gehabt, wenn er seinen Helden – Zarathustra – die *letzten Menschen* geißeln lässt:

> *»Wir haben das Glück erfunden« – sagen die letzten Menschen und blinzeln.*
>
> *Seht! Ich zeige euch den letzten Menschen.*
>
> *»Was ist Liebe? Was ist Schöpfung? Was ist Sehnsucht? Was ist Stern?« – so fragt der letzte Mensch und blinzelt.*

Die Erde ist dann klein geworden, und auf ihr hüpft der letzte Mensch, der Alles klein macht. Sein Geschlecht ist unaustilgbar, wie der Erdfloh; der letzte Mensch lebt am längsten.

»Wir haben das Glück erfunden« – sagen die letzten Menschen und blinzeln.

Sie haben die Gegenden verlassen, wo es hart war zu leben: denn man braucht Wärme. Man liebt noch den Nachbar und reibt sich an ihm: denn man braucht Wärme.

Krankwerden und Mißtrauenhaben gilt ihnen sündhaft: man geht achtsam einher. Ein Tor, der noch über Steine oder Menschen stolpert!

Ein wenig Gift ab und zu: das macht angenehme Träume. Und viel Gift zuletzt, zu einem angenehmen Sterben.

Man arbeitet noch, denn Arbeit ist eine Unterhaltung. Aber man sorgt, daß die Unterhaltung nicht angreife.

Man wird nicht mehr arm und reich: beides ist zu beschwerlich. Wer will noch regieren? Wer noch gehorchen? Beides ist zu beschwerlich.

Kein Hirt und eine Herde! Jeder will das Gleiche, jeder ist gleich: wer anders fühlt, geht freiwillig ins Irrenhaus.

»Ehemals war alle Welt irre« – sagen die Feinsten und blinzeln.

Man ist klug und weiß alles, was geschehn ist: so hat man kein Ende zu spotten. Man zankt sich noch, aber man versöhnt sich bald – sonst verdirbt es den Magen.

Man hat sein Lüstchen für den Tag und sein Lüstchen für die Nacht; aber man ehrt die Gesundheit.

»Wir haben das Glück erfunden« – sagen die letzten Menschen und blinzeln.[18]

»›Wir haben das Glück erfunden‹ – sagen die letzten Menschen und blinzeln.« – wie ein Refrain klingt dieser Satz aus Zarathustras Rede. Und wie eine Erläuterung zu ihm – genauer: zu dem in ihm erwähnten Glück – klingt alles andere, was über den *letzten Menschen* gesagt wird. Und müssen wir nicht mit einigem Schrecken zur Kenntnis nehmen, dass uns vieles von dem nicht fremd klingt? Schlimmer: dass wir den Geist unserer Zeit – und oft unserer selbst – darin erschreckend prägnant auf den Begriff gebracht finden? Halten wir es nicht auch so? Haben nicht auch wir »ein Lüstchen für den Tag und ein Lüstchen für die Nacht«? Und ehren nicht auch wir die Gesundheit? Haben nicht auch wir, die wir in Wellness-Bäder und südliche Länder pilgern, ein Bedürfnis nach Wärme – und versprechen uns glückliche Stunden von ihr? Und steht nicht auch uns die Unterhaltung an oberster Stelle, wenn wir uns zuschütten mit Netflix, Spotify, Video-Spielen, Events, Sportsendungen, Magazinen ...? Müssen wir nicht am Ende bei nüchterner Betrachtung feststellen: Die *letzten Menschen* sind wir alle! Wir alle sind jene unausrottbaren *Erdflöhe*, die die Erde und mit ihr das Glück *klein gemacht* haben. Denn dem gilt vor allem der Kübel Spottes, den Nietzsche über uns ausgießt: Er gilt vor allem diesem kleinen, kraftlosen, mutlosen, nüchternen Glück – »ein Lüstchen« halt, aber nicht mehr.

Wir werden später eine hinreißende Schilderung des für Nietzsche großen und wahren Glücks kennenlernen. Nicht dem *Glück an sich* also, sondern dem *kleinen Glück* des *letzten Menschen* gilt seine Attacke[19]. Und diese hat einen direkten Adressaten. Nietzsche meint einen Schuldigen zu kennen, dem wir jenes Floh-Glück verdanken – seinen »Erfinder« sozusagen. Wir ahnen, um wen es sich handeln könnte, wenn wir eine Passage aus der Schrift *Jenseits von Gut und Böse* hinzunehmen, in der Nietzsche sich über das aus *comfort* und *fashion* bestehende »englische Glück« auslässt und darin abschließend festhält: »Es ist eine bescheidene und gründlich mittelmässige Art Mensch, diese utilitarischen Engländer«[20].

Nehmen wir einmal an, Nietzsche hat recht: Gesetzt, dass er nicht die nationalchauvinistische These vertrat, der Engländer qua Engländer sei dem *kleinen Glück* der *Erdenflöhe* verpflichtet, sondern einfach nur darauf hinweisen wollte, dass das moderne Konzept von Glück seinen geistesgeschichtlichen Ursprung in der angelsächsischen Welt habe. Nehmen wir also an, dass *kleines Glück* eine passende Übersetzung von *happiness* ist: dass wir alle – sofern wir *letzte Menschen* sind –, wenn wir *Glück* sagen, eigentlich *happiness* meinen. Dann obliegt es uns nun herauszufinden, was es mit dem Konzept der *happiness* auf sich hat – was seine Eigentümlichkeiten sind und woher es seine Herkunft hat.

Diese ist leicht zu bestimmen: Das philosophische Konzept *happiness* stammt aus der wohl einflussreichsten moralphilosophischen Schule der angelsächsischen Welt: dem Utilitarismus. Sie ist ein Kind des 18. Jahrhunderts – einer Welt, in der alle religiösen und metaphysischen Fundamente von Ethik und Politik ins Wanken gerieten und sich Denker wie Francis Hutcheson, Adam Smith und Jeremy Bentham anschickten, eine neue, vernünftige Begründung der Moral zu liefern. Eine nüchterne Moral sollte es sein, die im

Wesentlichen eines zu liefern hatte: den Nachweis, dass es einen vernünftigen Ausgleich zwischen den Interessen des Einzelnen und dem Wohlergehen der Allgemeinheit gibt. Im Blick auf die Ökonomie entwickelte Adam Smith (1723–1790) aus diesem Geiste heraus in seiner Abhandlung *An Inquiry into the Nature and Causes of the Wealth of Nations* (1776) den Marktliberalismus – und mit ihm den bahnbrechenden Gedanken, ein freier Markt, der jedem die Chance gibt, seinen privaten Interessen als Käufer und Verkäufer weitgehend frei von staatlicher Regulierung nachzugehen, werde dem Gemeinwesen den größtmöglichen Wohlstand verschaffen –, jenes Credo also, das auch heutigentags als Dogma eines nunmehr global denkenden und agierenden Neoliberalismus geltend gemacht wird.

Die Moralphilosophie des Utilitarismus ist mit diesem Denken eng verwandt – und nicht zuletzt deswegen konnte sie ein Konzept des Glücks propagieren, das später zu dem quantifizierbaren und evaluierbaren Konsumartikel eines »Lüstchens« verkommen würde. Aber wir greifen voraus. Fragen wir lieber, was der Utilitarismus über das Glück bzw. über *happiness* lehrt. Denn diese Frage müssen wir beantworten, um verstehen zu können, was es mit unserem heutigen, landläufigen Glücksverständnis auf sich hat: einem Glücksverständnis, das wesentlich durch den Utilitarismus geprägt ist.

Der Grundgedanke der Utilitarismus ist folgender: Wenn eine Moralphilosophie erklären soll, wie die Eigeninteressen Einzelner mit dem Gesamtwohl eines Gemeinwesens zu einem vernünftigen Ausgleich gebracht werden können, muss man zunächst wissen, was die Einzelnen eigentlich wollen. Die Antwort der Utilitaristen auf diese Frage lautet: Glück bzw. *happiness*. Wir alle wollen *happy* sein. Mit diesem Grundaxiom muss die Moralphilosophie rechnen. Sie wird sinnlos, wenn sie den Menschen in diesem

Grundanliegen behindert. Vielmehr muss sie dieses Grundanliegen so kultivieren, dass es nicht in Widerspruch mit dem Gesamtwohl gerät. Und wie geht das? Die Antwort, die Francis Hutcheson (1694–1746) auf diese Frage fand, ist so einfach wie epochal: Maßstab und Kriterium allen politischen Handelns müsse das größte Glück für die größte Zahl sein: *the greatest happiness for the greatest number.*[21] Das heißt: Wenn wir vor unterschiedlichen Handlungsoptionen stehen, sollten wir diejenige wählen, die der größtmöglichen Zahl von Menschen das größte Glück bereitet. Jeremy Bentham (1748–1832) hat dies als das *Prinzip der Nützlichkeit* wie folgt formuliert:

> *Unter dem Prinzip der Nützlichkeit ist jenes Prinzip zu verstehen, das schlechthin jede Handlung in dem Maß billigt oder missbilligt, wie ihr die Tendenz innezuwohnen scheint, das Glück der Gruppe, deren Interesse in Frage steht, zu vermehren oder zu vermindern, oder – das gleiche mit anderen Worten gesagt – dieses Glück zu befördern oder zu verhindern.*[22]

Dieses moralphilosophische Axiom funktioniert freilich nur, weil es ein bestimmtes, unausgesprochenes Verständnis von Glück voraussetzt: dass Glück etwas ist, das sich messen, quantifizieren, maximieren, optimieren lässt – dass Glück etwas ist, das sich be- und verrechnen lässt: etwas, mit dem man einen *hedonistic calculus* anstellen kann – eine Operation, mit der die Glücksquotienten unterschiedlicher Handlungsoptionen erst berechnet und dann verglichen werden können. Und das geht so:

> *Man addiere die Werte aller Freuden auf der einen und die aller Leiden auf der anderen Seite. Wenn die Seite der Freude überwiegt, ist die Tendenz der*

Handlung im Hinblick auf die Interessen dieser einzelnen Person insgesamt gut; überwiegt die Seite des Leids, ist ihre Tendenz insgesamt schlecht.[23]

... gut und schlecht *für das Happiness-Glück*, wie wir ergänzen dürfen. So einfach ist die Sache. Vielleicht auch so einfältig. Die Idee eines *hedonistic calculus* ist vielfältig kritisiert worden, und spätere Generationen von Utilitaristen – allen voran John Stuart Mill (1806–1873) – sind nicht müde geworden, Nachbesserungen an ihr vorzunehmen. Das muss uns aber nicht interessieren. Für unseren Zusammenhang ist eine andere Frage wichtiger – die Frage nach dem jedem *hedonistic calculus* zugrunde liegenden Verständnis von Glück: Wie muss Glück – *happiness* – verstanden sein, damit es sich der Forderung nach Quantifizierbarkeit und Maximierbarkeit beugt? Eine klare Antwort darauf gibt der soeben erwähnte Mill:

Unter Glück (happiness) ist Lust (pleasure) und das Freisein von Unlust (pain) zu verstehen, unter Unglück (unhappiness) Unlust und das Fehlen von Lust.[24]

Happiness – das Glück der Utilitaristen – ist identisch mit *Freude*. Freude ist das Glück der *letzten Menschen*: ein Lüstchen hier, ein Lüstchen da. Aber was ist Freude? Inwiefern genügt Freude den Anforderungen der Quantifizierbarkeit und Maximierbarkeit? Freude (*pleasure*) ist das Gefühl, das sich immer dann einstellt, wenn ein Bedürfnis befriedigt ist und – wie man so sagt – die liebe Seele ihre Ruh hat. Damit gilt die Regel: Je schwieriger die Bedürfnisbefriedigung, desto größer die Freude. Vorübergehend. Denn Bedürfnisbefriedigung ist steigerbar: Mehr Bedürfnisse erwirken mehr Bedürfnisbefriedigung, hochfliegendere Wünsche erwirken mehr Freude. Eine mit Freude identifizierte *happiness* ist tatsächlich maximierbar und optimierbar.

Nun ist diese Identifikation von *pleasure* und *happiness* folgenreich. Bis heute werden allenthalben Glück und Freude miteinander identifiziert. Und nur aufgrund dieser vom Utilitarismus propagierten Gleichsetzung konnte *happiness* zu einem Konsumartikel werden. Denn wenn *pleasure* nicht mehr ist als das Gefühl, das sich einstellt, wenn ein Bedürfnis befriedigt worden ist, dann lässt sich dieses Gefühl mit der Menge und Intensität der Bedürfnisse ins Unendliche steigern. Damit eignet ihr die wichtigste Eigenschaft für die merkantile Verwertung: *Happiness* im Sinne von *pleasure* ist eine unerschöpflich konsumierbare Ressource. Wer sie ausbeuten will, braucht dafür keine Lebenskunst, die das Leben mit sich selbst in Einklang bringt, sondern ausgetüftelte Techniken des *emotional engineering*, die eine effiziente Nutzung und Vermarktung dieser Ressource fördern: Techniken, die gezielt Bedürfnisse erzeugen und über prickelnde Spannungsbögen befriedigen. *Emotional engineering* ist heutzutage ein lukratives Geschäft, das Abertausende von Trainern und Glücksingenieuren betreiben: eine empirisch-wissenschaftlich fundierte Technik der Erzeugung von Lust und *happiness*. Die zeitgenössischen Ingenieure des Glücks sind direkte Nachfahren der alten Utilitaristen. Wie diese lehren sie, dass wir Glück erstreben dürfen, dass wir Glück erstreben *sollen*, dass wir immer mehr Glück erstreben *müssen* und dass ein gutes Leben darin besteht, für möglichst viele möglichst viel Glück generiert zu haben: *happiness*. Aber ist *happiness* wirklich Glück? Ist *happiness* Glückseligkeit?

Nein, *happiness* ist nicht Glückseligkeit. Zumindest ist sie es nicht, wenn man sie an den klassischen Theorien der Glückseligkeit bemisst, denen wir uns sogleich zuwenden werden. Sie ist es nicht, weil sie – anders als die klassischen

Theorien der Glückseligkeit – das Glück völlig unbestimmt lässt. *Happiness* ist nicht die *Qualität* eines gelungenen Lebens, sondern die *Quantität* gefühlter Freude. Dieser rein formellen, inhaltlich unbestimmt bleibenden Struktur der *happiness* als *pleasure* ist es letztlich geschuldet, dass infolge des Utilitarismus die bis heute weitverbreitete Trivialisierung des Glücks anheben konnte, die Nietzsche in Zarathustras Rede vom *letzten Menschen* brandmarkt. Das kleine Glück der *happiness* lässt sich mit beliebigen Inhalten füllen, sofern diese nur ein gewisses Maß an Freude versprechen. Auf diese Weise wird das Glück warenförmig. Alles, was Freude verspricht, taugt auf dem Marktplatz des Glücks. Und was auf ihm den höchsten Kurswert erreicht, richtet sich nicht nach dem inneren Wert des Freude verheißenden Angebots, sondern nach der Nachfrage der Konsumenten. Nun steht der Inflation des Glücks nichts mehr im Wege. Nun kann alles als Glück verkauft werden, wenn es nur glaubhaft die Aussicht auf Freude bereithält. Das Glück, das die *letzten Menschen* erfunden haben, ist ein hohles Glück – und sie blinzeln, weil sie es wissen und doch nichts Besseres haben.

Wir aber haben Besseres. Wir haben eine Geschichte des Glücks, die durchaus vielversprechendere Theorien der Glückseligkeit hervorgebracht hat. Ihnen wollen wir uns nun zuwenden. Aber nicht nur, um alternative Modelle zur *happiness* kennenzulernen, sondern auch, um zu verstehen, wie es überhaupt zu der folgenschweren Vermengung von Glück und *happiness* kommen konnte. Denn auch das Konzept *happiness* ist nicht vom Himmel gefallen. Es ist nicht mehr und nicht weniger als das Ergebnis der Geschichte des Glücks, die wir nun betrachten werden: der *Verfalls*geschichte des Glücks, in deren Folge es immer kleiner wurde – so klein, dass am Ende nur »ein Lüstchen für den Tag und ein Lüstchen für die Nacht« von ihm übrigblieb.

Eudaimōnía und Beatitudo – vom diesseitigen Glück des Weisen zum jenseitigen Glück des Christen

a) Aristoteles

Wir beginnen unsere kurze Geschichte des Glücks bei demjenigen Denker, der auf alles weitere Nachdenken über das Glück einen nachhaltigen Einfluss gehabt hat: bei Aristoteles (384–322 v. Chr.) – genauer: bei der praktischen Philosophie des Aristoteles, die er in seiner *Nikomachischen Ethik* entwickelt hat. Ganz zu Beginn seiner Abhandlung arbeitet Aristoteles eine grundlegende Struktur des menschlichen Lebens heraus. Sie führt uns mitten hinein in sein Verständnis der Glückseligkeit:

> *Jede Kunst und jede Lehre, desgleichen jede Handlung und jeder Entschluss, scheint ein Gut zu erstreben; weshalb man das Gute treffend als dasjenige bezeichnet hat, wonach alles strebt. [...] Im Namen stimmen hier wohl die meisten überein: Glückseligkeit nennen es die Menge und die feineren Köpfe, und dabei gilt ihnen Gut-Leben und Sich-gut-Gehaben mit Glückselig-Sein als eins.*[25]

Das ist ein Klassiker: Wir alle streben nach Glück – die Aussicht auf Glück ist die letzte Motivation all unseres Tuns und Lassens. Der Mensch ist das Wesen, dem es um sein Glück zu tun ist. Und ebenso: Glück ist dasjenige, worum es uns in allem Tun und Lassen geht. Hier haben wir die wohl haltbarste Definition des Glücks, die je erprobt worden ist

– eine rein formale zwar, aber deshalb doch keine schlechte. Denn aus der formalen Definition ergeben sich, wie wir sogleich sehen werden, inhaltliche Konsequenzen, die uns helfen zu ermitteln, worin die Glückseligkeit letzten Endes besteht.

Noch einmal: In all unserem Tun und Lassen geht es uns um das Gute. Das heißt: Wenn immer uns jemand fragt, warum wir uns für dieses und nicht jenes entschieden haben, können wir antworten, dass es uns *besser* erschienen sei – dass es in unseren Augen *gut* ist, eben dies und nicht jenes zu tun. Wenn hier von »gut« die Rede ist, dann müssen wir uns vor allen moralischen Assoziationen in Acht nehmen. Es geht nicht um etwas moralisch Wertvolles, wenn hier vom Guten die Rede ist, sondern schlicht um dasjenige, wofür wir uns entscheiden. Und da ist es naheliegend, dass unterschiedliche Menschen unterschiedliches Gutes für sich in Anspruch nehmen – bei jeder einzelnen Handlung ebenso wie für das Leben im Ganzen. Um Letzteres aber geht es der praktischen Philosophie: Tatsächlich mutet uns Aristoteles den Gedanken zu, es gebe *ein* Gutes, *ein* Ziel, auf das unser ganzes Leben hinausläuft. Würde man uns immer weiter fragen: »Warum schien dir dieses gut und nicht jenes?« – zuletzt bliebe die Antwort stehen: »Weil es mit meiner Vorstellung vom guten Leben übereinstimmt.« Und wenn man uns dann auch noch fragte: »Ja, welche Vorstellung vom guten Leben hast du denn?«, dann könnten wir uns alle darauf verständigen zu sagen: »dass es *glückselig* ist«.

Einigkeit also besteht darüber, dass Glückseligkeit dasjenige ist, was uns allen das höchste Ziel, das eigentlich Gute im menschlichen Leben zu sein *scheint*. Allein: Was sie *wirklich* auszeichnet, wie sie *inhaltlich* zu bestimmen ist, darüber gehen die Meinungen auseinander[26]. Und da hilft die praktische Philosophie, indem sie feststellt:

Als Endziel im höheren Sinne gilt uns das [...] was allezeit seinetwegen und niemals eines anderen wegen gewollt wird. Eine solche Beschaffenheit scheint aber vor allem die Glückseligkeit (eudaimōnía) zu besitzen.[27]

Daran anschließend ergänzt Aristoteles einen wichtigen Gedanken: Was nur um seiner selbst willen gewollt wird, ist in sich ausreichend, genügt sich selbst. Es bedarf keiner Ergänzung, die zusätzlich zu ihm dann auch noch gewollt werden könnte. Es bedarf daher auch keiner Optimierung oder Erweiterung. Das utilitaristische Ideal einer fortgesetzten Glücksmaximierung ist Aristoteles völlig fremd. Für ihn ist klar: Entweder man ist glücklich oder man ist es nicht. Wenn man es nicht ist, wird man weiter auf dieses Ziel hinarbeiten – wenn man es ist, kommt alles Hinarbeiten zum Erliegen. Da bedarf es keiner Optimierung. Denn:

Die Glückseligkeit stellt sich dar als Vollendetes und sich selbst Genügendes, da sie das Endziel allen Handelns ist.[28]

Auch das ist ein Klassiker, der nie mehr in der Philosophiegeschichte aufgegeben wurde: *Glückseligkeit ist der Zustand, in dem all unser Wünschen und Wollen endet, Glückseligkeit genügt sich selbst, Glückseligkeit ist der Zustand, worin wir das Bestehende bejahen können* – auch das eine formale Definition, aber ebenso wie diejenige, nach der *Glückseligkeit das letzte Ziel alles Wollens ist*, eine plausible.

Diese beiden formalen Glücksdefinitionen des Aristoteles wollen wir von ihm übernehmen. Allein: Die uns am meisten bewegende Frage ist damit auch nicht im Ansatz beantwortet – die Frage, worin denn ein solches, sich selbst genügendes, vollendetes, bejahenswertes Leben besteht, in dem alles weitere Optimieren- und Maximieren-Wollen zu seinem Ende kommt. Die Antwort des Aristoteles ist eindeutig: Es ist dasjenige Leben, in dem der Mensch am meisten seinem Wesen entspricht – dasjenige Leben, indem er sein Potenzial voll ausschöpft – dasjenige, worin sich seine menschliche Natur erfüllt – dasjenige, worin er dem alten Imperativ nachgekommen ist: *Werde, was du bist!* Nur: Was ist der Mensch? Und hier fängt die Sache an, schwierig zu werden.

Aristoteles hilft sich mit einer Überlegung, die Jahre zuvor schon einmal Sokrates angestellt hatte: Bei allem, was wir verrichten – sei es ein Werk, das wir herstellen, sei es eine Handlung, die wir vollziehen –, gibt es ein Optimum, eine Vollendung, eine *Bestheit*. Das griechische Wort dafür lautet *aretē* – die Substantivform zu dem bekannten *aristós* – *der, die, das Beste*. Fast immer ist *aretē* missverständlicherweise mit *Tugend* übersetzt worden – missverständlich für uns deswegen, weil sich heute mit dem Begriff *Tugend* sofort moralische Assoziationen einstellen, die mit *aretē* aber gerade nicht gemeint sind[29]. Das kann man sich daran klarmachen, dass für die Griechen die *aretē* eines Instrumentes darin liegt, dass es auf vollkommene Weise seine Funktion ausführt: Ein Messer hat *Bestheit*, wenn es gut schneidet[30], eine Flöte, wenn sich gut auf ihr spielen lässt. Und ebenso hat eine Handlung *Bestheit*, wenn sie in sich stimmig und sinnvoll ist: das Rasenmähen meines Nachbarn etwa (der mich schon den ganzen Morgen nervt), wenn am Ende der Rasen wirklich geschnitten und nicht nur viel Lärm produziert worden ist. Und nun fragt Aristoteles:

> *Sollten nun der Zimmermann und der Schuster bestimmte Tätigkeiten und Verrichtungen haben, der Mensch aber hätte keine und wäre zur Untätigkeit geschaffen? Sollte nicht vielmehr, wie beim Auge, der Hand, dem Fuß und überhaupt jedem Teil eine bestimmte Tätigkeit*

zutage tritt, so auch beim Menschen neben allen diesen Tätigkeiten noch eine besondere anzunehmen sein? Und welche wäre das wohl?[31]

Um herauszufinden, worin unsere Glückseligkeit besteht, fragt Aristoteles nun also nach derjenigen Praxis, in der wir Menschen so sehr unserer Natur und unserem Wesen entsprechen, dass all unser Streben nach Verbesserung, Veränderung, Vermehrung zum Erliegen kommt. Er fragt danach, was die eigentlich dem Menschen angemessene Lebensweise ist, denn nur von ihr steht zu erwarten, dass ihre Ausübung uns mit dem Bejahen und Genügen des Nichts-anderes-Wollens versieht, das unserem Glück als Endziel unseres Lebens eigen ist. Um hier eine Antwort zu geben, macht er etwas Eigenartiges: Er lenkt seine Aufmerksamkeit darauf, was den Menschen von anderen Lebewesen unterscheidet, um sodann von diesem Unterschied her zu bestimmen, worin das vollendete *menschliche* Leben besteht: nämlich in der Betätigung der nur ihm gegebenen Vernunft:

So bleibt [für die Bestimmung der Glückseligkeit] also nur ein nach dem vernunftbegabten Seelenteile tätiges Leben übrig.[32]

Zweierlei ist daran wichtig: zum einen die Fokussierung auf die Vernunft, zum anderen die Betonung der Tätigkeit. Leben will gelebt sein. Und dasjenige, was das menschliche Leben zu einem wahrhaft menschlichen Leben macht – die Vernunft –, muss aktiv sein, wenn dieses Leben im Zustand der *Bestheit* glückselig sein soll. Unser Glück hängt mit anderen Worten an unserer Praxis, an unserem Tun und Lassen. Glücklich ist allein der Tätige. Wer schläft, sündigt zwar nicht, er wird aber auch nicht glücklich. Und so kann Aristoteles den Sack zubinden, indem er fragt:

Was hindert uns demnach, denjenigen als glückselig zu bezeichnen, der gemäß vollendeter Bestheit tätig und dabei mit den äußeren Gütern wohl ausgestattet ist, und das nicht bloß eine kurze Zeit, sondern ein ganzes, volles Leben lang?[33]

Nichts hindert uns, lautet die Antwort. Die Bestimmung der Glückseligkeit ist damit gegeben – jedenfalls die formale Bestimmung der Glückseligkeit.

Bis dahin können wir Aristoteles folgen. Aber auch nicht weiter. Denn was wir noch nicht wissen, das ist, was dann nun die beste und am meisten glücklich machende aller möglichen Tätigkeiten ist. Wohl wissen wir, dass es sich um eine Ausübung der Vernunft handeln muss. Allein – auch darüber lässt uns Aristoteles nicht im Zweifel –, es gibt eine ganze Reihe vernünftiger und vernunftgemäßer Tätigkeiten. Welche davon ist die beste? Auf welche Weise sollten wir vernünftig sein, wenn wir glücklich sein wollen? Mit der Antwort auf diese letzte und vielleicht entscheidende Frage seiner praktischen Philosophie spannt Aristoteles seine Leser lange auf die Folter. Neuneinhalb lange Bücher müht man sich durch die *Nikomachische Ethik*, bevor ihr Autor sich anschickt, sie am Ende des Zehnten Buches zu beantworten. Und dort lesen wir:

Ist die Glückseligkeit eine der Bestheit gemäße Tätigkeit, so muss dieselbe natürlich der vorzüglichsten Bestheit gemäß sein, und das ist wiederum die Bestheit des Besten in uns. Mag das nun der Geist (noûs) oder etwas anderes sein, was da seiner Natur nach als das Herrschende und Leitende auftritt und das wesentlich Gute und Göttliche zu erkennen vermag, sei es selbst auch göttlich oder das Göttlichste in uns: – immer wird seine seiner eigentümlichen Bestheit gemäße Tätigkeit die vollendete Glückseligkeit sein. Und diese Tätigkeit ist theoretischer Art.[34]

Was heißt das? Zunächst müssen wir uns darüber verständigen, was Aristoteles meint, wenn er von *theoretisch* oder *Theorie* redet. Das griechische Wort *theōría* bedeutet *Betrachtung*. Unsere neuzeitliche Assoziation, die Theorie in die Nähe von Wissenschaft und Forschung rückt, sollten wir erst einmal ausblenden. *Theōría* hat mehr mit Kontemplation denn mit Wissenschaft zu tun. Sie ist Betrachtung im Unterschied zur handelnden *práxis*. Sie ist die betrachtende Versenkung in die Phänomene der Welt. Wobei – und das ist es, was im griechischen Verständnis die Aspekte von Kontemplation und Wissenschaft verbindet – die Phänomene der Welt in der *theōría* auf das hin betrachtet werden, was an ihnen ewig, zeitlos, göttlich ist. Die theoretische Vernunft der *theōría* gilt dem Sinnvollen, Gesetzmäßigen und Maßgeblichen – und ist eben darin der praktischen Vernunft überlegen. Weil sie sich dem Besten und Vornehmsten – dem Zeitlos-Göttlich-Maßgeblichen[35] – widmet, ist die *theōría* die »bessere *Bestheit*«, die »*Bestheit* des Besten« – und darum ist ihr tätiger Vollzug, ihre tätige Ausübung die beste aller dem Menschen zu Gebote stehenden *Bestheiten*. Folglich ist die *theōría* dasjenige, worin alles Wünschen und Wollen zum Erliegen kommt. Und folglich besteht in ihr unsere Glückseligkeit.

Dieser Gedanke ist nicht leicht zu fassen, und so mag es hilfreich sein anzuschauen, wie Aristoteles selbst ihn anhand des Kriteriums der Genügsamkeit erläutert. Er möchte dabei zeigen, inwiefern die Ausübung der theoretischen Vernunft selbstgenügsamer ist als die Ausübung der praktischen Vernunft – warum die *Bestheit* der *theōría* in dieser Hinsicht allen praktischen *Bestheiten* wie Gerechtigkeit, Mut, Besonnenheit, ja auch der praktischen Klugheit (*phrónesis*) überlegen ist. Denn ...

... was man Genügsamkeit nennt, findet sich am meisten bei der theōría. Was zum Leben erforderlich ist, dessen bedarf auch der Weise und der Gerechte und diejenigen, die über die Bestheit im praktisch-sittlichen Leben verfügen. Sind sie aber mit dergleichen ausreichend versehen, so bedarf der Gerechte noch solcher, gegenüber denen und mit denen er gerecht handeln kann, und das gleiche gilt von dem maßvoll Handelnden und dem mutig Handelnden und jedem anderen. Der Weise [derjenige, der in der Bestheit der theōría lebt] dagegen kann, auch wenn er für sich ist, betrachten – und je weiser er ist, desto mehr wird er dies können. [...] So lässt sich allein von ihr [der theōría] sagen, dass sie um ihrer selbst willen geliebt wird. Sie bietet uns ja außer dem Denken und Betrachten nichts weiter; vom praktischen Handeln dagegen haben wir noch einen größeren oder kleineren Gewinn außer der Handlung.[36]

Hier wird deutlich, wie folgenreich das eingangs von Aristoteles eingeführte formale Kriterium der Glückseligkeit für ihre inhaltliche Bestimmung ist: Die ungetrübte *theōría* ist nicht nur derjenige Lebensvollzug, in dem der Mensch das ihm eigene und spezifische Potenzial rein zur Entfaltung bringt, sie ist auch die Tätigkeit, die in sich selbst so vollkommen, so rund, so bedürfnislos ist, dass, wer sie ausübt, keinerlei Bedürfnis nach Maximierung, Optimierung und dergleichen aufbringt. In ihr kommt endgültig alles Streben und Wollen zum Erliegen, und zurecht steht sie daher an der Spitze all dessen, was uns Menschen gut und richtig zu sein scheint. Die *theōría* ist das höchste Gut, die beste *Bestheit*, die vollendete Praxis, die reine Glückseligkeit.

Es liegt auf der Hand, dass wir Heutigen uns weit von dieser *eudaimōnía* des aristotelischen Weisen entfernt haben – vor allem darin, dass es uns auf Anhieb gar nicht in den Sinn käme, unser Glück mit einer bestimmten Lebensform zu identifizieren – und mit einer so blutarmen wie der betrachtenden, kontemplativen Schau schon gar nicht. Wo bleibt, so werden wir utilitaristisch geprägten Spätlinge fragen, bei dieser *Betrachtung* denn, bitte schön, die Freude, die Lust, das Glücksgefühl?

Diese Frage, würde Aristoteles wohl erwidern, gibt zu erkennen, dass wir keine Ahnung davon haben, was *theōría* ist. Denn würden wir sie aus eigener Erfahrung kennen, wüssten wir, dass sie sehr wohl dazu angetan ist, uns Freude und Lust zu bereiten – eine andere Lust und Freude jedoch als diejenige, die sich aus seiner Perspektive weniger hoch entwickelte Individuen erträumen, wenn sie kulinarische und sexuelle Genüsse als den Inbegriff der Freude feiern. So ist es für Aristoteles ausgemacht, dass »unter allen ihrer *Bestheit* entsprechenden Tätigkeiten die der Weisheit [was in diesem Zusammenhang die *Bestheit* der *theōría* bedeutet] eingestandenermaßen die genussreichste und seligste«[37] ist – »... und *seligste*«! Aha! Wir kommen hier an einen philosophiegeschichtlich dramatischen Punkt: den Punkt, an dem die Grenze zwischen *eudaimōnía* und *makariótēs* – zwischen menschlicher Glückseligkeit und göttlicher Seligkeit – überschritten wird. Aristoteles weiß darum:

> *Das Leben, in dem sich diese Bedingungen erfüllen, ist höher als es dem Menschen als Menschen zukommt. Denn so kann er nicht leben, insofern er Mensch ist, sondern nur insofern er etwas Göttliches in sich hat. So groß aber der Unterschied ist zwischen diesem Göttlichen selbst und dem aus Leib und Seele zusammengesetzten Menschenwesen, so groß ist auch der Unterschied zwischen der Tätigkeit, die von diesem Göttlichen ausgeht, und allem sonstigen, der* Bestheit *gemäßen Tun.*[38]

Wenn wir unser »wahrstes Wesen« entfalten und uns darin vervollkommnen wollen, dann sind wir mit Aristoteles also angehalten, am Göttlichen Maß zu nehmen. Und am Göttlichen Maß nehmen heißt: sich ihm zuwenden – in Gestalt des Ewigen, Sinnvollen, Maßgeblichen. Und es heißt auch: dasjenige Vermögen in uns, das mit dem Göttlichen in Kontakt zu treten vermag und deshalb selbst göttlich ist, zu üben und zu aktivieren: die theoretische Vernunft. Dies steht uns jederzeit frei; auch wenn es uns aufgrund unserer menschlichen – und das heißt hier vor allem: leiblichen – Natur verwehrt bleiben wird, dauerhaft in ihr zu leben und göttlich zu sein. Weil uns diese Beständigkeit der theoretischen Schau versagt ist, weil wir eben doch den alltäglichen und körperlichen Sorgen und Nöten unterworfenen sind, deswegen bleibt unser Glück *menschliche* Glückseligkeit und ist eben nicht die Seligkeit der seligen Götter[39].

Wo wir aber – und das ist für die nachfolgende Geschichte des Glücks wichtig – im Vollzug der *theōría* partiell ein göttliches Leben führen, da mischt sich göttliche *Seligkeit* in unser menschliches Glück, und diese *Seligkeit* ist dabei verstanden als vollendete Freude, als göttliche Lust. Was hier geschieht, ist sonderbar. Und wir sind gut beraten, uns diese Sonderbarkeit klarzumachen, wenn wir verstehen wollen, wie es zum neuzeitlichen Triumph der *happiness* kommen konnte. Am Ende wird es diese Sonderbarkeit sein, die uns einen anderen Weg zum Glück wählen lassen wird als den des Aristoteles. – Worin besteht also diese Sonderbarkeit? – Nun, sie besteht in der inneren Paradoxie der von Aristoteles proklamierten Glückseligkeit. Sie besteht in seiner *Vermengung* von Seligkeit und Glück.

Deutlich sagt Aristoteles: »Das Göttliche [unsere theoretische Vernunft] ist unser wahres Selbst, wenn anders es unser vornehmster und bester Teil ist.«[40] Deutlich sagt er aber auch:

»Das Leben, in dem sich diese Bedingungen erfüllen, ist höher, als es dem Menschen als Menschen zukommt. Denn so kann er nicht leben, insofern er Mensch ist, sondern nur insofern er etwas Göttliches in sich hat.[41]

Und folglich unterscheidet er ein zweitklassiges Glück des praktischen Lebens, das dem Menschen *als* Menschen zwar offensteht, das aber nicht mit seinem *wahren Selbst* korrespondiert, von einer erstklassigen, göttlichen Seligkeit (*makariótēs*), die dem *wahren Selbst* entspricht. Das Glück, das der Mensch *als* Mensch zu erreichen vermag, ist *nur* Glückseligkeit (*eudaimōnía*). Um zur Seligkeit der Ausübung unserer theoretischen Vernunft zu gelangen, müssen wir folglich nicht *als Mensch*, sondern *als Gott* leben. Das ist die Paradoxie. Und sie ist für die Geschichte des Glücks folgenreich, da sie – als das Glück unter den Einfluss der christlichen Theologie geriet – eine Steilvorlage dazu gab, das diesseitige Glück des Menschen *als* Menschen hintanzustellen, um an seine Stelle die Verheißung einer jenseitigen Seligkeit des Menschen *als* Erlösten zu setzen. Und als mit dem Beginn der Neuzeit die jenseitige Seligkeit ins diesseitige Glück zurückübersetzt wurde, da war dieses dann so sehr mit dem Konzept von Seligkeit verbunden, dass Glück nur noch als vollendete Freude gedacht und damit religiös so aufgeheizt wurde, dass es sich dem Menschen *als* Menschen immer mehr entzog.

b) Augustinus

Indem Aristoteles die vollendete Glückseligkeit als *theōría* bestimmte, diese in den *göttlichen* Teil des Menschen verlegte und dessen Aktivität als *Seligkeit* beschrieb, hatte er den Boden bereitet für eine folgenschwere *Transzendierung des Glücks*, die mit dem Christentum in die europäische Geistesgeschichte Einzug halten sollte. Denn mit dem Christentum kam es zu einer konsequenten Verlagerung des Glücks aus der diesseitigen Sphäre des Menschen in die jenseitige Welt des Erlösten. Diese Transzendierung des Glücks machte Epoche. Und von ihr müssen wir erzählen, weil ohne sie unser neuzeitliches Glücksverständnis der *happiness* nie hätte aufkommen können. Wir Heutigen nämlich denken uns Glück im Sinne einer *wieder ins Diesseits zurückübersetzten jenseitigen Seligkeit*. Und das ist ein Problem.

Wie konnte es zu der Transzendierung des Glücks kommen? Wie war es möglich, dass etwas so ganz und gar Diesseitiges, etwas höchst Menschlich-Allzumenschliches wie das Glück ins Jenseits verlegt wurde? Die aristotelische Grundlage haben wir uns angeschaut. Was brachte aber das Christentum Neues, um darüber hinaus jenen gravierenden Schritt zu tun? – Es brachte die Verkündigung Jesu Christi. – Und was sagte Jesus über das Glück? – *Nichts*. Er sagte *nichts* über das Glück, das Glück interessierte ihn nicht. Ihn interessierte ausschließlich die Seligkeit. Denn er war der Überzeugung, dass die Seligkeit dem Menschen offensteht – jederzeit. Der Kernsatz seiner Verkündigung lautet: *Das Himmelreich ist nahe*. Das Himmelreich ist der Ort der Seligkeit. Von ihm handeln die berühmten *Makarismen* – die Seligpreisungen der Bergpredigt:

> *Selig sind, die da geistig arm sind; denn ihrer ist das Himmelreich. Selig sind, die da Leid tragen; denn sie sollen getröstet werden. Selig sind die Sanftmütigen; denn sie werden das Erdreich besitzen. Selig sind, die da hungert und dürstet nach Gerechtigkeit; denn sie sollen satt werden. Selig sind die Barmherzigen; denn sie werden Barmherzigkeit erlangen. Selig sind die*

reinen Herzens; denn sie werden Gott schauen. Selig sind die Friedfertigen; denn sie werden Gottes Kinder heißen; Selig sind, die um der Gerechtigkeit willen verfolgt werden; denn ihrer ist das Himmelreich. (Matthäus 5,3–10)

Nun mag man darüber streiten, wie Jesus die Seligpreisungen eigentlich gemeint hat – genauer: worauf sich die von ihm verheißene Seligkeit bezieht. Bezieht sie sich auf das künftige oder auf das jetzige Leben? Meinte er mit dem Gottesreich eine erst noch bevorstehende Weltordnung, die an die Stelle der bestehenden Weltordnung treten würde – oder meinte er eine Realität, die gleichsam hinter dem Bestehenden liegt und in die einzutreten jederzeit möglich ist, sofern man bedingungslos dem von Jesus eingeschlagenen Weg der selbstlosen Liebe folgt, den seine Seligpreisungen beschreiben. Theologisch zugespitzt: Ist das Gottesreich eschatologisch oder präsentisch zu verstehen? Und entsprechend die Seligkeit: Ist sie ein Zustand, in den hier und jetzt einzutreten all denen verheißen ist, die gemäß den Seligpreisungen leben? Oder ist die Seligkeit der künftige Lohn, den all jene, die die »Forderungen« der Seligpreisungen erfüllt haben, erwarten dürfen, wenn die gegenwärtige Weltordnung durch das Gottesreich abgelöst wird? Auch hier theologisch zugespitzt: Ist *Seligkeit* im Verständnis Jesu ein *mystisches* oder ein *moralisches* Konzept?

Um diese Frage zu entscheiden, müssten wir anstandshalber in eine theologische Diskussion eintreten, die wir an dieser Stelle weder führen können noch wollen. Lassen wir sie also unentschieden und machen uns stattdessen klar, was die Seligpreisungen inhaltlich sind: eine Zumutung. Zumindest eine Zumutung für den alltäglichen Menschenverstand, da sie genau denjenigen die Seligkeit in Aussicht stellen, die in unserer gewöhnlichen Wertschätzung nicht gerade an oberster Stelle stehen. Nietzsche nannte so etwas eine »Umwertung aller Werte«.

Jesu »Umwertung aller Werte« lässt natürlich die Frage aufkommen, ob die von ihm beschriebene Seligkeit überhaupt menschenmöglich ist. Nach allem, was wir inzwischen über den antiken Sprachgebrauch wissen, erscheint es jedenfalls ganz passend, dass er für die Kennzeichnung der Qualität des Daseins im Reiche Gottes nicht das Wort *eudaimōnés – glückselig* – verwendete, sondern eben *makaríos – selig* – (beziehungsweise ein entsprechendes aramäisches Wort, da er selbst ja kein Griechisch sprach). Denn die Seligkeit, die er beschrieb, hatte wenig genug mit den Vorstellungen menschlicher Glückseligkeit zu tun, die in der alten Welt im Umlauf waren. Dafür hatte sie sehr viel mehr mit dem zu tun, was er selbst vorlebte, erscheint Jesus doch in der Tat als Inkarnation des von ihm verkündeten Gottesreiches, und entsprechend ist sein Wirken und Dasein als Gottessohnschaft gedeutet worden. Nun ist aber auch bekannt, dass das Wirken und Dasein Jesu – zumindest in der Außenwahrnehmung – nicht gerade von Freude, Lust und Glückseligkeit geprägt gewesen ist, dass es vielmehr in einer leidvollen und schmerzreichen Passion endete. Dies gibt zu erkennen, dass die Seligkeit, wie sie von Jesus verheißen wurde, die Qualität der Existenz in einer *anderen* Seinsordnung ist (dem Reich Gottes), ganz gleich, wann und wie wir in diese Seinsordnung eintreten: ob als Belohnung für ein moralisch-integres Leben oder als Folge einer mystischen Selbsthingabe in unmittelbarer Nachfolge Jesu. Und in diesem Sinne ist es stimmig, dass diese Qualität im Neuen Testament als *Seligkeit* bzw. *makariótēs* erscheint. Ihr Reich ist nicht von dieser Welt.

Schauen wir uns nun an, was im Laufe der Geschichte durch die christliche Theologie daraus wurde: Schon die unmittelbaren Schüler und Interpreten Jesu entschieden sich für eine moralisch-eschatologische Lesart der Seligpreisungen. Sie verstanden das von Jesus verkündete Reich Gottes als eine erst noch zu errichtende Welt- oder Seinsordnung, deren Zugangsberechtigung durch ein den Seligpreisungen entsprechendes Leben zu erwerben ist. Die Seligpreisungen wurden darin zu moralischen Leitsätzen, deren Befolgung den Kern jeder weiteren christlichen Ethik ausmachen sollte. Das war der erste Schritt.

Nun herrschte in der frühen Christenheit die Überzeugung, dass die Errichtung des Gottesreiches unmittelbar bevorstünde. Man erwartete die baldige Wiederkehr Jesu und versprach sich von ihr die Begründung jener neuen Ordnung – und, was damit immer eng zusammenhing, die Vernichtung des verhassten römischen Imperiums. Paulus etwa ging davon aus, dass er Jesu Rückkehr noch zu Lebzeiten erleben dürfe. Wie wir alle wissen, kam es ganz anders. Rom blieb bestehen, und das Gottesreich blieb aus. Als sich die Indizien dafür häuften, dass dies auch auf längere Sicht so bleiben würde, begann sich das theologische Konzept des Gottesreiches zu verändern. Erst wurde seine Einrichtung unter dem Einfluss der jüdischen Apokalyptik ans Ende aller Zeiten verlegt (wovon die *Apokalypse des Johannes* beredtes Zeugnis gibt). Und als auch diese Aussicht an Attraktivität verlor, setzte sich die Vorstellung durch, das Gottesreich läge gleichsam jenseits der Tore des Todes. Es wurde mit der uns im Neuen Testament in Aussicht gestellten neuen Seinsform identifiziert, die den Christenmenschen am Ende eines moralischen, den ethischen Forderungen der Bergpredigt gemäßen Lebens erwarte. Diese Vorstellung beherrschte das gesamte Mittelalter, wovon Tausende Darstellungen des Jüngsten Gerichts zeugen: Stets sieht man auf der einen Seite in Gesellschaft putziger Teufel und Dämonen die Verdammten, die Unseligen – die, die moralisch versagt haben und dem Richtspruch Christi nicht standhalten konnten; und auf der anderen Seite, umgeben von schön anzusehenden Engeln und mit der Aureole der Heiligen bekränzt, die Erlösten und Seligen: Bilder, die tief in unser aller Bewusstsein eingedrungen sind und auch heute noch in der Vorstellung vieler Christen fortleben. So wurde das Gottesreich verjenseitigt – und mit ihm die Seligkeit. Die in den Seligpreisungen verheißene *makariótēs* wurde nun zum Charakteristikum der Erlösten und Geretteten im Jenseits. Das war der zweite Schritt.

Der dritte Schritt verbindet sich mit dem Namen des großen Vermittlers von griechischer Philosophie und christlicher Theologie. Die Rede ist von Augustinus (354–430), der in seinen Werken die Verjenseitigung des Glücks zur Seligkeit endgültig theologisch-philosophisch sanktionierte: Nicht mehr die diesseitig-menschliche *Felicitas* gilt ihm als dasjenige, worauf sich alles menschliche Wünschen, Wollen und Leben ausrichtet, sondern das selige Leben, die *vita beata*. – Und worin besteht diese? Sie besteht in der Freude (*gaudium*), aber nicht in der Freude schlechthin und allgemein, sondern – ganz in der Tradition des Aristoteles – in der Freude an Gott:

> *Fern soll es mir liegen, o Herr, ganz fern dem Herzen deines Dieners, der dir sein Bekenntnis ablegt, zu wähnen, er sei glückselig, ganz gleich mit welcher Freude er sich freue. Denn es gibt eine Freude, die die Gottlosen nicht kennen, sondern nur diejenigen, die dir dienen, ohne Lohn zu begehren, deren Freude du selber bist. Das ist das selige Leben, sich an dir, im Aufblick zu dir und um deinetwillen zu freuen, das ist's, und ein anderes gibt es nicht.*[42]

Der allein selig machende »Aufblick« zu Gott wird dabei als etwas immer noch Ausstehendes, Zukünftiges gedeutet. Die Sehnsucht nach der mit ihm einhergehenden Seligkeit treibt den Menschen an zur Hinwendung zu Gott, erfüllt aber wird sie erst dann, wenn die Seele »erlöst von aller Beschwerde, sich allein der Wahrheit freut, der Wahrheit in alledem, was wahr ist«[43].

»Erlöst von aller Beschwerde« ist der Mensch freilich nicht, solange er »von anderen Dingen gefesselt« ist, »die unselig machen« – solange er seinen egoistischen Motiven folgt, diese als Wahrheit proklamiert und sich mit einer falschen Freude an entsprechenden Erfolgen freut. So gerät die immer zukünftige, verheißene Seligkeit der *vita beata* zur Belohnung eines moralisch-integeren Lebens im Hier und Jetzt. Nun konnte unter Berufung auf Augustinus das diesseitige Leben des Christen mehr und mehr den Charakter einer Bewährungsprobe für das Jenseits annehmen – gleichsam als Katalysator, der nach Maßgabe moralischer Standards die Entscheidung darüber bringen würde, wem sich die Türen zum Himmelreich öffnen und wem sie verschlossen bleiben. Die Frage, ob es denn in diesem irdischen, menschlichen Leben so etwas wie Glückseligkeit geben könnte, trat entsprechend in den Hintergrund. Die alte griechische *eudaimōnía* war kein Thema mehr, und so konnte Augustinus hingehen und sie kurzerhand – in ihrer lateinischen Entsprechung als *felicitas* – mit der Seligkeit – der *beatitudo* – identifizieren[44]. Das war folgenreich.

Nach dem bislang Dargestellten dürfte es niemanden mehr überraschen, dass das Glück – als *Seligkeit* – im mittelalterlichen Denken ausschließlich in theologischen Zusammenhängen diskutiert wurde. Dabei war es vor allem eine Frage, die die Geister der Zeit beschäftigte: Worin besteht die Seligkeit der Erlösten? Nach Vorarbeiten von Anselm von Canterbury (1033–1109) war es Thomas von Aquin (1225–1274), der im Anschluss an Aristoteles und Augustinus, denen zufolge unser Glück in der sich selbst genügenden, vollendeten Schau des Göttlichen beziehungsweise Gottes liegt, die Seligkeit der Erlösten mit der fortwährenden genussreichen Betrachtung Gottes im Jenseits identifizierte. Wie dieser Zustand vorgestellt werden konnte, lehrt etwa noch Dantes Schilderung des Paradieses im dritten Buch seiner *Divina Comedia*, wo er, von seiner Freundin – die sinnigerweise *Beatrice* heißt –, zu eben jener seligen Schau Gottes geleitet wird[45].

Mit diesem Konzept der jenseitigen, selbstgenügsamen, genussreichen Betrachtung Gottes als Lohn für ein moralisch integeres Leben im Diesseits findet die inhaltliche Beschreibung der Seligkeit in der mittelalterlichen Theologie ihre anerkannte Form. Die damaligen Denker konnten sich dabei antikes Gedankengut aneignen und dieses, ohne große strukturelle Änderungen vornehmen zu müssen, in die neue Geisteswelt der christlichen Theologie überführen. Dabei wird freilich ein folgenreicher Wandel vollzogen, der nicht genug betont werden kann, weil er entscheidend für die Transformation der alten *eudaimōnía* zur *happiness* wurde: Das christliche Konzept der Seligkeit (*beatitudo*) greift von Aristoteles allein die vollendetste Form der Glückseligkeit heraus, die er selbst als *makariótēs* – also Seligkeit – beschrieben hatte. Die Frage, was denn das menschliche Leben im Diesseits und im Ganzen zu einem glücklichen mache, geriet in Vergessenheit – und als diese Frage mit Beginn der Neuzeit, vor allem in der italienischen Renaissance dann doch wieder gestellt wurde, fand man die Antwort in einer *verdiesseitigten Seligkeit*, in der die Freude (*gaudium*) der Erlösten zur irdischen *happiness*, *pleasure* oder *plaisir* degenerierte, während die Glückseligkeit der *eudaimōnía*, wie die Alten sie dachten, in Vergessenheit geriet.

Die Geschichte des Glücks unter den Vorzeichen des Christentums lässt sich mithin als eine Verfallsgeschichte deuten: Erst wurde im Anschluss an Jesu Seligpreisungen die menschliche Glückseligkeit entwertet und durch eine als jenseitige Belohnung für ein moralisches Leben in Aussicht gestellte jenseitige Seligkeit (*beatitudo*) ersetzt. Dann wurde durch Augustinus die alte *eudaimōnía* bzw. *felicitas* mit der Seligkeit (*beatitudo*) der im Jenseits Erlösten identifiziert. Da die *beatitudo* nun nur noch als Qualität einer jenseitigen freudvollen Seinsweise gedacht werden konnte, verlor das Glück den in der griechischen Philosophie unbezweifelten Charakter einer Qualität des gelungenen irdischen Lebens.

In dem Maße, in dem das Glück nicht mehr als *Qualität* des gelungenen irdischen Lebens gedacht wurde, nahm es den Charakter eines *Gefühls* an. Die Seligkeit wurde zur Freude (*gaudium*) der Erlösten. Die christliche Theologie entwickelte – so merkwürdig das klingen mag – eine Art *transzendenten Hedonismus*, bei dem die jenseitige Seligkeit zum lustvollen Ausgleich für ein freudloses Leben im Diesseits gerät. Dies war folgenreich für die mit der Neuzeit einsetzende Rückübersetzung der himmlischen Seligkeit ins menschliche Diesseits. Denn als mit dem Niedergang des mittelalterlichen Weltbildes die christlichen Jenseitsverheißungen ihre Attraktivität verloren, kam es eben nicht zu einer Renaissance der *eudaimōnía* im Sinne eines gelungenen, glückseligen Lebens, sondern zu jener Identifikation von Glück mit Lust und Freude, der wir bei den Utilitaristen, namentlich bei John Stuart Mill begegnet sind. Das heißt: *Nach ihrer christlichen Transformation in eine jenseitige Seligkeit kehrt die griechische Glückseligkeit des menschlichen Lebens in der Neuzeit verzerrt zurück ins Diesseits in der Gestalt des kleinen Glücks der* happiness.

Damit hat sich der Kreis unserer kleinen Geschichte des Glücks geschlossen – einer Geschichte, an deren Ende die uns allem Anschein nach so gar nicht glücklich machende Deutung des Glücks als *happiness* steht. Nun haben wir diese Geschichte verfolgt, um *happiness* besser verstehen und uns auf diese Weise von ihr befreien zu können. Wir haben sie aber *nicht nur deshalb* verfolgt. Denn bei näherem Hinsehen können wir aus ihr eine kostbare Einsicht gewinnen: die Einsicht in die eigentliche Ursache, derer sich die Heraufkunft des kleinen Glücks der *happiness* verdankt. Denn dass es im Strome der Jahrhunderte zu dieser Verflachung des Glücks kommen konnte, ist allem Anschein nach bereits seiner Quelle geschuldet: derjenigen Deutung der Glückseligkeit oder *eudaimōnía*, die wir Aristoteles verdanken. Denn ohne die in seiner Glücksphilosophie angelegte Paradoxie einer menschlichen Glückseligkeit, die sich in einer *theoretischen* Tätigkeit vollendet, die gar nicht mehr menschlich, sondern göttlich ist, wäre der europäische Diskurs über die menschliche Glückseligkeit womöglich gar nicht erst auf die schiefe Bahn geraten. Wenn es uns um ein stimmiges Konzept dieser, unserer menschlichen Glückseligkeit zu tun ist, sind wir also offenbar gut beraten, einen Schritt weiter zu gehen: einen Schritt hinter Aristoteles zurück – einen Schritt durch ihn hindurch zu Platon. Auch Platon (428–348 v. Chr.) hatte eine Theorie der Glückseligkeit – nur wurde sie nicht so einflussreich wie diejenige des Aristoteles. Genau deswegen aber ist sie für uns interessant: weil sie nicht in die bislang nacherzählte Geschichte des Glücks gehört. Wenn wir uns ihr nun zuwenden, werden wir nicht enttäuscht werden. Bei Platon – und seinem Lehrer Sokrates – werden wir tatsächlich einem Verständnis der Glückseligkeit begegnen, das zu reanimieren vielversprechend ist. Bei ihm finden wir, die wir des kleinen Glücks der *letzten Menschen* überdrüssig sind, wonach wir uns sehnen: das große Glück des ganzen Menschen.

Harmonie – das große Glück des ganzen Menschen

In diesem Kapitel werden wir ein Konzept der *Glückseligkeit* (*eudaimōnía*) kennenlernen, das über die Jahrhunderte an Plausibilität nichts eingebüßt hat: ein Konzept, das Ernst macht mit der Idee, dass *Glückseligkeit* die Qualität eines Lebens ist, in dem der Mensch seine menschliche Natur auf eine Weise entwickelt, die es ihm ermöglicht, vorbehaltlos »Ja« zu sagen – »Ja« zu sich, aber auch »Ja« zur Welt. Das heißt: Kein Wunsch regt sich mehr in seiner Seele. Er ist wunschlos glücklich, wie man so sagt. Er genügt sich selbst und kann sich selbst genügen, weil er sich mit der Seinsordnung im Ganzen im Einklang weiß. So lebt der Mensch der Glückseligkeit in dem Bewusstsein, dass *ES* stimmt, dass *ES* gut ist. Er heißt sich und die Welt *gut*, und er kann sich und die Welt *gut*heißen, weil er seiner selbst gemäß lebt: weil er dem Leben selbst gemäß lebt.

Mit diesem Konzept können wir uns anfreunden – zumindest auf den ersten Blick. Denn noch wissen wir nicht, wie das gehen kann: Was heißt es denn, gemäß dem eigenen Wesen – besser: gemäß dem eigenen Leben – zu leben? Meint es wirklich, wie Aristoteles lehrte, *nur* die Tätigkeit des besten, vernünftigen »Seelenteils« in uns? Muss das Glück nicht umfassender gedacht werden? Müsste nicht ein rundum glückliches Leben eines sein, das den Menschen rundum glücklich macht: mit Leib und Seele sozusagen, vom Scheitel bis zur Sohle? Ein Leben, in dem das Leben zur Blüte kommt – ein Leben, das sich selbst entspricht und ganz lebendig ist? Es ist dies zugleich die Frage danach, was uns Menschen zum Menschen macht – worin unsere *spezi-*

fische Bestheit – unsere eigentliche Tugend – besteht. Diese Frage zu stellen heißt, mit Sokrates (470–399 v. Chr.) ins Gespräch zu kommen. Denn keiner hat wie er diese Frage bedacht. Und Sokrates tat es, weil er ein frommer Mann war, der sich dem Gott Apollon verpflichtet wusste, an dessen Zentralheiligtum in Delphi zwei Worte angebracht waren, die Sokrates' Tun und Lassen motivierten: *Gnōthi sauton* – Erkenne dich selbst! – Wir wollen uns diesen *apollinischen Imperativ* zu Herzen nehmen!

Sokrates und die Sophisten

In Delphi beginnt der philosophische Weg des Sokrates. Wir wissen nicht viel über ihn, obgleich uns sein Schüler Platon ein großes Korpus von Dialogen geschenkt hat, in denen wir Sokrates in Aktion erleben: ins Gespräch vertieft mit jungen Leuten, bedeutenden Zeitgenossen, namhaften Philosophen. Aber der Sokrates, den wir in den Texten seines Schülers vorgestellt bekommen, ist – wie sollte es anders sein – immer nur der Sokrates, den Platon sah und interpretierte, mehr noch: den Platon zur literarischen Gestalt konstruierte. Das bedeutet nicht, dass wir aus Platons Texten nicht viel über Sokrates erfahren könnten[46]. Nur ist es bei ihrer Lektüre nicht immer ganz leicht zu bestimmen, was von dem Sokrates in den Mund Gelegten echt sokratisch ist und was platonisch.

So viel aber ist sicher: Sokrates verstand sein Philosophieren als *Sorge um die Seele*. Inspiriert war er durch eine Begebenheit, von der er in der von Platon (wohl fingiert) niedergeschriebenen *Verteidigungsrede* oder *Apologie des Sokrates* erzählt. Einst sei sein Freund Chairephon nach Delphi gezogen, um das dortige Orakel zu fragen, ob es wohl jemanden gebe, der weiser sei als Sokrates. Die Priesterin habe dies verneint, was Sokrates zu folgender Frage bewogen habe:

> *Was meint doch wohl der Gott? Und was will er etwa andeuten? Denn dessen bin ich mir doch bewusst, dass ich weder viel noch wenig weise bin. Was meint er also mit der Behauptung, ich sei der Weiseste? [...] Und lange Zeit konnte ich nicht begreifen, was er meinte; endlich wendete ich mich gar ungern zur Untersuchung der Sache auf die folgende Art: Ich ging zu einem von den für weise Gehaltenen, um dort, wenn irgendwo, das Orakel zu überführen und den Spruch zu zeigen: Dieser ist doch wohl weiser als ich, du aber hast auf mich ausgesagt.*[47]

Und nun erzählt Sokrates weiter, wie er einen nach dem anderen aufsucht: Priester und Politiker, Rhapsoden und Strategen, Künstler und Handwerker – und wie das Experiment am Ende scheitert: Keiner ist da, bei dem sich der Eindruck festsetzen wollte, er sei weiser als er – Sokrates – selbst. Im Gegenteil: Beschämt, sagt Sokrates, habe er feststellen müssen, dass das Orakel recht behalten hatte.

In dieser Erfahrung hat die sokratische *Sorge um die Seele* ihren Ursprung: Was unserer Weisheit – und damit auch unserem Glück – am meisten im Wege steht, das ist der Glauben, im Besitz von Wissen zu sein, das wir in Wahrheit nicht haben. Und zwar nicht irgendeines Wissens, sondern des Wissens darum, worin ein gutes und glückliches Leben besteht. Und so schickt Sokrates sich an, seine Mitbürger über ihre Irrtümer aufzuklären. Dass er sich dabei nicht immer nur Freunde verschaffte, dürfte auf der Hand liegen. Nichts konnten und können die Menschen weniger ertragen, als wenn einer kommt und sie infrage stellt. Nichts ist ihnen mehr zuwider, als sich von Überzeugungen trennen zu müssen, die ihnen lieb geworden sind. Und doch – erinnern wir uns an das eingangs Gesagte: Ohne radikal zu fragen – und radikal fragen heißt immer, sich selbst infrage zu stellen –, werden wir nie vorankommen; und zum Glück schon mal gar nicht.

Kein Wunder also, dass Sokrates seine für den Gesprächspartner meist quälenden Gespräche über das gute Leben als einen Dienst verstand: einen Dienst am Gott Apollon einerseits, zu dem er sich durch den Spruch des delphischen Orakels ermächtigt sah (vgl. Apol. 29d–30b), und als einen Dienst an den Menschen andererseits, denen er wenigstens bei diesem ersten Schritt zu einem guten Leben zur Seite stehen wollte. Einmal lässt Platon seinen Sokrates von einer geistigen *Hebammenkunst* reden, die er seinen Gesprächspartnern gegenüber anwende: Es gehe ihm darum, sie bei der »Geburt« eigener Erkenntnisse zu unterstützen, und dabei könne es diesen nicht erspart werden, etwaige »Missgeburten« auszumerzen[48] – ein für heutige Ohren zwar martialisch anmutender Gedanke, der uns aber auch nur im übertragenen Sinne zu interessieren braucht: Wer wirklich gut und glücklich leben will, der muss zunächst aufräumen mit den Konzepten und geistigen Mustern, die er sich angeeignet hat. Er darf nicht der Versuchung erliegen, Phrasen zu dreschen, die lediglich konsumiert und nicht aus eigener Einsicht und Erfahrung gewonnen sind: Meinungen, die wir gleich ungedeckten Schecks vor uns hertragen, weil sie nicht aus der gelebten Erfahrung und der Weisheit des Herzens herrühren.

Nun führt uns Platon in einer ganzen Reihe von Dialogen vor, wie diese sokratische »Hebammenkunst« aussieht – wie er gewiefte Gesprächspartner verunsichert, infrage stellt und am Ende erleben muss, wie sie sich seinen weiteren Fragen entwinden – um ja nicht, wie wir heute sagen, an sich arbeiten zu müssen. Oder, was das Schlimmste ist:

Er muss erleben, wie sich seine Gesprächspartner aus Gründen der Bequemlichkeit der Konkurrenz zuwenden. Und die gab es reichlich.

Deswegen müssen wir an dieser Stelle ein paar Worte über sie verlieren. Die Rede ist von den sogenannten Sophisten: den Coaches und Consultern der alten Welt. Sie versprachen – für astronomisch anmutende Honorare – nicht mehr und nicht weniger, als ihre Kunden fit für das öffentliche und geschäftliche Leben zu machen und dabei mit einer Redekunst zu versehen, mittels derer sie am Ende auch die »schwächere Sache zur stärkeren machen« konnten. Vor allem aber waren sie Aufklärer in einem modern anmutenden Sinn. So waren sie in Fragen der Religion kompromisslos: Götter gibt es nicht. Und nicht nur gibt es keine Götter, es gibt überhaupt keine absoluten Werte, auf die sich ein Leben – sei es das Leben eines Individuums, sei es das Leben eines Gemeinwesens – gründen lassen könnte. Werte und Normen sind ihrer Überzeugung nach das Produkt menschlicher Setzung und Konvention. Besser aber, als nur dem zu folgen, dem die Menge immer schon folgte, erschien ihnen die eigenmächtige, individuelle Wertsetzung. Und da Werte immer nur von denen gesetzt werden, die sie auch *durchsetzen* können, sind sie auf Macht angewiesen.

Wer Werte durchsetzen will, muss mächtig sein. Er muss maßgeblich sein. *Der Mensch ist das Maß aller Dinge* – lautet diese, auch *Homo-Mensura-Satz* genannte Schlüsselthese des Protagoras (485–415 v. Chr.)[49], in dem der ganze Geist des sophistischen Denkens kulminiert. Glück richtet sich in ihrem Verständnis deshalb auch ausschließlich nach dem selbst gesetzten Maß. Wenn das gute Leben dasjenige Leben ist, in dem der Mensch sich selbst das Maß gibt, dann muss er, um gut leben zu können, in der Lage sein, sowohl sich selbst als auch die anderen zu beherrschen. Er bedarf dessen, was man – auf das Risiko hin, anachronistisch zu sein – mit Nietzsche den *Willen zur Macht* nennen kann.

Da nun sowohl Sokrates als auch die Sophisten sich anschickten – wenn auch mit ganz unterschiedlichen Mitteln –, ihren Gesprächspartnern zu einem guten oder besseren Leben zu verhelfen, war der Konflikt zwischen ihnen vorprogrammiert. Und ihre Gegnerschaft brach am schärfsten dort auf, wo die Frage nach dem guten Leben anstand – für die Sophisten das *maßgebliche* Leben des Mächtigen, für Sokrates das *maßvolle* Leben des Frommen. Nicht der *Mensch* nämlich, sondern *Gott* – wie Platon es später einmal formulierte – war für Sokrates das Maß aller Dinge[50]: der Gott, der da sagte: »Erkenne dich selbst!«, »Nichts allzusehr!«; der Gott, der wiederholt mit der inneren Stimme eines *daimōnion* zu Sokrates sprach, um ihn von drohenden Fehltritten abzuhalten.

In Platons Dialog *Gorgias* werden wir Zeugen der vielleicht schärfsten Auseinandersetzung, die Sokrates mit den Sophisten – in diesem Falle mit ihren Schülern und Verehrern – führte. Wir finden Sokrates im Gespräch mit einem jungen Mann namens Polos, einem glühenden Verehrer des Sophisten Gorgias. Gorgias selbst ist bei der Unterredung zwar zugegen, er hatte sich aber nach einem kurzen verbalen Scharmützel mit Sokrates zurückgezogen, um mit einer gewissen *Nonchalance* seinem jungen Fan das Feld zu überlassen. Und der findet sich unversehens mit Sokrates in ein Gespräch verwickelt, bei dem es um die Frage geht, wie sich Gerechtigkeit und Glück zueinander verhalten. Polos hält dafür, es dürfe davon ausgegangen werden, dass ungerechte Menschen glückselig sein können. Sokrates hält dagegen:

> *Wer rechtschaffen und gut ist, der, behaupte ich, ist glückselig, sei es Mann oder Frau; wer aber ungerecht und schlecht, ist elend.*[51]

Versuchen wir, uns die Positionen der beiden Opponenten klarzumachen! Polos erläutert seine Behauptung mit dem Verweis auf einen gewissen Archelaos, der Onkel, Vetter und Bruder umbringen ließ, um – mit Erfolg – die Herrschaft über Makedonien an sich zu reißen: ein Ausbund an Ungerechtigkeit, wie Polos unumwunden zugesteht, aber doch offenbar ein glücklicher. Denn wie sollte Archelaos nicht glücklich sein, da er nun nicht nur ans Ziel seiner Wünsche gekommen ist, sondern auch über ein Maximum an Macht verfügt, das ihm alle weiteren Wünsche erfüllbar macht – weshalb er nach sophistischer Logik das bestmögliche und mithin glückseligste Leben führt? An diese Logik, von der nun Sokrates seinerseits einräumt, dass sie dem gemeinen Menschenverstand durchaus eingängig ist, appelliert Polos in der geschliffenen Sprache einer sophistisch geschulten Rhetorik – mit der er bei Sokrates jedoch nicht punkten kann. Im Gegenteil: Anstatt sich von Polos beeindruckt zu zeigen, setzt Sokrates seiner eigenen These noch eins drauf und behauptet nicht mehr nur, dass ein Ungerechter unmöglich glückselig sein könne, sondern auch, dass der Ungerechte zwar an sich schon elend genug dran ist, elender aber noch, wenn er in seinem Unrecht unentdeckt bleibt und keine Strafe dafür zu leiden hat[52]. Polos lacht sich daraufhin kaputt. – Ob das eine neue sophistische Beweisart sei, fragt Sokrates schnippisch zurück und reformuliert seine These dahin gehend, dass er nunmehr behauptet, »dass ich und du und alle Menschen das Unrechttun für schlimmer halten als das Unrechtleiden und das Nichtgestraftwerden als das Gestraftwerden«[53].

Nun war das Gelächter des Polos nicht ohne Grund. Denn was Sokrates hier vorträgt, ist so dermaßen kontraintuitiv, dass man versucht sein könnte, es für einen komödiantischen Einfall zu halten. Denn tatsächlich kommt dabei heraus, dass jener Archelaos in der Wahrnehmung des Sokrates der allerunseligste Mensch ist, den man sich vorstellen kann: derjenige, der weitest denkbar vom guten Leben entfernt ist. Während die Mehrheit der Menschen wenigstens sagen würde, dass er, wenn er schon ein Schurke ist, dann doch sicher genau dann am besten dran ist, wenn er sich einer drohenden Strafe entzieht, behauptet Sokrates allen Ernstes, dass das Ausbleiben der Strafe alles nur noch schlimmer macht. Was ist das für ein sonderbares Konzept des guten Lebens?

Interessant ist, dass Sokrates seine These zu allem Überfluss so steil formuliert, dass er behauptet, Polos selbst würde – entgegen dem, was er sagt – genau wie alle anderen Menschen auch, Sokrates' vorderhand so abwegige These teilen: als müsse Polos sich nur den Schlaf aus den Augen reiben und zu klarem Bewusstsein erwachen, um einzusehen, dass Sokrates recht hat. Interessant ist dieser Aspekt deshalb, weil aus ihm hervorgeht, was man heute einen *Universalitätsanspruch* nennen würde. Sokrates behauptet tatsächlich, dass bei nüchterner Sicht der Dinge jedermann und jedefrau seiner These zustimmen müsste. – Warum? – Weil sie sich aus einem universell gültigen Gesetz herleitet; weil sie Gott zum Maß aller Dinge nimmt und nicht das menschliche Maß der Macht.

Was aber ist das für ein Maß? – Es ist das Maß des Ausgleichs, das *Gesetz der Ordnung*. Im Gespräch mit Polos argumentiert Sokrates damit noch untergründig und nicht offen. Erst nachdem er im letzten Teil des *Gorgias* durch einen weiteren Gesprächspartner, nämlich einen gewissen Kallikles, genötigt wird, seine Karten ganz auf den Tisch zu legen, wird er dies deutlich machen. Er beginnt dabei mit einer Feststellung, die uns inzwischen vertraut ist: »Gut sind wir und alles andere dadurch, dass in uns eine *Bestheit* verwirklicht ist.«[54] Und nun führt er Folgendes aus:

Die Bestheit eines jeglichen Dinges aber, eines Gerätes wie eines Leibes und so auch einer Seele und jegliches Lebenden findet sich nicht irgendwie aufs Geratewohl herzu, sondern durch Ordnung, richtiges Verhalten und durch die Kunst, welche eben einem jeden angewiesen ist. Ist dies wohl so? – Ich wenigstens bejahe es. – Durch Ordnung also wird die Bestheit (Tugend) eines jeden festgesetzt und instand gebracht? – Ich würde es bejahen. – Eine gewisse eigentümliche Ordnung also, die sich in einem jeden bildet, macht jeden und jedes gut? – So dünkt mich. – Auch die Seele also, die ihre eigentümliche Ordnung (kósmos) hat, ist besser als die ungeordnete? – Notwendig. – Eine Seele, die Ordnung hat, das ist die gute? – Wie anders? – Und die gute ist die besonnen-maßvolle? […] So dass notwendig, o Kallikles, der besonnen-maßvolle Mensch, da er, wie wir gezeigt haben, auch gerecht und tapfer und fromm ist, auch der vollkommen gute Mensch sein wird; der Gute aber wird schön und wohl in allem leben, wie er lebt, wer aber wohl lebt, wird auch zufrieden und glückselig sein.[55]

Dieser Passus ist das Eingangstor zu einem umfassenden Verständnis der Glückseligkeit, das wir nun im Anschluss an Sokrates und Platon ermitteln wollen. Schauen wir also genau hin: Der Satz, auf den alles ankommt, lautet: »Eine gewisse eigentümliche Ordnung also, die sich in einem jeden bildet, macht jeden und jedes gut?« Diesen Satz müssen wir genau durchdenken. Wie kommt Sokrates zu dieser hier als Fragen formulierten These? – Er kommt zu ihr auf der Grundlage einer schon von den ganz alten Philosophen erarbeiteten Interpretation des Seins im Ganzen: Alles, was ist, ist eine *Einheit von Vielfalt*. Alles hat Teile, die doch in die Einheit eines Ganzen gebündelt sind. Heute würden wir sagen: Alles ist *systemisch* strukturiert. Und nun kommt der entscheidende Gedanke: Das *Wie* der Bündelung entscheidet darüber, *was* das Eine und Ganze je ist. So ist die bestimmte Anordnung und Bündelung der Atome (oder der Bausteine dieser Atome) einer Flasche dafür verantwortlich, dass der Gegenstand, aus dem ich gerade einen Schluck Wasser entnommen habe, eine Flasche ist und nicht ein Kaktus. Und die große Frage ist: Was ist verantwortlich für dieses *Wie* der Bündelung? Was ist das *Gravitationszentrum*, das die Vielheit der einzelnen Teile bzw. Aspekte nicht nur in *irgendeine* Einheit zusammenfügt und in dieser zusammenhält, sondern diese Aspekte zu einer bestimmten, identifizierbaren Einheit zusammenstimmen lässt? – Die Antwort lautet: *der Sinn* – oder mit Platon: *die Idee*. Es ist der Sinn der Flasche, der eine bestimmte heterogene Vielfalt von Elementen zu einer bestimmten Gestalt in eine Einheit fügt. Und ebenso ist es der Sinn des Kaktus, der eine heterogene Fülle von Zellen zu einer bestimmten Gestalt in eine Einheit fügt: eine Gestalt, die wir immer dann als Kaktus zu identifizieren imstande sind, wenn wir den Sinn dieses stacheligen Phänomens (und des ihn bezeichnenden Wortes) verstanden haben.

Nun ist es einfacher, sich plausibel zu machen, was der Sinn einer Flasche ist, als was der Sinn eines Kaktus ist. Der Sinn einer Flasche lässt sich durch ihre Funktion ermitteln. Ihre Funktion besteht darin, eine Flüssigkeit transportierbar zu machen, ohne dass sie dabei qualitative oder quantitative Einbußen erleidet. Eine Flasche, die diese Funktion erfüllt, ist eine Flasche, die ihrem Sinn entspricht. Eine solche Flasche nennen wir *gut*. Griechisch gedacht: Eine solche Flasche ist tugendhaft – ihr wohnt *Bestheit* inne. Ihre *Bestheit* besteht also darin, dass sie eine innere Ordnung und Struktur aufweist, die ihren Sinn in ihr manifest werden lässt. Die Qualität einer Flasche richtet sich nach der inneren Fügung und Strukturierung ihrer einzelnen Bestandteile.

Wie gesagt: Bei einer Flasche kann man das ganz gut nachvollziehen. Wie geht dieses aber bei dem Kaktus, dessen Funktion nicht so klar definierbar ist wie die Funktion einer Flasche? – Bei näherem Hinsehen werden wir feststellen, dass auch der Kaktus eine in sich sinnvolle Struktur und Fügung aufweist. Wenn man sich nur lange genug mit ihm befasst, wird man erkennen, dass er so strukturiert ist, dass er gut leben und überleben kann. Auch seine *Bestheit* hängt also an seiner inneren Ordnung. Und so auch der Mensch.

Auch die menschliche Seele weist an sich eine Vielfalt einzelner Aspekte auf – und seine *Bestheit* hängt daran, dass diese Aspekte in ein stimmiges, geordnetes und harmonisches Verhältnis gefügt sind. Neben der körperlichen Gesundheit, die in der antiken Welt stets als innere Stimmigkeit und Harmonie des Leibes und der in ihm wirkenden Energien gedeutet wurde, sind Stimmigkeit und Maßhalten – von Sokrates zusammengefasst unter dem Begriff *besonnen-maßvoll* – daher die wichtigsten Qualitäten menschlicher *Bestheit*: Sie sind, wenn man so will, die *psycho-systemischen Kardinaltugenden*, die die innere Ordnung und Harmonie des komplexen Systems verbürgen, das wir unsere *Seele* nennen. (Wir werden sehen, dass Platon später auch die Gerechtigkeit als systemische *Bestheit* ausweist.) Wo diese *Bestheiten* der Seele »einwohnen«, da ist sie in sich *harmonisch*. Das heißt: Unsere Lebendigkeit ist dann in sich so gefügt, dass alle ihre Aspekte und Elemente sich nicht blockieren, stören, ausbremsen, sondern – gewiss spannungsgeladen – einander ergänzen, unterstützen und in eine stimmige Ganzheit integrieren. Wo diese innere *Harmonie* in einem Leben realisiert wird, da ist es aus sich heraus *sinnvoll* – und wo es sinnvoll ist, ist es bejahenswert. Und wo es bejahenswert ist, da sind wir glücklich.

Unsere Glückseligkeit, so kommt also unter dem Strich heraus, hängt an der inneren Balance und Ausgeglichenheit – Sokrates nennt sie *kósmos*, das heißt: *schöne Ordnung* – unserer Seele beziehungsweise Lebendigkeit (*psychē*). Wo das komplexe System Seele in innerer Harmonie zusammenklingt, bildet sich eine Resonanz, die wir als Glück erleben.

Glück ist die Resonanz einer in sich sinnvollen, stimmigen, harmonischen, geordneten Seele. Glück ist die harmonische Stimmung, in der sich unser Leben als sinnvoll erweist.

Nun trägt Sokrates diesen Gedanken in der Auseinandersetzung mit Kallikles, dem sophistischen Hardliner, vor. Ihm muss es Ärgernis und Provokation sein, wenn Sokrates plausibel machen kann, dass es tatsächlich ein *universelles* Maß gibt, nach dem sich die Qualität unseres *individuellen* Lebens misst: nämlich die innere Ordnung und Harmonie, der innere Sinn der Seele. Auch wenn sich die Harmonie in jedem Menschen *individuell* unterschiedlich ausprägt – weil es je andere Herkünfte, Erfahrungen, Lebensaspekte sind, die in die Harmonie gefügt werden –, ist mit deren stimmigem Gleichgewicht doch ein *universelles* Maß gefunden, das für alle Wesen gleichermaßen gilt. Damit ist aber das stärkste Argument dafür gefunden, dass eben nicht der *Mensch* das Maß aller Dinge und also auch nicht das mächtigste und genussreichste Leben das beste Leben ist. Damit ist vielmehr gezeigt, warum der Unhold Archelaos mitnichten glücklich ist: Weil nämlich sein Leben des inneren Maßes ermangelt und ihm mithin nicht das Glück widerfährt, in sich die Resonanz der inneren Stimmigkeit zu erfahren. Archelaos lebt allein um seiner Begierden willen und bringt deshalb alles in Unordnung. Je mehr er dieser Dynamik verfällt, desto weiter entfernt er sich vom Glück. Und vollends unerreichbar ist es ihm, wenn er sich der gerechten Strafe für sein Tun entzieht. – Warum? – Weil nur durch sie die

Ordnung der Seele wiederhergestellt werden könnte. Weil nur die Gerechtigkeit, die ihm widerfahren würde, sein Leben in sich selbst und im Bezug zu der gesellschaftlichen Ordnung, in die er – ob er will oder nicht – eingebunden ist, wieder ins Gleichgewicht bringen könnte. Gerechtigkeit ist die Qualität und *Bestheit* des inneren – neudeutsch: *systemischen* – Ausgleichs, weshalb sie von alters her symbolisch mit der Waage in der Hand dargestellt wird. Ohne den Ausgleich der Gerechtigkeit gibt es keine Harmonie – ohne Harmonie kein Glück. *Harmonie ist das Maß aller Dinge.* Und dieses Maß ist universell. Um dies vollends deutlich zu machen, schließt Sokrates seine Rede wie folgt:

> *Die Weisen aber behaupten, o Kallikles, dass auch Himmel und Erde, Götter und Menschen nur durch Gemeinschaft bestehen bleiben und durch Freundschaft und Schicklichkeit und Besonnenheit und Gerechtigkeit, und betrachten deshalb, o Freund, die Welt als ein Ganzes und Geordnetes, nicht als Verwirrung und Zügellosigkeit. Du aber, wie mich dünkt, merkst hierauf nicht, wiewohl du so weise bist, [...] statt dessen glaubst du, alles komme auf das Mehrhaben an, eben weil du die Messkunst vernachlässigst.«*[56]

Sokrates hat ein klares Bewusstsein dafür, dass die Kontroverse mit seinen sophistischen Kollegen ihren letzten und tiefsten Grund in dem von jenen propagierten *Homo-Mensura-Satz* hat. Und seine Strategie läuft darauf hinaus, ihnen zu demonstrieren, dass dieser Satz falsch ist: weil dem Menschen ein Maß gesetzt *ist*[57]. Einfach deswegen, weil seine Seele ein komplexes System ist, in dem verschiedene Faktoren miteinander ringen – und weil dieses System nur dann zu sich »Ja« sagen kann, wenn es sich eine innere Ordnung und Struktur gegeben hat, in der keiner dieser Aspekte zu kurz kommt, sondern alle so zueinander ins Verhältnis gesetzt sind, dass *es stimmt*. Wir können uns ein großes, komplexes Mobile vorstellen. Es gibt Abertausende von Möglichkeiten, es aus dem Gleichgewicht zu bringen – aber nur *einen* Zustand der Balance. Er gibt dem Mobile das Maß, an dem es sich auszurichten hat. Ebenso hat unser Körper sein Maß – genannt *Gesundheit* – in der Harmonie seiner Abermillionen von Zellen, Organen, organischen Funktionen etc. Kommt sein Gleichgewicht durcheinander – etwa infolge einer Infektion –, dann erleben wir, wie – ohne dass wir es bewusst steuern oder veranlassen würden – sämtliche Kräfte aufgeboten werden, die Balance wiederherzustellen. Auch unsere Seele arbeitet so. Auch sie müht sich um ihr Gleichgewicht. Aber da wir bewusste Wesen sind und nicht wie Selma immer gleich vergessen, was uns gerade aus dem Lot warf, stellt sich die seelische Harmonie nicht von alleine ein. Wir bedürfen einer Einübung ins Harmonisch- beziehungsweise Glücklich-Sein. Und wir werden in den folgenden Kapiteln sehen, wie sie aussehen kann.

Es ist also die Harmonie der Seele – und zwar sowohl mit sich selbst als auch mit ihrer Umgebung –, die für Sokrates der Maßstab des guten Lebens ist. Das Leben der Götter, ebenso wie das Leben des Universums und der Menschen, unterliegt diesem Maßstab. Sie ist das universelle Maß, das das Leben selbst sich gibt. Das macht Sokrates gegen die sophistische These geltend, der Mensch sei das Maß aller Dinge.

Nicht der Mensch, sondern das Leben selbst entscheidet darüber, welches Leben glückselig ist und gelingt – und welchem dies verwehrt bleibt. Glückselig ist das Leben, das seiner selbst entspricht, indem es harmonisch ist.

Das Leben, das sich selbst entspricht, ist sinnvoll, denn es entspricht seinen Anlagen und kommt in der Harmonie zu seiner Blüte. Weil es sinnvoll ist, können wir es bejahen

– und zwar in einem viel höheren Maße, als wir je ein Leben bejahen könnten, in dem wir selbst das Maß für sein Gelingen definieren müssten. Denn der Sinn und das Maß, die wir – sophistisch gedacht – in Ausübung unserer Mächtigkeit unserem eigenen Leben geben könnten, bleiben unabdingbar relativ auf uns selbst. Wir müssen uns für sie entscheiden, was bedeutet, dass wir uns immer auch für etwas anderes hätten entscheiden können.

Das *große Glück* ist absolut: In ihm schwingt das Leben im Gleichgewicht umfassender Harmonie. Das kleine Glück ist relativ: Auch ihm eignet Gleichgewicht, aber es ist immer nur das Gleichgewicht, das mit der Befriedigung eines partikularen Bedürfnisses einhergeht. Nie schwingt in ihm die ganze Seele im Einklang mit sich selbst, sondern es sind das Wollen und Wünschen, die dadurch, dass sie ans Ziel kommen, jeweils ins Gleichgewicht geraten. Aber dieses Gleichgewicht findet mit jedem neuen Wunsch sein Ende. Das kleine Glück – sei es als utilitaristische *happiness*, sei es als sophistische Lust – erliegt einer Dynamik der Maximierung und Optimierung. Darin ist es flach und eindimensional. Das *große Glück* dagegen ist tief. Diese Tiefe ausgelotet und auf den Begriff gebracht zu haben, ist das Verdienst Platons (428–348 v. Chr.), des größten Schülers des Sokrates.

Platon

Ist das gute Leben lehrbar? Ist es lernbar? Können wir uns aus eigener Kraft glücklich machen? Die Sophisten hatten auf diese Frage eine Antwort und ein Programm: Ja, wir können das gute Leben lehren, unsere Kunden können bei uns lernen, wie sie glücklich werden. Sokrates' Antwort fällt weniger eindeutig aus: Ja, das gute Leben ist lernbar, aber es ist nicht lehrbar. Jedenfalls nicht in dem Sinne, in dem die Sophisten es zu lehren versprechen. Besser wäre zu sagen: Es ist einübbar. So nämlich, dass wir der Stimme unseres Lebens folgen und uns in dessen *Bestheit* – also Harmonie – einschwingen. Aber dafür gibt es keine Regeln oder Formeln, die man erlernen und anwenden könnte. Im Gegenteil: Das Wichtigste dafür ist es, alle Regeln und Formeln zu vergessen, sich frei zu machen von den geistigen Mustern und Strukturen, die wir uns haben aufschwatzen lassen, um fortan der Stimme des Herzens zu folgen – Sokrates nannte sie sein *daimōnion* –, die uns immer wieder zum Gleichgewicht mit uns und der Welt führen wird. Das Wissen um das gute Leben liegt immer schon in uns, denn es ist das Wissen des Lebens selbst. Wir müssen uns nur – wie Platon formulierte – daran *erinnern*: es uns zu Bewusstsein bringen, ihm Raum geben. Dann werden wir den Weg zum guten Leben und zur Glückseligkeit finden.

Nun ist Wissen um das gute Leben kein Wissen, das vom Wissenden ablösbar wäre. Es ist nicht transportierbar, entsprechend auch nicht verkauf- oder konsumierbar, ja nicht einmal formulierbar. Es ist ein Wissen, das seinen Ort und seine Manifestation ausschließlich im Leben dessen hat, der über es verfügt. Deswegen sagt Sokrates auch, er könne niemandes Wissen beurteilen, so er ihm nicht persönlich auf den Zahn gefühlt habe. Das Wissen um das gute Leben ist immer konkret – ebenso wie das Glück immer konkret ist. Alles hängt daran, ob ein Mensch in der Lage ist, das Leben in sich zu sich selbst kommen zu lassen.

Platon folgt in allen diesen Punkten seinem Lehrer Sokrates. Und deswegen ist Sokrates – der leibhafte Sokrates, den er in seinen Dialogen darstellt – das stärkste und beste Argument dafür, dass seine Sicht vom guten Leben zutrifft. Sokrates ist die Manifestation der Glückseligkeit, wie Platons Dialogfiguren selbst da noch bezeugen, wo dessen letztes Stündlein geschlagen hat: »Glückselig erschien mir der Mann«, berichtet Phaidon in dem nach ihm benannten Dialog von der letzten Unterredung des Meisters mit seinen Freunden[58].

Doch obwohl er sich der Verankerung eines jeden Wissens um das gute Leben und das Glück im konkreten Leben bewusst ist, geht Platon einen Schritt über Sokrates hinaus. Denn so ganz kann er sich dann doch nicht damit bescheiden, dass das Wissen um das gute Leben *nur* in der Lebenspraxis zu finden sei. Platon meint vielmehr, dass sich das gute Leben infolge von Erziehung und Bildung seiner selbst durchsichtig werden könne – und entwickelt deshalb nicht allein – wie Sokrates – ein Programm der *Sorge um die Seele*, sondern eine *Metaphysik der Seele* beziehungsweise *der Lebendigkeit*: eine philosophische Interpretation des guten Lebens, die dessen Grundstrukturen und Gesetzmäßigkeiten herausarbeitet, indem sie sich zwei Fragen vorlegt: *Was ist das Leben?* und *Was ist das Gute?*[59]

Was ist das Leben? Auf Griechisch: Was ist *psychē*? Dieses schöne, alte Wort, von dem sich unsere Psychologie herleitet, heißt ursprünglich nicht *Seele* – womit es zumeist übersetzt wird –, sondern einfach nur *Leben*; oder besser *Lebendigkeit*: dasjenige, was dafür verantwortlich ist, dass ein Lebewesen lebt – dasjenige, was ein Lebewesen lebendig macht bzw. am Leben hält. Entsprechend geht es Platon nicht um ein biologisches oder medizinisches Verständnis des Lebens, sondern um dessen Grundstrukturen und Prinzipien: dasjenige, was die Lebendigkeit eines jeden Lebewesens ausmacht. Und genau das ist dasjenige, was im Griechischen *psychē* heißt: Grund und Ursache des Lebens. Damit ist ihre Funktion beschrieben, nicht aber ihr Wesen. Was also lässt sich über das Wesen der *psychē* sagen? – Folgendes: *Psychē* ist ein Gefüge, ein System, ein Zusammenspiel, in dem eine Mannigfaltigkeit von Aspekten in die Einheit eines Ganzen versammelt ist. Man kann sich das mit Platon an dem »schönsten Lebewesen« vor Augen führen: dem Kosmos. Der Kosmos ist eine große Fuge – ein gigantisches Mobile, um im Bild zu bleiben. In ihm sind Sterne, Sonnensysteme und Galaxien in eine stimmige Ordnung gebracht – die aber nicht statisch, sondern in fortwährender Bewegung, dabei aber stets harmonisch und in sich ausgeglichen ist, sodass sich die Myriaden seiner Aspekte nicht im Wege stehen, sondern synergetisch miteinander interagieren. Der Kosmos ist vollendete Harmonie. Er ist in sich sinnvoll und gut – und darin ist er, wie sein Name sagt, *schöne Ordnung*. Als solche macht er anschaulich, worauf auch unser Leben angelegt ist, worin die *Bestheit* unserer *psychē* besteht.

In seiner großen Abhandlung über den *Staat (Politeia)* hat Platon dies näher ausgeführt. Dort zeigt er, dass unsere Lebendigkeit drei unterschiedliche, teils miteinander im Konflikt stehende Aspekte aufweist, die zumeist etwas holprig als »Seelenteile« deklariert werden, besser aber als unterschiedliche Aspekte der Lebendigkeit beschrieben werden sollten:

- die affektive Ebene der Triebe und Begierden (*epithymētikón*); wir würden heute sagen: der Bauch

- die emotionale Ebene der Leidenschaften und Emotionen (*thymoeidēs* – ein schwer übersetzbares Wort, das wir vielleicht mit Leidenschaftlichkeit wiedergeben können); wir würden heute sagen: das Herz

- die geistig-rationale Ebene des Denkens (*logistikón*); wir würden heute sagen: der Kopf.

Jede dieser Ebenen weist für sich jeweils eine spezifische *Bestheit* auf: für die Begierden die maßvolle *Besonnen-*

heit (sōphrosýnē), für die Leidenschaften die *Tapferkeit* bzw. der *Mut* (*andreía*) und für das Denken die *Weisheit (sophía)*. Daneben aber, und das ist die eigentliche Pointe, gibt es die *Bestheit* des Gesamtsystems, die in nichts anderem besteht als in der harmonischen Ordnung seiner drei je für sich stimmigen Aspekte. Im *Staat* nennt Platon sie *Gerechtigkeit* (*dikaiosýnē*):

> *In Wahrheit betrifft die Gerechtigkeit [...] das Verhältnis zu uns selbst und zu dem uns Eigenen, wobei sie ein jegliches Element weder ihm nicht Entsprechendes verrichten lässt noch sich die verschiedenen Aspekte der Lebendigkeit wechselseitig ineinander einmischen, sondern sie legt einem jeden Element das ihm eigene bei, strukturiert sich darin selbst und fügt alles in eine schöne Ordnung – mit sich selbst befreundet und mit sich selbst in stimmigem Einklang [...], so dass aus vielem eines wird, besonnen und wohl gestimmt.*[60]

Nun gibt es für das Zustandekommen der Gerechtigkeit eine Voraussetzung: nämlich die *Bestheit* der drei Aspekte, deren harmonischer Einklang sie ist: Wir müssen mithin besonnen, tapfer und weise sein, um dann auch noch gerecht werden zu können. Und da sich Glückseligkeit erst mit der vollkommenen Harmonie der in sich stimmigen Lebendigkeit bzw. *psychē* einstellt, wird der Weg, der zu ihr führt, uns auf allen drei Ebenen – Bauch, Herz und Kopf – in das rechte Maß der inneren Stimmigkeit versetzen müssen. Kurz: Nach Platon besteht das gute menschliche Leben nicht wie bei Aristoteles darin, dass wir denjenigen Aspekt oder »Seelenteil« in uns schulen und ausbilden, der uns der beste zu sein scheint, weil nur *wir* über ihn verfügen, sondern das gute menschliche Leben besteht darin, dass wir jeden einzelnen Aspekt unserer Lebendigkeit so zur Entfaltung bringen, dass er sich in eine harmonische Ordnung fügt. Unser Glück hängt nicht allein an der Tätigkeit unserer Vernunft – es hängt an dem Einklang der *psychē* in all ihren Aspekten: den intellektuellen ebenso wie den emotionalen und affektiven. In diesem alle Lebensaspekte einschließenden Konzept von Glückseligkeit unterscheidet sich Platon von Aristoteles – und darin ist er ihm überlegen. Zu diesem Ergebnis wird man wenigstens kommen, wenn man das Glück nicht allein des Intellektes, sondern des *ganzen* Menschen sucht. Glückseligkeit ist eine umfassende Qualität – die Qualität des Einklangs von Bauch, Herz und Kopf; von Emotionen, Leidenschaften, Denken. Sie ist die stimmige Frequenz, in der unser Leben schwingt, wenn es mit sich selbst im Einklang ist und dem großen Prinzip des kosmischen Lebens entspricht: der dynamischen und spannungsvollen Harmonie.

Und dies gilt nicht nur vom Leben des Einzelnen: Auch ein Gemeinwesen, eine *pólis*, ist ein System lebendiger Lebensvollzüge, und so muss es niemanden überraschen, wenn die *Bestheit* des Gemeinwesens in genauer Analogie zu der des Individuums von Platon als *Gerechtigkeit* verstanden wird: Gerechtigkeit als die innere Harmonie und Balance eines sozialen Systems, dessen Elemente nicht »Seelenteile«, sondern individuelle Menschen sind, die sich zu einer *pólis* zusammengeschlossen haben. Verwirklicht ist sie immer dann, wenn jeder Einzelne im Gemeinwesen die Freiheit hat, seine eigenen Potenziale zu entfalten und ein individuelles Selbst zu sein, ohne dabei mit seinen Mitbürgern und Mitbürgerinnen zu kollidieren.

Dieses Gleichgewicht herzustellen, ist deutlich schwieriger als den Einklang des Lebens Einzelner. Hierfür bedarf es eines Wissens, das mehr und umfassender ist als das aus Lebenserfahrung gewachsene Wissen eines Sokrates. Es bedarf eines Wissens um das Gute selbst – platonisch gesprochen: um die *Idee des Guten*. Denn nur wer in der Tiefe verstanden und sich zu Bewusstsein gebracht hat, was Gut-Sein im Kern bedeutet – nur wer den Sinn von *gut* verstanden hat –, wird in der Lage sein, ein komplexes System wie ein Gemeinwesen so zu organisieren und zu arrangieren, dass es in einem harmonischen Gleichgewicht schwingt und Gerechtigkeit manifestiert. Ein guter Staatsmann muss deshalb wissen, was gut ist. Er muss die *Idee des Guten,* das *kosmische Grundprinzip der Harmonie,* verstanden haben. Und da die Ermittlung dieses Wissens um das Gute der vornehmste Auftrag der Philosophie ist, konnte Platon die berüchtigte These aufstellen, dass für die Politik erst dann Hoffnung bestehe, wenn die Philosophen die Staatsgeschäfte übernehmen[61].

Im Hintergrund dieser These steht die Annahme, in jedem lebendigen System gebe es eine Art Steuerungszentrum, das für sein Gleichgewicht und seine Harmonie Sorge trägt. Denn unter den Bedingungen von Zeit und Raum ist das Gleichgewicht eines lebendigen Systems immer prekär. Die Seltenheit der Stunden, in denen wir glücklich sind oder eine *pólis* gerecht ist, zeigt, wie flüchtig die Harmonie komplexer lebender Systeme ist. Und doch können wir etwas dafür tun, dass sie uns nicht verlässt oder doch wenigstens von Zeit zu Zeit in unsere *psychē* zurückkehrt: So wie ein Staatsmann im Wissen darum, was Gut-Sein für ein lebendiges System bedeutet, dem Gemeinwesen innere Harmonie und Gerechtigkeit einpflanzen kann, so steht es einem jeden Menschen offen, sein eigenes Leben in Ordnung zu bringen und auf den Einklang der Harmonie zu stimmen – und zwar vermöge seiner Geisteskraft. Damit sind wir wieder bei dem uns von Aristoteles geläufigen Zusammenhang von *Glückseligkeit* und *Vernunft* angekommen.

Auch Platon ist überzeugt: Ausbildung, Schulung und Anwendung unseres Geistes sind für ein glückliches Leben unerlässlich – und zwar deswegen, weil der Geist (griechisch: *noûs*) derjenige Aspekt unseres Lebens ist, der über die *systemische Intelligenz* verfügt, die wir brauchen, um zu harmonisieren, auszutarieren, auszubalancieren. So wie der Staat die Philosophen benötige, um gerecht zu werden, so brauche jeder Einzelne bzw. jede Einzelne den Geist, um innere Harmonie zu erzeugen und glücklich zu werden. Allein: Wir würden unseren Geist missverstehen, wenn wir ihn mit Aristoteles von dem her deuten wollten, worauf er bezogen ist. Nicht deshalb ist der Geist für unser Glück (mit)verantwortlich, weil er sich auf die göttlichen und unwandelbaren Naturgesetze richtet, denen die aristotelische *theōría* galt. Wir brauchen ihn vielmehr deswegen, weil er unserem Leben zu der erforderlichen Transparenz und Selbst-Durchsichtigkeit verhilft, infolge derer wir uns zu Bewusstsein bringen können, was das Gute des Lebens (die *Idee des Guten*) ist – nämlich die konkrete Harmonie unserer *psychē:* der stimmige Einklang der Lebendigkeit, bei dem wir mit uns selbst im Reinen sind und »Ja« zu uns und zu der Welt sagen können. Vermöge unseres Geistes können wir nicht nur dem *apollinischen Imperativ* Rechnung tragen, indem wir uns als lebendiges System, das auf die stimmige Harmonie seiner eigenen Komplexität angelegt ist, selbst erkennen; sondern auch ein Leben *führen*, das mit sich selbst übereinstimmt, weil es seinem Wesen entspricht.

Wenn Platon von der *psychē* durchaus nicht nur im Sinne der »Seele« des Einzelnen, sondern auch im Sinne der Lebendigkeit des Gemeinwesens handelt, überrascht es nicht, dass er *psychē* zuletzt als die Grundstruktur des Kosmos überhaupt herausarbeitet, indem er glaubhaft macht, dass der Kosmos im Ganzen lebendig ist: dass er durchwaltet ist von dem, was er die *Weltseele* nennt, die er dann eben auch als Grund und Prinzip von allem darstellen kann[62].

Philosophisch gesprochen: dass das Sein des Kosmos Lebendigkeit ist. *Sein ist Seele.* Das ist der Gipfelsatz der platonischen Philosophie. Wichtig ist er für uns, weil er uns zu verstehen gibt, dass das Maß unseres Lebens, das Maß, nach dem sich die Qualität unseres Lebens bemisst, in der Grundstruktur der Wirklichkeit selbst verankert ist. Tiefer kann man das Fundament einer Theorie der Glückseligkeit nicht legen: *Glücklich sind wir, wenn wir mit dem Sein der Welt im Einklang sind – dem Sein der Welt, das Platon als Lebendigkeit beschreibt.*

Wenn wir glücklich sind, dann sind wir deshalb ganz lebendig. Wir haben das im Menschen angelegte Potenzial entfaltet und blühen auf. Sonnenglanz und Blumenblick. Wir sind dann so lebendig, wie wir nur lebendig sein können, denn wir manifestieren in unserem Leben die kosmische Lebendigkeit, die nicht nur uns, sondern die Welt im Ganzen durchwirkt und durchwaltet. Mehr kann man seinem Wesen nicht entsprechen – entsprechen wir doch – nach Platon – im Glück nicht nur unserem Wesen, sondern dem Grund und Prinzip des Seins im Ganzen: dem *theós*, dem Göttlichen.

Dass Gott oder das Göttliche etwas mit unserem Glück zu tun hat, ist uns nicht neu. Im Gegenteil: Ob nun Aristoteles oder die christlichen Denker – sie alle wollten uns glauben machen, dass Glück ein Zustand ist, in dem wir auf die eine oder andere Weise unsere menschliche Natur überschreiten und mit Gott oder dem Göttlichen in Berührung kommen. Auch Platon hat den Weg zum guten Leben – der im Übrigen, wie sich wohl versteht, der Weg der Philosophie ist – in einer schon erwähnten Passage seines Dialogs *Theaitetos* als »Anähnlichung an Gott«[63] beschrieben. Aber wer ist dieser Gott, dem wir uns ähnlich machen sollen? – Er ist nicht der allmächtige Schöpfer des Himmels und der Erde, sondern die vollendet gerechte und gesunde, mithin harmonische kosmische Lebendigkeit bzw. *psychē*: Sie muss, wie es in Platons Dialog über die *Gesetze (Nomoi)* heißt, »jedermann für eine Gottheit halten«[64].

Wir verstehen diesen Gedanken jedoch nur dann richtig, wenn wir uns dabei klarmachen, dass die kosmische Lebendigkeit immer auch die *gute* Lebendigkeit ist: eben die Lebendigkeit, die sich in der vollkommenen Ordnung des »schönsten Lebewesens« und »glückseligen Gottes« – des Kosmos – manifestiert und von der wir uns des Nachts *sotto le stelle* einen bleibenden Eindruck verschaffen können. Schön ist der Kosmos, weil er stimmig ist, und stimmig ist er, weil in ihm eine systemische Intelligenz am Werke ist, die ihn immer wieder in die Harmonie führt und in der Harmonie hält – auch dann noch, wenn sich auf einem entlegenen Staubkorn an seinem äußersten Rande ein Erdenfloh namens Archelaos anmaßt, aus der Art zu schlagen. So groß der von ihm verursachte Schaden auch für ihn selbst und für das System Makedonien sein mag – dem Kosmos im Ganzen ist das ziemlich egal, und er wird über kurz oder lang die Sache wieder zum Ausgleich bringen – *sub species aeternitatis* (unter dem Gesichtspunkt der Ewigkeit); was nicht bedeutet, dass nicht unter menschlichem Gesichtspunkt der Ausgleich rascher herbeigeführt werden sollte, um die Systeme Archelaos und Makedonien noch im Laufe der ihnen beschiedenen Zeit wieder in Ordnung zu bringen. Dafür wird es erforderlich sein, dass die auch ihnen innewohnende systemische Intelligenz sich einschaltet und als kluge Politik das Geschäft verrichtet, das im Großen das kosmische Leben selbst erledigt.

So kommt heraus, dass die kosmische Lebendigkeit nicht nur schön, sondern auch geistvoll ist. Und weil sie geistvoll ist, ist sie auch sinnvoll. Weil sie aber sinnvoll ist, ist sie unbedingt bejahenswert – und weil sie unbedingt bejahenswert ist, liegt es nahe, sie »göttlich« oder eben auch »Gott« zu nennen. Nun verstehen wir, inwiefern das gute und glückselige Leben eine *Anähnlichung an Gott* ist: insofern nämlich, als unser gutes Leben darin besteht, die Lebendigkeit, die wir selbst sind, mittels Geist und Sinn, die uns als organisierender »Seelenteil« geschenkt sind, so zu ordnen, dass wir mit dem Großen und Ganzen in Übereinstimmung kommen – indem das System, das wir je sind, sowohl in sich selbst wohl gefügt als auch stimmig ins Ganze eingefügt ist. Wo wir gut leben, entsprechen wir nicht nur unserer Natur, sondern auch Gott – der harmonischen, guten, sinnvollen Lebendigkeit. Glückseligkeit ist die Erfahrung all dessen: die Erfahrung von Sinn, die Erfahrung des Guten, die Erfahrung von Harmonie, die Erfahrung des Göttlichen. Wo wir all dies in uns zum Schwingen bringen, da können wir vorbehaltlos »Ja« sagen. Da brauchen wir nichts anderes mehr. Da schwelgen wir in Glückseligkeit.

Wir hatten erwähnt, dass Platons Weiterentwicklung der sokratischen *Sorge um die Seele* darin bestand, dass er sich dafür zwei Fragen vorlegte, nämlich: Was ist das Gute? und: Was ist das Leben? Und nun sehen wir, dass er beide Fragen auf einen Streich beantwortet: Lebendigkeit ist die sinnvolle Einheit von Vielfalt in einem dynamischen System – das Gute ist die sinnvolle Einheit von Vielfalt in einem dynamischen System. Lebendigkeit ist das Gute – und das Gute ist die Lebendigkeit. Vor diesem Hintergrund leuchtet bei Platon eine Philosophie der Glückseligkeit auf, deren zentrale Gedanken zum Schluss dieses Kapitels noch einmal zusammengefasst seien:

- Glückseligkeit ist die harmonische Schwingung unseres Lebens, die sich einstellt, wenn es mit sich und seiner Umgebung übereinstimmt.

- Glückseligkeit ist ein Zustand der Harmonie des Systems, das wir selbst sind, ebenso wie der Harmonie des Systems oder der Systeme, in die wir eingebunden sind.

- Glückseligkeit ist umfassend. Im Glück sind wir mit Leib und Seele im Einklang – mit Bauch, Herz und Kopf. Sinn und Sinnlichkeit kommen in ihm gleichermaßen vor.

- Glückseligkeit ist Erfahrung von Sinn. Im Glück erfahren wir die Sinnhaftigkeit unseres eigenen Lebens ebenso wie die Sinnhaftigkeit der Welt, in der wir leben.

- Glückseligkeit ist uneingeschränktes Ja-Sagen. Weil wir im Glück die Sinnhaftigkeit des kosmischen und des eigenen Lebens erfahren, können wir zu uns und zu ihm »Ja« sagen.

- Glückseligkeit ist das Erliegen des Anderes-Wollens. Im Glück wollen wir weder mehr noch anderes. Im Glück wollen wir das, was ist und von uns bejaht wird. Es gibt nichts, was wir über das Glück hinaus wollen könnten.

- Glückseligkeit ist nie nur mein persönliches Glück, sondern immer auch das Glück der anderen, mit denen ich mich im Einklang weiß. Ja: Mein Glück ist immer auch das Glück Gottes.

- Glückseligkeit ist nicht maximierbar und nicht optimierbar. Sie ist nicht auf einen Teilaspekt unseres Lebens beschränkt. Sie ist nicht freudlos, aber sie ist auch nicht mit der Freude identisch.

Das also ist Glückseligkeit. Ist sie das wirklich? Bevor wir der Frage nachgehen, welchen Weg wir zu diesem *großen Glück* beschreiten können, gönnen wir uns eine kleine Unterbrechung unserer geistigen Wanderschaft. Wir kehren mit dem folgenden Kapitel in einer Herberge ein und lassen uns von einigen anderen Pilgern des Glücks erzählen, wie diese es kennen und lieben gelernt haben. In der Begegnung mit ihnen wollen wir unser Konzept vom Glück prüfen. Stimmt es mit ihren Schilderungen zusammen? Haben wir wichtige Aspekte aus den Augen verloren? Sind wir auf dem richtigen Weg?

3

Unverfügbar, zeitlos, schwebend

Wie Harmonie erfahren wird

Bei unserer Reise durch die Geschichte des Glücks haben wir gesehen, wie aus der antiken Glückseligkeit (*eudaimōnía*) über die christliche Seligkeit (*beatitudo*) die neuzeitlich-profane *happiness* werden konnte. Dabei haben wir besonders auf die Differenz zwischen Glückseligkeit und Seligkeit geachtet, dabei aber die andere Komponente ausgeblendet, die nicht minder in unserem Begriff von *Glück* mitschwingt: die Komponente von *Fortuna* oder *Týchē* – die Komponente des glücklichen Zufalls. Das heißt, ganz ausgeblendet hatten wir sie nicht, da wir wiederholt darauf stießen, dass uns anders als das kleine Glück der *happiness* das große Glück der *Glückseligkeit* unverfügbar ist – ganz so wie *Fortuna*, die nach ihrem Gutdünken kommt und geht, und nicht so, wie *wir* es gern hätten.

Wir haben aber bislang nicht bedacht, ob dieses Glück im Sinne der Glücksgaben *Fortunas* etwas mit Stimmigkeit und Harmonie zu tun hat: ob also unser bis hierher erworbenes Verständnis von Glückseligkeit einen Anhaltspunkt dafür liefert, warum für sie sinnvollerweise der gleiche deutsche Begriff *Glück* verwendet werden kann wie für die Segnungen *Fortunas*. Oder anders gesagt: Wir haben noch nicht bedacht, ob auch das Glück, das uns im Spiel oder in der Lotterie zufällt, ein Glück ist, das sich als Resonanz auf erfahrene Harmonie beschreiben lässt. Kein Wunder, denn immer schon haben sich die Philosophen herzlich wenig um *Fortuna* gekümmert. Gar zu flatterhaft galt ihnen die Schöne, als dass es lohnend erschiene, sich ernstlich um sie zu bemühen. Wenn wir uns ihr nun gleichwohl annähern, müssen wir daher nach anderem Beistand Ausschau halten – und finden ihn in der Literatur, genauer: bei Paul Auster in seinem Roman *Die Musik des Zufalls*.

»Sämtliche Räder kreisten.«

Die Gabe der Fortuna

In seinem Roman *Die Musik des Zufalls* (engl. Originaltitel: *The Music of Chance*) aus dem Jahre 1990 erzählt Paul Auster die einigermaßen bedrückende Geschichte zweier Männer, die sich zufällig kennenlernen, als der eine der beiden, ein gewisser Jim Nashe, den anderen, Jack Pozzi, im Auto mitnimmt. Jack Pozzi (abgeleitet von *Jackpot*) ist ein passionierter, aber nicht immer erfolgreicher Zocker – einer, der mit Poker-Spielen Geld verdient. Die beiden kommen in Kontakt mit zwei skurrilen Lotto-Millionären namens Flower und Stone, die sie zu einem Spiel mit hohem Einsatz in ihre Villa einladen. Jim und Jack folgen der Einladung. Bevor das Spiel beginnt, führen die Millionäre ihre Gäste durch ihr Haus und zeigen ihnen im Obergeschoss eine Modelllandschaft, die sie die *Stadt der Welt* nennen. Diese Modellstadt – wohl ähnlich vorzustellen wie eine riesige Modelleisenbahn-Anlage ohne Eisenbahn – stellt die Situation dar, in der Flower und Stone an einem Kiosk den Millionen bringenden Lotto-Schein kaufen. Nach der Hausbesichtigung setzen sich die Herren zu Tisch, und Flower, Stone und Pozzi beginnen ihr Spiel, während Nashe zuschaut. Für den jungen Pozzi läuft es nach einigen Anfangsschwierigkeiten vorzüglich. Das Glück (Fortuna) ist ihm hold, und er gewinnt ein Spiel nach dem anderen. Spät in der Nacht aber beginnt sich das Blatt zu wenden – und zwar kurz nachdem sein Kumpel Jim den Raum verlassen hat, um die Modellstadt genauer zu inspizieren. Dabei entwendet er aus ihr die Figuren seiner Gastgeber: Flower und Stone. Als er zurück an den Spieltisch tritt, hat das Glück endgültig Pozzi verlassen. Alle Spiele gehen verloren, und beide geraten in finstere Gefangenschaft.

So weit die Geschichte. Für uns ist daran Folgendes interessant: Nach der vernichtenden Niederlage entspinnt sich zwischen Pozzi und Nashe ein Dialog, in dem sie die Ereignisse der Katastrophennacht Revue passieren lassen. Und dabei gewährt uns der Profi-Zocker Pozzi kostbare Einblicke in den Erfahrungsschatz eines Glücksritters: eine präzise Beschreibung dessen, worin das Glück der *Fortuna* besteht – und wie es geschehen konnte, dass es bzw. sie sich von ihm abwendete:

> *»Sobald das Glück einmal zu laufen anfängt, lässt es sich von nichts mehr aufhalten. Das ist, als ob die ganze Welt plötzlich im gleichen Takt schlägt. Man ist irgendwie außerhalb seines Körpers, und den Rest der Nacht sitzt man nur noch da und sieht sich dabei zu, wie man Wunder vollbringt. Das hat eigentlich überhaupt nichts mehr mit einem selbst zu tun. Man hat keinen Einfluss darauf, und solange man nicht*

allzuviel darüber nachdenkt, kann man keinen Fehler machen.«

»Eine Zeitlang sah es gut aus, Jack, das will ich zugeben. […] Aber dann fing die Sache an zu kippen. An solchen Umschwüngen lässt sich nun mal nichts ändern.«

»Genau. Etwas ist schiefgegangen. Und was meinst du wohl, was das war?«

»Keine Ahnung, Junge. Sag es mir.«

»Du warst schuld. Du hast den Rhythmus unterbrochen, und danach ist alles durcheinandergeraten.«

»Wie ich das sehe, warst du es, der das Spiel gemacht hat. Ich habe bloß dagesessen und zugesehen.«

»Aber du hast dazugehört. Stundenlang hast du direkt hinter mir gesessen und mir in den Nacken geatmet. Am Anfang hat mich deine Nähe etwas abgelenkt, aber dann habe ich mich daran gewöhnt, und irgendwann wusste ich, dass deine Anwesenheit einen Grund hatte. Du hast mir Leben eingehaucht, Kumpel, und immer wenn ich deinen Atem gespürt habe, ist mir das Glück in die Knochen geströmt. Es lief alles perfekt, sämtliche Räder kreisten, das war einfach schön, Mann, richtig schön. Und dann musstest du plötzlich aufstehen und weggehen.«

»Natürliches Bedürfnis. Oder hätte ich mir vielleicht in die Hose pinkeln sollen?«

»Ja sicher, geh nur aufs Klo. Dagegen hab ich doch nichts. Aber wie lange brauchst du dazu? Drei Minuten? Fünf Minuten? Sicher kannst du auf den Topf gehen. Aber Mann, Jim, du bist eine ganze verdammte Stunde weggewesen!«

»Ich war erledigt. Musste mich hinlegen und ein bisschen schlafen.«

*»Ja, aber du hast doch gar nicht geschlafen, stimmt's? Du bist nach oben gegangen und um diese bescheuerte Stadt der Welt rumgeschlichen. Warum zum Teufel musstest du so etwas Verrücktes tun? Ich sitze da unten und warte, dass du zurückkommst, und allmählich geht meine ganze Konzentration flöten. Wo steckt er nur, frage ich mich andauernd, was zum Geier ist mit ihm passiert? Es läuft jetzt schlechter und ich gewinne nicht mehr so oft wie vorher. Und genau in dem Augenblick, wo es anfängt richtig schlecht zu werden, musst du es dir in den Kopf setzen, ein Stück von diesem Modell zu klauen. Das war ein ganz unglaublicher Fehler. Keine Klasse, Jim, eine amateurhafte Nummer. So was ist geradezu eine Sün*de, Verletzung einer Grundregel. Es war alles so harmonisch. Wir hatten einen Punkt erreicht, wo alles für uns zu Musik wurde, und da musst du nach oben gehen und die Instrumente zertrümmern. Du hast im Universum herumgepfuscht, mein Freund, und wer das tut, der muss dafür bezahlen. Mich ärgert nur, dass ich mit blechen muss.«

»Allmählich hörst dich wie Flower an, Jack. Der Kerl [...] bildet sich ein, er wäre von Gott ausgewählt.«

»Ich rede nicht von Gott. Gott hat nichts damit zu tun.«

»Das ist nur ein anderer Ausdruck für dieselbe Sache. Du willst an irgendeine verborgene Absicht glauben. Du versuchst dir einzureden, dass es für die Geschehnisse auf der Welt einen Grund gibt. Mir egal, wie du das nennst – Gott oder Glück oder Harmonie –, läuft alles auf denselben Quatsch hinaus. Damit weicht man den Tatsachen aus, man will einfach nicht sehen, wie die Dinge wirklich laufen.«

»Du hältst dich wohl für sehr schlau, Nashe, aber du hast keinen blassen Schimmer.«[65]

Takt, Rhythmus, Harmonie – es sind musikalische Metaphern, mit denen Glücksritter Pozzi beschreibt, wie *Fortuna* in sein Leben tritt: »Wir hatten einen Punkt erreicht, wo alles für uns zu Musik wurde.« Das ist das Entscheidende: Alles ist im Einklang. *ES stimmt*. Und wo *ES* stimmt, gibt es nichts weiter zu tun, als sich selbst dabei zuzuschauen, wie man Wunder vollbringt. Oder besser: ES stimmt, gerade weil und nur weil Pozzi gar nicht erst versucht, Einfluss auf die Dinge zu nehmen. Er lässt ihnen ihren Lauf, denn er weiß um die Unverfügbarkeit des Glücks: »Man hat keinen Einfluss darauf«, man kann das Glück nur zulassen und sich an seiner *Schönheit* freuen. Sich an der Schönheit des Geschehens freuen, heißt immer auch: das Geschehen bejahen, ihm zustimmen, mit ihm in Einklang sein. »Sämtliche Räder kreisten« – der Spieler und sein Spiel, Mensch und Universum klingen in einer vollkommen harmonischen Musik ineinander. Und eben das ist der Moment des Glücks: der Augenblick, da *Fortuna* und *Felicitas* sich küssen – da glückliche Fügung und Glückseligkeit zusammenstimmen.

Doch dieser Moment ist prekär. Eine kurze Pinkelpause würde die große Harmonie nicht aus dem Gleichgewicht bringen – ein einstündiges Fortbleiben eines ihrer Elemente allerdings doch. Denn der unselige Nashe, der den Raum verlässt, war integraler Bestandteil der harmonischen Ordnung, aus der Pozzi Energie und Leben zuflossen. Dann aber ging er – und beging eine *Sünde*. Schon sein Gehen war eine Sünde, aber diese Sünde – nämlich die willkürliche Störung der Harmonie – wird nun noch einmal symbolisch verdoppelt dadurch, dass Nashe die Figuren von Flower und Stone aus der *Stadt der Welt* entwendet. Das aber heißt, wie Pozzi formuliert, im Universum *herumzupfuschen* – ein umso gravierenderes Vergehen, wenn dadurch gar eine Szene vollkommener Harmonie zerstört wird, nämlich der Augenblick, in dem *Fortuna* in das Leben der Lotto-Millionäre trat.

Der Eingriff in die große Ordnung des Universums, die Störung der harmonischen Musik *Fortunas*: Sie sind eine Sünde – nicht im moralischen Sinne, sondern als Verstoß gegen ein elementares Grundprinzip der kosmischen Lebendigkeit. Nashe mag dies noch so wenig verstehen, für Pozzi, den Spieler, besteht kein Zweifel daran, dass sein Spielglück ganz und gar daran hängt, dass er sich in eine ihn übersteigende Wirklichkeit einschwingt: dass er mitklingt in der göttlichen *Musik des Zufalls*, in der großen Harmonie des Kosmos. Es ist nicht allein Glückseligkeit, die uns in diesem Einklang durchströmt, es ist auch die glückliche Fügung *Fortunas*, die sich als Resonanz auf jene umfassende Stimmigkeit einstellt. *Fortuna* und *Felicitas* sind gleichermaßen Kinder der Harmonie.

»Mitsingen im Chor der Sphären.« Eingestimmt in die Harmonie des Kosmos

Takt, Rhythmus, Harmonie – Paul Auster schildert das Glück als Einschwingen in eine kosmische Musik des Universums. Das gleiche Motiv finden wir bei Hermann Hesse. In seinem eingangs bereits zitierten Vortrag von 1949 über das Glück verrät der 72-Jährige:

> *Unter Glück verstehe ich etwas ganz Objektives, nämlich die Ganzheit selbst, das zeitlose Sein, die ewige Musik der Welt, das, was andre etwa die Harmonie der Sphären oder das Lächeln Gottes genannt haben. Dieser Inbegriff, diese unendliche Musik, diese voll tönende und golden glänzende Ewigkeit ist reine und vollkommene Gegenwart, sie kennt keine Zeit, keine Geschichte, kein Vorher, kein Nachher. Ewig leuchtet und lacht das Antlitz der Welt, während Menschen, Generationen, Völker, Reiche aufsteigen, blühen und wieder in den Schatten und das Nichts hinabsinken. Ewig musiziert das Leben, ewig tanzt es seinen Reigen, und was uns Vergänglichen, Gefährdeten und Hinfälligen dennoch an Freude, an Trost, an Lachenkönnen etwa zugeteilt wird, ist Glanz von dort, ist ein Auge voll Licht, ein Ohr voll Musik. […] Atmen in vollkommener Gegenwart, Mitsingen im Chor der Sphären, Mittanzen im Reigen der Welt, Mitlachen im ewigen Lachen Gottes, das ist unsre Teilhabe am Glück.*[66]

Kein Wort, das wir nicht unterschreiben könnten – kein Wort, das sich nicht wie eine poetische Variation auf unsere an Platon entwickelte Deutung der Glückseligkeit lesen ließe. Und selbst, wo dies beim jetzigen Stand der Dinge noch nicht sofort ins Auge sticht, wird sich im Ausgang von dem, was wir in der zweiten Hälfte dieses Buches als *erotische Lebenskunst* darstellen werden, sofort erkennen lassen, dass Hesse so etwas wie ein Kronzeuge für diese Philosophie von Eros und Harmonie ist. Hesse ist ein Ins-Leben-Verliebter: einer, der wie wenige sonst auf eine Weise gelebt hat, in der das Leben zu Feier und Fest gerät. Und auch wenn dies in seinem Alltag nicht immer der Fall gewesen sein mag, so atmen doch seine Texte und Gedichte etwas von einer tiefen Sehnsucht nach Lebendigkeit, einer liebenden Hingabe an das Sein. So auch der folgende Textabschnitt, der nicht nur – wie der oben zitierte – *über* das Glück handelt, sondern *vom* Glück erzählt – vom »Zustand des still lachenden Eins-Seins mit der Welt, der absoluten Freiheit von Zeit, von Hoffnung und Furcht, der völligen Gegenwärtigkeit«[67]:

> *Es war Morgen, durchs hohe Fenster sah ich über dem langen Dachrücken des Nachbarhauses den Himmel heiter in reinem Hellblau stehen, auch er schien voll Glück, als habe er Besonderes vor und habe dazu sein hübschestes Kleid angezogen. Mehr war von meinem Bette aus von der Welt nicht zu sehen, nur eben dieser schöne Himmel und das lange Stück Dach vom Nachbarhause, aber auch dies langweilige und öde Dach aus dunkel rotbraunen Ziegeln schien zu lachen, es ging über seine steile schattige Schrägwand ein leises Spiel von Farben, und die einzelne bläuliche Glaspfanne zwischen den roten tönernen schien lebendig und schien freudig bemüht, etwas von diesem so leise und stetig strahlenden Frühhimmel zu spiegeln. Der Himmel, die etwas rauhe Kante*

des Dachrückens, das uniformierte Heer der braunen und das luftig dünne Blau des einzigen Glasziegels schienen auf eine schöne und erfreuliche Weise miteinander einverstanden, sie hatten sichtlich nichts anderes im Sinn, als in dieser besonderen Morgenstunde einander anzulachen und es gut miteinander zu meinen. Himmelblau, Ziegelbraun und Glasblau hatten einen Sinn, sie gehörten zusammen, sie spielten miteinander, es war ihnen wohl, und es war gut und tat wohl, sie zu sehen, ihrem Spiel beizuwohnen, sich vom selben Morgenglanz und Wohlgefühl durchflossen zu fühlen wie sie.

So lag ich, den beginnenden Morgen samt dem ruhigen Nachgefühl des Schlafes genießend, eine schöne Ewigkeit in meinem Bett, und ob ich ein gleiches oder ähnliches Glück noch andre Male in meinem Leben gekostet habe, tiefer und wirklicher konnte keines sein: die Welt war in Ordnung. Und ob dieses Glück hundert Sekunden oder zehn Minuten gedauert habe, es war so außerhalb der Zeit, dass es jedem anderen echten Glücke so vollkommen glich wie ein flatternder Bläuling dem andern. Es war vergänglich, es wurde von der Zeit überspült, aber es war tief und ewig genug, um über mehr als sechzig Jahre hinweg mich noch heute zu sich zurückzurufen und zu ziehen, dass ich mit müden Augen und schmerzenden Fingern darum bemüht sein muss, es anzurufen und ihm zuzulächeln, es nachzubilden und zu beschreiben. Es bestand aus nichts, dieses Glück, als aus dem Zusammenklang der paar Dinge um mich her mit meinem eigenen Sein, aus einem wunschlosen Wohlsein, das nach keiner Änderung, keiner Steigerung verlangte.[68]

Alle Elemente echter Glückseligkeit sind in dieser Szene des vollkommenen »Zusammenklangs der paar Dinge um mich her mit meinem eigenen Sein« verdichtet. Hesse, der Knabe, weiß sich eingebunden in die große Symphonie des Kosmos, es ist, als sei er nicht bloß zu einem sonnigen Sommertag erwacht, sondern zu einer klareren Sicht auf die ihm so vertrauten alltäglichen Dinge des Lebens: den Dachrücken, die Ziegel, den Himmel. – Dinge des Lebens, die zunächst und zumeist übersehen werden, nun aber in den Vordergrund treten, die »lebendig« werden, die den sinnvollen Zusammenhang offenbaren, in dem sie stehen. Sie schienen »miteinander einverstanden«, »sie gehörten zusammen, sie spielten miteinander«. Kurz: »Die Welt war in Ordnung«.

Es ist die kosmische Harmonie der Welt und des Lebens, die dem Knaben ins Bewusstsein tritt. Und dann fließt diese Harmonie gleichsam in ihn hinein. Er selbst wird durch das harmonische Spiel um ihn herum im Inneren harmonisiert: »Es war gut und tat wohl, sie zu sehen, ihrem Spiel beizuwohnen, sich vom selben Morgenglanz und Wohlgefühl durchflossen zu fühlen wie sie.« Das ist eine präzise Beschreibung dessen, was wir die *Resonanz der Seele* auf die Erfahrung von Harmonie genannt haben: die *Schwingung der Glückseligkeit*. Und nun hören wir, welche Eigenschaften sie hat: Sie ist »wunschloses Wohlsein« – Einstimmen und Zustimmen in den großen Einklang von Welt und Mensch, Zur-Ruhe-Kommen allen Wollens. Das ist das eine. Das andere ist die Zeitlosigkeit. »Es war außerhalb der Zeit« – und dies in eben dem Maße, in dem nichts Trennendes, nichts Vereinzelndes die kosmische Symphonie stört. Wo kein sich im Gegenüber zur Welt behauptendes Ego, da auch keine Zeit. Da ist nur Einklang.

Wichtig dabei ist, dass dieser Einklang kein Verschmelzen ist. Der junge Hesse ist kein Mystiker, dessen Individualität sich in einem Erleuchtungszustand mit Gott auflöste. Er bleibt ein – wenn auch wunsch- und willenloses – Individuum, das sich als stimmiger Akkord in der großen Harmonie der Welt erfährt: eingebunden in die kosmische Symphonie. Die Erfahrung der Harmonie ist nicht eine Erfahrung von *unterschiedsloser Einheit*, sondern eine Erfahrung von *Ganzheit*: die Erfahrung, in einen sinnvollen, stimmigen, guten und bejahenswerten Zusammenhang gefügt zu sein. Sie spricht sich in Hesses Glücksschilderung darin aus, dass neben dem Bewusstsein, »außerhalb der Zeit« zu stehen, auch das Wissen um die Vergänglichkeit mitschwingt: das Wissen um die Beschränktheit und Vorläufigkeit allen Menschseins, das Hesse davor bewahrt, sein Glück mit einer jenseitigen Seligkeit entrückter *beatitudo* zu verwechseln. Die von ihm geschilderte Glückseligkeit speist sich nicht aus dem Gefühl, im Himmel zu sein – sondern aus der erfahrenen Gewissheit, dass diese diesseitige Welt in Ordnung ist.

»Ward die Welt nicht eben vollkommen?« Das große Glück schwingt in der Schwebe

Friedrich Nietzsche haben wir als Verächter kennengelernt: als Verächter des *kleinen Glücks* der *letzten Menschen* – will sagen: des *kleinen Glücks* der *happiness*. Wir haben ihn aber noch nicht kennengelernt als Verkünder eines *großen*

Glücks, eines wahrhaft menschlichen Glücks. Das ist kein Wunder, denn Nietzsche äußert sich selten darüber. Einmal aber tut er es doch, und zwar in einem Abschnitt aus *Also sprach Zarathustra* mit dem Titel *Mittags*. Hier erfahren wir, wie der große Kritiker des kleinen Glücks das große Glück verstand – und damit gewinnen wir einen kostbaren Prüfstein für unsere Deutung der Glückseligkeit als Resonanz auf Harmonie. Sehen wir zu!

> *Und Zarathustra lief und lief und fand niemanden mehr und war allein und fand immer wieder sich und genoss und schlürfte seine Einsamkeit und dachte an gute Dinge, – stundenlang. Um die Stunde des Mittags aber, als die Sonne gerade über Zarathustras Haupte stand, kam er an einem alten krummen und knorrichten Baume vorbei, der von der reichen Liebe eines Weinstocks rings umarmt und vor sich selber verborgen war: von dem hingen gelbe Trauben in Fülle dem Wandernden entgegen. Da gelüstete ihn, einen kleinen Durst zu löschen und sich eine Traube abzubrechen; als er aber schon den Arm dazu ausstreckte, da gelüstete ihn etwas anderes noch mehr: nämlich sich neben den Baum niederzulegen, um die Stunde des vollkommenen Mittags, und zu schlafen.*
>
> *Dies tat Zarathustra; und sobald er auf dem Boden lag, in der Stille und Heimlichkeit des bunten Grases, hatte er auch schon seinen kleinen Durst vergessen und schlief ein. Denn, wie das Sprichwort Zarathustras sagt: eins ist notwendiger als das andre. Nur dass seine Augen offen blieben – sie wurden nämlich nicht satt, den Baum und die Liebe des Weinstocks zu sehn und zu preisen. Im Einschlafen aber sprach Zarathustra also zu seinem Herzen:*

»Still! Still! Ward die Welt nicht eben vollkommen? Was geschieht mir doch? Wie ein zierlicher Wind, ungesehn, auf getäfeltem Meere tanzt, leicht, federleicht: so – tanzt der Schlaf auf mir. Kein Auge drückt er mir zu, die Seele lässt er mir wach. Leicht ist er, wahrlich! federleicht. Er überredet mich, ich weiß nicht wie? er betupft mich inwendig mit schmeichelnder Hand, er zwingt mich. Ja, er zwingt mich, dass meine Seele sich ausstreckt; – wie sie mir lang und müde wird, meine wunderliche Seele! Kam ihr eines siebenten Tages Abend gerade am Mittage? Wandelte sie zu lange schon selig zwischen guten und reifen Dingen?

Sie streckt sich lang aus, lang – länger! sie liegt stille, meine wunderliche Seele. Zu viel Gutes hat sie schon geschmeckt, diese goldene Traurigkeit drückt sie, sie verzieht den Mund.

– Wie ein Schiff, das in seine stillste Bucht einlief – nun lehnt es sich an die Erde, der langen Reisen müde und der ungewissen Meere. Ist die Erde nicht treuer? Wie solch ein Schiff sich dem Lande anlegt, anschmiegt – da genügt's, dass eine Spinne vom Lande her zu ihm ihren Faden spinnt. Keiner stärkeren Taue bedarf es da. Wie solch ein müdes Schiff in der stillsten Bucht: so ruhe auch ich nun der Erde nahe, treu, zutrauend, wartend, mit den leisesten Fäden ihr angebunden.

O Glück! O Glück! Willst du wohl singen, o meine Seele; Du liegst im Grase. Aber das ist die heimliche feierliche Stunde, wo kein Hirt seine Flöte bläst. Scheue dich! Heißer Mittag schläft auf den Floren. Singe nicht! still! Die Welt ist vollkommen.

Singe nicht, du Gras-Geflügel, o meine Seele! Flüstere nicht einmal! sieh doch – still! der alte Mittag schläft, er bewegt den Mund: trinkt er nicht eben einen Tropfen Glücks – einen alten braunen Tropfen goldenen Glücks, goldenen Weins? Es huscht über ihn hin, sein Glück lacht. So – lacht ein Gott. Still! –

›Zum Glück, wie wenig genügt schon zum Glücke!‹ So sprach ich einst und dünkte mich klug. Aber es war eine Lästerung: das lernte ich nun. Kluge Narren reden besser. Das wenigste gerade, das Leiseste, Leichteste, einer Eidechse Rascheln, ein Hauch, ein Husch, ein Augenblick – wenig macht die Art des besten Glücks. Still!

– Was geschah mir: Horch! Flog die Zeit wohl davon? Falle ich nicht? Fiel ich nicht – horch! in den Brunnen der Ewigkeit?

– Was geschieht mir? still! Es sticht mich – wehe – ins Herz? Ins Herz! Oh zerbrich, zerbrich, Herz, nach solchem Glücke, nach solchem Stiche!

– Wie? Ward die Welt nicht eben vollkommen? Rund und reif? O des goldenen runden Reifs – wohin fliegt er wohl? Laufe ich ihm nach! Husch! Still – –« (und hier dehnte sich Zarathustra und fühlte, dass er schlafe).

»Auf!« sprach er zu sich selber, »du Schläfer! Du Mittagsschläfer! Wohlan, wohlauf, ihr alten Beine! Zeit ist's und Überzeit, manch gut Stücks Wegs blieb euch noch zurück. – Nun schlieft ihr euch aus, wie lange doch? Eine halbe Ewigkeit! Wohlan, wohlauf

nun, mein altes Herz! Wie lange erst darfst du nach solchem Schlaf – dich auswachen?«

(Aber da schlief er schon von neuem ein, und seine Seele sprach gegen ihn und wehrte sich und legte sich wieder hin) – »Laß mich doch! still! Ward nicht die Welt eben vollkommen? O des goldnen runden Balls!«

»Steh auf«, sprach Zarathustra, »du kleine Diebin, du Tagediebin! Wie? Immer noch sich strecken, gähnen, seufzen, hinunterfallen in tiefe Brunnen? Wer bist du doch! O meine Seele!« (und hier erschrak er, denn ein Sonnenstrahl fiel vom Himmel herunter auf sein Gesicht.)

»O Himmel über mir«, sprach er seufzend und setzte sich aufrecht, »du schaust mir zu? Du horchst meiner wunderlichen Seele zu? Wann trinkst du diesen Tropfen Taus, der auf alle Erden-Dinge niederfiel – wann trinkst du diese wunderliche Seele – wann, Brunnen der Ewigkeit! du heiterer schauerlicher Mittags-Abgrund! Wann trinkst du meine Seele in dich zurück?«[69]

Welch ein Abschnitt! Ich weiß nicht, wie es Ihnen geht, liebe Leserin, lieber Leser, mich jedenfalls versetzt diese Sprache immer in einen Rausch. Aber es ist ein angenehmer Rausch – einer, der etwas spürbar macht vom Glück Zarathustras, das hier zur Sprache kommt. – Was ist dies für ein Glück? – Zunächst ist klar: Es ist ausdrücklich nicht das *kleine Glück* der Bedürfnisbefriedigung. Es ist nicht die Freude (*happiness*), die uns überkommt, wenn wir einen *kleinen Durst* löschen. Hier geht es um mehr. – Worum? – Es geht um Vollkommenheit, um Liebe und um Ewigkeit.

Wir schreiben die Stunde des *vollkommenen Mittags* – die schattenlose Stunde. Und zu dieser Stunde entdeckt Zarathustra die Liebe: die reiche und fruchtbare Liebe des Weinstocks, der den alten Baum umfängt. Angesichts dieses Bildes *preist* Zarathustra Baum und Weinstock – er heißt sie *gut*, er stimmt ihnen zu, er stimmt sich auf sie ein. Er schwingt sich ein in die liebende Harmonie, die beide durchdringt. Er fügt sich in die Ordnung des Kosmos. Nietzsche findet dafür das Bild des im Hafen liegenden Schiffs: So sehr hat es den ihm gemäßen, stimmigen Ort im Großen und Ganzen gefunden, dass ein Spinnweben hinreicht, um es dort zu halten. ES stimmt. ES ist gut. ES ist harmonisch.

So also schwingt Zarathustra sich ein in die Liebe von Weinstock und Baum. Offenbar gelingt ihm dies umso mehr, als er – wie er sagt – schon lange *zwischen guten und reifen Dingen* wandelte. Und da er dies tut, durchströmt ihn das Glück. Aber nun müssen wir genau hinsehen! Denn die Art und Weise, wie dieses Glück sich ausspricht, ist lehrreich. Es spricht: »Ward die Welt nicht eben vollkommen?«

Auffällig dabei ist, dass diese Worte rückblickend formuliert sind: »Ward die Welt ...« Das Glück, das sich hier ausspricht, ist nicht das Glück der *gegenwärtigen* Vollkommenheit, sondern das Glück der *gewesenen* Vollkommenheit – als sei diese in dem Augenblick, worin das Glück sich ausspricht, schon wieder vorbei; als sei es vorbei, gerade *weil* das Glück sich ausspricht, anstatt in gedankenloser Vollkommenheit zu schwelgen: anstatt einfach nur *selig zwischen guten und reifen Dingen* zu wandeln. Zarathustras Glück ist nicht das Glück der *reinen Seligkeit* – so wenig, wie es die Freude der *kleinen Bedürfnisbefriedigung* ist. Zarathustras Glückseligkeit ist vielmehr gemischt: gemischt aus einer *goldenen Traurigkeit* und einem *goldenen Glück*. Sie ist gemischt aus dem Lachen Gottes und einem Stich ins Herz.

Und ebenso ist sie gemischt aus dem Wissen um das gewesene Glück und das Bewusstsein für das präsente Glück. Denn wenn Zarathustra auch dreimal seufzt: »Ward nicht die Welt eben vollkommen?«, so sagt er einmal doch auch: »Die Welt *ist* vollkommen.«

Zarathustras Glückseligkeit schwingt in der Schwebe: in der Schwebe zwischen Anwesenheit und Gewesenheit, in der Schwebe zwischen Freude und Trauer, in der Schwebe zwischen Wachen und Schlafen und in der Schwebe zwischen Zeitlosigkeit und Zeit. Diese eigentümliche Schwebe findet ihren Niederschlag in dem Hin und Her des Dialogs, den Zarathustra mit seiner eigenen Seele führt. Während die Seele sich anschickt, in den *Brunnen der Ewigkeit* zu fallen, um dort, wie es die Schlussworte sagen, in den Mittags-Abgrund *hinein getrunken* zu werden, drängt das Ich Zarathustras zum Aufstehen, zur Fortsetzung des Weges. »Zeit ist's«, ruft das Ego der ewigkeitstrunkenen Seele zu: »Zeit ist's« – wo doch die Seele die Zeit bereits *fortfliegen* sah. Und so hält Zarathustra zur Mittagszeit nicht allein die Schwebe zwischen Anwesenheit und Gewesenheit, Freude und Trauer, Wachen und Schlafen, Ewigkeit und Zeit. Er hält auch die Schwebe zwischen der Passivität oder Empfänglichkeit seiner Seele, die sich *der Erde nahe, treu, zutrauend, wartend* ausstreckt, und der Aktivität und Schaffenslust seines Ego, das vom Licht des Himmels bewegt zum Fortgehen drängt. Zarathustras Schwebe ist eine umfassende Harmonie – eine innere Stimmigkeit, bei der – und das ist hier das Entscheidende – das Individuum Zarathustra nicht vom *Brunnen der Ewigkeit* aufgetrunken wird. Zarathustra ist kein Mystiker, der in der mittäglichen Stunde restlos in Gott und Ewigkeit aufginge. Er bleibt für sich – individuell, aber nicht wollend, nicht dem Ego verhaftet. Und indem er bei sich bleibt, bleibt er Mensch – und sein Glück bleibt das Glück des Menschen: die *Glückseligkeit*, die aus der Traurigkeit des Noch-nicht-in-den-Brunnen-der-Ewigkeit-zurückgetrunken-Seins und der Seligkeit des In-Harmonie-und-Liebe-mit-dem-Kosmos-verbunden-Seins gemischt ist.

Zarathustras Glück ist ein Glück umfassender Harmonie – einer Harmonie, die nicht allein aus dem stimmigen Verhältnis der Aspekte der eigenen Seele besteht, nicht allein aus dem stimmigen Verhältnis des Menschen zu seinen Mitmenschen, nicht allein aus dem stimmigen Verhältnis des Menschen zu seiner Umwelt. Es ist eine Harmonie, in der Göttliches und Menschliches, Ewigkeit und Zeit, Seligkeit und Trauer im Gleichgewicht sind. Es ist ein menschliches Glück. Dies müssen wir im Sinn behalten, wenn wir nun zum zweiten Teil unserer Überlegungen voranschreiten und uns die Frage vorlegen, wie wir glückselig *werden*.

4

Bildung, Ästhetik, Lebenskunst, Mystik

Viele Wege führen zum Glück – aber nicht alle machen glücklich

Glückseligkeit ist die Schwingung unserer Seele, die sich einstellt, wenn wir in Harmonie leben – in Harmonie mit uns, den Menschen unserer Umgebung, der Umwelt, mit Gott. Wie aber werden wir harmonisch? Welche Wege können wir beschreiten, um diese Schwingung unserer Seele zu erzeugen, die wir *Glückseligkeit* nennen? Mit dem bloßen Wollen ist es offenbar nicht getan. Auch nicht damit, dass ich mich an einem Samstagabend hinsetze und mich einmal ganz harmonisch fühle. Nein: Wir haben uns mit Platon klargemacht, dass ein harmonisches Leben uns mit allem fordert, was wir sind. Es betrifft unseren Sinn und unsere Sinnlichkeit, unseren Leib und unsere Seele. Alles in uns soll in Einklang schwingen, und deswegen können wir uns nicht einfachhin zum Glück oder zur Harmonie *entscheiden*. Vielmehr müssen wir sie *einüben*, sie *einverleiben* – so wie man eine Sprache lernt, so wie man ein Musikstück einstudiert, so wie man eine Sportart trainiert. Wir müssen eine bestimmte Lebensform *ausprägen*, eine Lebensweise, die uns harmonisiert und stimmig macht, sodass wir mit uns im Einklang sind und »Ja« zum Leben sagen können.

Nun liegt es in der Natur der Sache, dass über die Jahrhunderte verschiedene Wege beschrieben und beschritten wurden, die zum guten und glücklichen Leben führen sollten – meist dadurch voneinander unterschieden, wie man sich jeweils das Glück vorstellte. Mit der antiken *Paidagogik* – hier bewusst mit *ai* geschrieben, um deutlich zu machen, dass das entsprechende griechische Konzept nicht mit der neuzeitlichen Pädagogik verwechselt werden sollte – bzw. *Paideía*, der neuzeitlichen Ästhetik, der zeitgenössischen philosophischen Lebenskunst und der zeitlosen Mystik werden wir uns nun vier dieser Wege anschauen. Wir werden dabei viele kostbare Winke und Wegweiser zu unserer Glückseligkeit finden, die uns voranbringen werden. Doch so überzeugend und gewinnbringend sie als Wege zum Glück je für sich auch sind, werden wir doch sehen, dass ihnen allen ein entscheidender Aspekt fehlt – eine bestimmte Einstellung und Färbung, eine bestimmte Qualität und Energie, ohne deren Hinzukommen sie alle eitles Bemühen zu bleiben drohen. Welche Energie ist dies? Es ist – die Liebe; auf Griechisch: der *Eros*.

Die führt uns wieder zu Platon, denn sie ist in der platonischen Theorie der Glückseligkeit das entscheidende Bindeglied, ohne das auch die raffinierteste Pädagogik keine wirkliche Harmonie erzeugt. Und das gilt nicht minder von philosophischer Lebenskunst, Ästhetik oder Mystik: Solange sie nicht *con amore* gelebt und geübt werden, fehlt ihnen die entscheidende Energie der Glückseligkeit. Daher werden wir uns zuletzt der *Erotik* widmen. Sie steht nicht neben den anderen Wegen, sondern sie ist es, die ihnen allererst Richtung und Schwung verleiht. Der Eros beflügelt. Und Flügel brauchen wir. Denn zur Glückseligkeit gelangen wir nicht, indem wir uns mühsam über steinige Wege schleppen, sondern indem wir beflügelt vom Eros das Beste der klassischen Wege zum Glück aufgreifen und uns über uns hinaus in neue Sphären begeben.

Paideía – Glück durch Bildung?

Die antike *Paidagogik* trat mit dem Anspruch auf, ein Kind – *pais* – zu einem guten Leben zu leiten – *agein*. Und wie heute, so wurde auch damals darum gestritten, wie man das am besten anstellt. Einen Eindruck davon bekamen wir bereits in der Auseinandersetzung zwischen Sokrates und seinen sophistisch geprägten Freunden, repräsentierten diese doch eine neue *Paidagogik*, die etwa in der Mitte des fünften Jahrhunderts vor Christus angetreten war, die alte konservative Erziehung der hellenischen Aristokratenkinder zu modernisieren[70]. Platon aber beabsichtigt mit seiner *paideía* – seinem Bildungsprogramm – mehr. Mit ihm verbindet sich der Anspruch, diejenigen, die es durchlaufen, zur Einsicht in das Wesen des Guten zu befähigen: zum Verständnis der *Idee des Guten*. Und da das Verständnis des Guten erklärtermaßen Ziel und Zweck der ganzen platonischen Philosophie ist, ist es kein Wunder, dass seine Ausarbeitung dieses Weges zu einer programmatischen Beschreibung der Philosophie gerät.

Nun wissen wir bereits, dass es für Platon – im Anschluss an Sokrates und gegen die Sophistik – eine ausgemachte Sache war, dass das Wissen vom Guten und mithin auch das Wissen um das gute Leben ein Wissen ist, das sich nicht in theoretischer Einsicht erschöpft, sondern durch gelebtes Leben gedeckt sein muss. Deswegen setzt die philosophische Bildung bei der praktischen Erfahrung des Guten an. Erst in ihrem Fortgang wird es dann auch darum gehen, die Erfahrungen des Guten interpretierend darauf zusammenzuführen, was jeweils das erfahrene Gute ausgemacht hat. Sie werden daraufhin befragt, was das ihnen Gemeinsame ist – und die Antwort auf diese Frage zeitigt dann das Wissen um das Wesen des Guten beziehungsweise um die *Idee des Guten*: Harmonie.

Da nun aber dieses Wissen in der eigenen Lebenswirklichkeit verwurzelt sein muss, um echtes und nicht hohles Wissen zu sein, setzt die philosophische *Paidagogik* in der Lebenswirklichkeit an. Sie entwickelt ein Programm, mittels dessen das Gute im eigenen Leben zuerst erkannt, dann transparent gemacht und schließlich so internalisiert werden kann, dass es auf einer späteren Stufe des Sich-bewusst-Machens aus einer undurchschauten Erfahrung in bewusstes Wissen transformiert werden kann. In diesem Sinne versteht es sich als eine konsequente Anwendung des *apollinischen Imperativs*: Erkenne dich selbst!

Genau deswegen ist dieses Programm für uns interessant: Es dient in seinen ersten Schritten der Harmonisierung – also dem Einstimmen – des physischen, affektiven und emotionalen Lebens, bevor es dann in der entscheidenden Phase darauf angelegt ist, diese Erfahrung in bewusstes Wissen zu überführen. Dieser Schritt ist in Platons Konzept maßgeblich für die künftigen Philosophen, sofern sie die politischen Geschäfte lenken und leiten sollen. Sie müssen das höchste – das eigentlich philosophische – Wissen des Guten erwerben, um diese systemische Intelligenz in der Politik anzuwenden. Wir hingegen, die wir einfach nur glücklich sein wollen, müssen dafür nicht erst Philosophen und ausdrücklich Wissende des Guten werden – uns reicht es, wie wir noch sehen werden, wenn wir wissen, wie sich das Gute anfühlt, um uns dann in das Gute zu verlieben ...

a) Platons Weg zum guten Leben

Was für uns an Platons *Paideía* interessant ist, sind seine Vorschläge, wie wir unser Leben so gestalten und harmonisieren können, dass wir an ihm selbst die Erfahrung des Guten machen. Was also sind dies für Vorschläge? An ihrem Anfang steht eine wohl von allen Griechen geteilte Grundüberzeugung, die Platon in seinen *Gesetzen* einem namenlosen Athener in den Mund legt:

> *Dass eine richtige Erziehung vor allem sowohl die Seelen als auch die Körper möglichst schön und so perfekt wie möglich auszubilden habe, das sagen wir doch gewiss zurecht.*[71]

Diese Worte stehen am Anfang einer langen und ausführlichen Erörterung über die rechte Erziehung im – wie wir heute sagen würden – Vorschulalter. Und die Gesprächspartner, an deren (fiktiver) Beratung Platon uns teilhaben lässt, sind sich rasch darüber einig, dass es vor allem zwei Bereiche sind, die in dieser Phase alle Aufmerksamkeit verdienen: die *Gymnastik*, sofern es um die Ausbildung des Leibes geht, und die *Musik*, sofern das Einschwingen in eine gute emotionale Verfassung befördert werden soll[72]. Gymnastik und Musik bilden die *Grundschule der Harmonie*. Leib und Seele, Herz und Bauch werden in ihr harmonisch *eingestimmt*. Dabei kommt der Musik ein gewisser Vorrang zu, wie Platon seinen Sokrates im Dialog über den *Staat* deutlich machen lässt:

> *Liegt nicht das Wichtigste in der musikalischen Erziehung? Denn dank ihrer gelangen Rhythmus und Harmonie in das Innere der Seele und prägen sich dort auf das kräftigste ein, indem sie Wohlanständig-*

keit mit sich führen und solcherart den Menschen anständig machen.[73]

Deswegen kann Platon durch den Mund des Sokrates auch die Forderung aufstellen, für die musische Erziehung nach Kräften Menschen zu suchen, »denen die Gabe innewohnt, überall dem Wesen des Schönen und der Wohlanständigkeit nachzuspüren, damit unsere Jungen – gleichsam in einem gesunden Umfeld lebend – von allen Seiten gefördert werden«[74]. Und Sokrates schließt diese Passage mit dem bemerkenswerten Satz: »Das Ziel alles Musischen ist doch wohl eine erotische Liebe zur Schönheit« – ein erstes Aufleuchten dessen, was uns später als *erotische Lebenskunst* beschäftigen wird. Fürs Erste ist jedenfalls festzuhalten: Sofern sie uns mit Schönheit – Wohlgemessenheit, Proportion, Balance, Takt und Rhythmus – nähren, harmonisieren die musischen Künste unsere Sinne und unsere Seele. Musik ist eine tragende Säule antiker *Paidagogik*.

Wird Harmonie in der Musik sinnlich erfahrbar, so wird sie in der Gymnastik dem Körper *einverleibt*. Dafür muss man sich klarmachen, dass die hier gemeinte Gymnastik wenig mit unserem heutigen Sport zu tun hat. Es geht um eine Praxis, der es – ähnlich wie bei asiatischen Körperübungen wie Qigong und Tai-Chi oder bei Pilates und Yoga – um eine Balancierung und Austarierung der Körperenergien zu tun ist. Die antike Gymnastik zielte ebenso auf »eine gute körperliche Verfassung, Behendigkeit und Schönheit, wobei sie durch bestimmte Bewegungsabläufe die Teile des Körpers ins rechte Verhältnis setzt und ihnen dabei eine wohlgemessene Bewegung angedeihen lässt«[75]. Und so kann Platon seinen Sokrates folgern lassen:

Wer also Musik und Gymnastik auf das schönste vermischt und auf diese Weise eine vollkommene

Wohlgemessenheit in die Seele trägt, den würden wir mit vollem Recht einen vollkommen musikalischen und harmonischen Menschen nennen.[76]

Gymnastik und Musik sind Brücken zur Glückseligkeit. Sie wecken und schulen den Sinn und Geschmack für das Harmonische und Gute, und ohne diesen Sinn können wir weder das Wissen um das Gute (des Lebens) ausprägen noch glücklich werden. Man könnte auch sagen, dass uns Gymnastik und Musik mit einer Art Taktgefühl versehen, das wir brauchen, um den inneren Rhythmus und die innere Balance zu finden. Und je früher wir mit ihnen beginnen, umso größer ist die Wahrscheinlichkeit, dass wir zu einem späteren Zeitpunkt glücklich werden.

Nun bleibt die platonische *Paideía* dabei nicht stehen. Auf den Elementarunterricht für Leib und Seele folgt die Ausbildung des Geistes – ein Curriculum, dessen Ziel es ist, das durch Gymnastik und Musik dem Menschen bereits unbewusst einverleibte Wissen um das Gute des Lebens, um Harmonie und Stimmigkeit, zu Bewusstsein zu bringen und in Wissen zu transformieren. Dabei bleibt es ein *praktisches* Wissen, das nicht durch bloßes Zur-Kenntnis-Nehmen theoretisch angeeignet werden kann, sondern durch geistige und wissenschaftliche Praxis *eingeübt* werden muss. Damit stellt sich die Frage, welche Wissenschaften dazu angetan sein könnten, das gesuchte Wissen vom Guten zu befördern: die höchste Einsicht in das Wesen des guten Lebens vorzubereiten und auf die Glückseligkeit einzustimmen. Durch Sokrates verrät uns Platon die Antwort: Fünf aufeinander aufbauende Fächer müsse studieren, wer ein Verständnis der Guten erlangen will: Arithmetik und Geometrie, Stereometrie und Astronomie, Harmonielehre.

Wenn wir es nun mit diesen Wissenschaften zu tun bekommen, dann nicht, weil wir erst Wissenschaftler sein müssten, um Philosophen zu werden und glücklich zu sein. – Nein. Das ist es nicht. Auch sind die Wissenschaften für Platon nicht deswegen »Glücksbringer«, weil sie uns zum Göttlichen ins Verhältnis setzten (Aristoteles), sondern weil sie unseren Sinn fürs Harmonische ausbilden und steigern – und dies mit zunehmender Komplexität: die Arithmetik bringt uns zu Bewusstsein, dass die sinnlich wahrnehmbare Welt der Phänomene verstehbare und sinnvolle Strukturen aufweist, die wir mittels unserer Vernunft erschließen können[77]. Und sie macht uns vertraut mit den harmonischen Gesetzen der Welt der Zahlen – so wie die (euklidische) Geometrie und Stereometrie mit der in sich stimmigen Rationalität der Flächen und Körper. Sie lehren uns die Berechenbarkeit der Welt und lassen in uns den Sinn dafür reifen, dass dieser Kosmos einer zeitlosen, stimmigen und sinnvollen Ordnung folgt. Und dieser Sinn wird seiner Vollendung nahegebracht, wo er sich der Betrachtung der sichtbaren Erscheinung jener sinnvollen Ordnung selbst zuwendet: in der Astronomie. Sie macht uns mit der komplexesten Erscheinungsform des Guten vertraut: nicht nur in der ersten (Arithmetik), zweiten (Geometrie) und dritten (Stereometrie) Dimension, sondern auch unter den Bedingung von Raum, Zeit und Bewegung, das heißt: unter den Bedingungen der erscheinenden Welt. »Tatsache ist«, sagt Sokrates, »dass durch jede dieser Kenntnisse ein Sinn gereinigt und aktiviert wird, der bei anderen Beschäftigungen verloren geht und erblindet, an dessen Erhaltung aber mehr gelegen ist als an tausend Augen. Denn allein durch ihn wird die Wahrheit gesehen.«[78]

Nun heißt »die Wahrheit *sehen*« freilich noch nicht »die Wahrheit *verstehen*«. Die Astronomie versetzt den Menschen in die Lage, durch Betrachtung der harmonischen Ordnung der Gestirnumläufe und der Naturzyklen den Sinn für das Gute des Lebens entscheidend zu schärfen und bis an die Schwelle zu dessen bewusstem Verstehen zu führen – zur Einsicht in die *Idee des Guten*. Sie zu verstehen bedeutet, alle Erscheinungen und Manifestationen des Guten transparent werden zu lassen auf einen Einheitsgesichtspunkt, der sich in ihnen manifestiert und darstellt. Und so sagt Sokrates, es sei wichtig und richtig …

> *… dass man die Bildwerke am Himmel, sofern sie im Bereich des Sichtbaren gewirkt sind, wohl für das Schönste und Vollkommenste seiner Art halte, dass es dabei aber doch weit hinter dem Wahren zurück bleibe, […] welches allein in einer geistigen Ordnung durch die Vernunft zu fassen ist, mit den Augen aber keineswegs.*[79]

Bevor Platon bei der Entfaltung seiner *Paideía* nun die entscheidende letzte Ebene der geistigen Durchdringung der erscheinenden Harmonie auf die in ihr manifeste *Idee des Guten* darstellt, lässt er seinen Sokrates kurz innehalten, um daran zu erinnern, dass Harmonie und Schönheit nicht allein durch die Augen den Sinnen zugänglich sind, sondern ebenso durch die Ohren. Deswegen wird der Astronomie die musikalische Harmonielehre an die Seite gestellt, mit der zu befassen nicht minder das rechte Propädeutikum für die tiefste philosophische Einsicht sei: »Es scheinen ja wie für die Astronomie die Augen, so für die harmonische Bewegung die Ohren gemacht und diese zwei verschwisterte Wissenschaften zu sein.«[80]

So weit wird durch die Wissenschaften der Sinn für das Gute geschärft; so weit wird die *Empfänglichkeit* für das Gute geschult. Und weil das Gute immer das Gute der Lebendigkeit – also Harmonie – ist, deswegen ist die Ausbildung des *Sinns für Harmonie* entscheidend für unseren Weg zur Glückseligkeit. Deswegen haben wir uns dem platonischen Bildungsprogramm für Philosophen und philosophisch geschulte Politiker zugewandt: weil es im Zuge seiner Ausbildung des Sinns für das Gute bei der Harmonisierung von Körper und Geist ansetzt. Musik und Gymnastik einerseits, Mathematik, Geometrie, Stereometrie sowie Astronomie und Harmonik andererseits machen das Gute des Lebens – die Harmonie – erfahrbar und steigern unsere Empfänglichkeit dafür. Sie schärfen unseren Sinn für Harmonie und befördern in eins damit ihre *Einverleibung*. So macht die *Paidagogik* mit dem Guten vertraut, und je weiter sie voranschreitet, desto reifer ist der Mensch dann auch für die Einsicht in das gemeinsame Wesen alles Guten, das sich in der Mannigfaltigkeit seiner Erscheinungsformen je nur auf unterschiedliche Weise ausprägt. In der Bewusstwerdung der *Idee des Guten* kommt die platonische *Paideía* auf ihren Gipfel – ein Prozess, den Platon in seinem berühmten *Höhlengleichnis*[81] als eine Befreiung von der Fixierung auf die Darstellung durch Bewusstwerdung des Dargestellten deutet und an dessen Ende die Einsicht in dasjenige steht, was allem Bewusstwerden, Verstehen und Wahrnehmen allererst zugrunde liegt:

> *[...]dass dem Erkennbaren nicht nur das Erkanntwerden von dem Guten komme, sondern auch das Sein und Wesen von ihm habe, da doch das Gute selbst nicht ein Seiendes, sondern jenseits des Seienden ist und dieses an Würde und Kraft überragt.*[82]

So kommt mit der Einsicht in das Gute das Leben gleichsam zu sich selbst: Es wird seiner selbst durchsichtig auf das hin, was es wesentlich ist und woran es Maß nehmen muss, wenn es denn ein gelingendes – glückseliges – Leben sein soll. Die *Idee des Guten* ist die letzte Antwort auf das apollinische »Erkenne dich selbst«: Zu verstehen, was das Gute ist, ist dasselbe wie zu verstehen, was das Leben ist und worin das Leben gründet – das Leben des Menschen, des Gemeinwesens, des Universums. Das Leben gründet darin, dass es auf Harmonie angelegt ist – darin, dass es gut und sinnvoll ist und seine Gutheit und Sinnhaftigkeit nicht nur als Harmonie zum Ausdruck bringen, sondern auch als Glückseligkeit an sich selbst erfahren kann. *Glückseligkeit ist die Erfahrungsweise des Guten*, wenn sie denn die Resonanz ist, in der die Seele schwingt, sobald sie sich in ihre stimmige Harmonie eingeschwungen hat.

Mit der Einsicht in die *Idee des Guten* führt die platonische *Paideía* zu einer in sich selbst und in ihrer Glückseligkeit durchsichtigen Lebendigkeit, die aufgrund ihrer harmonischen Stimmigkeit als sinnvoll erlebt wird. Vielleicht ist diese letzte Bewusstwerdung des Wesens der Glückseligkeit nicht unbedingt erforderlich dafür, das Glück im eigenen Leben zu erfahren – je ausgebildeter und bewusster aber unser Sinn für das Glück ist, desto nachhaltiger und tiefer dürfte es sein – und desto mehr wird es uns gelingen, uns und unsere Lebensverhältnisse so zu gestalten und zu ordnen, dass auch sie zu glückseligen Manifestationen des Guten werden. Nicht umsonst entwickelt Platon seine *Paideía* im Rahmen seiner politischen Philosophie, genauer: als Curriculum für diejenigen, in deren Hände man idealerweise die Geschicke des Gemeinwesens legen sollte. Nun ist klar, warum: Nur wer sich seines eigenen Lebens so bewusst geworden ist, dass er mit Leib und Seele erfahren hat, worin das Gute des Lebens liegt – nur wer zum Philosophen oder zur Philosophin geworden ist, wird in der Lage sein, das eigene und das gemeinschaftliche Leben erfolgreich zu harmonisieren.

Diese politische Komponente der platonischen *Paideía* sollte man nicht ausblenden. Denn es ist für Platon eine ausgemachte Sache, dass unsere Glückseligkeit nicht allein in dem harmonischen Einklang der mannigfaltigen Aspekte unseres individuellen Seelen-Systems liegt, sondern ebenso darin, dass das soziale System, in das ein jedes Individuum eingebunden ist, wohl ausbalanciert und proportioniert ist. So gesehen spielen in der platonischen *Paideía* drei Elemente (harmonisch) ineinander: zum Ersten die Freisetzung einer *Empfänglichkeit* für Harmonie, zum Zweiten deren *Einverleibung*, zum Dritten deren *aktive Gestaltung* im Hinblick auf sich selbst und die Gemeinschaft. Alle drei Aspekte werden uns wieder begegnen, wenn wir uns in den folgenden Abschnitten mit den anderen klassischen Wegen der Glückssuche befassen – allerdings mit verteilten Gewichten: Die Komponente der Empfänglichkeit wird bei der Mystik im Vordergrund stehen, die Komponente der aktiven Gestaltung bei der Lebenskunst; und bei der Ästhetik geht es um eine gute Balance beider. Die Einverleibung von Harmonie und Schärfung des Sinns für sie sind dagegen die zentralen Signaturen der platonischen *Paideía* – und sie wollen wir in unser Schatzkästlein legen, aus dem wir zuletzt die Bausteine für ein umfassendes Konzept des Glücklich-Werdens zusammensetzen wollen.

Nun hatten wir aber bereits angedeutet, dass die platonische *Paideía* am Ende nicht hinreichen wird, wenn es uns darum geht, glückselig zu werden. Bei näherem Hinsehen fehlt ihr nämlich ein wichtiger Faktor: Ihr fehlt ein Motivator. Das ist ja das Schicksal so vieler Pädagogen, dass sie bei aller Finesse ihrer Didaktiken und Programme irgendwelche Strategien entwickeln müssen, die es denen, auf die sie Anwendung finden sollen, leicht macht, sich ihnen anzuvertrauen. Etwas weniger verklausuliert ausgedrückt: Ein Weg zur Glückseligkeit muss so angelegt sein, dass man ihn gerne geht – dass man ihn bejahen und gutheißen kann. Vom Weg der platonischen *Paideía* kann man das nun gerade nicht behaupten, erzählt doch das *Höhlengleichnis* davon, dass die Hinwendung des Menschen zum Guten nur unter vielen Schmerzen und Mühen stattfinden kann[83]. Damit macht Platon auf ein Problem aufmerksam, das der *Paidagogik* wesentlich anhaftet: Sie kommt immer von außen.

Damit sind wir unversehens bei der vielleicht steilsten Klippe angelangt, die wir bei unserer Suche nach einem geeigneten Weg zur Glückseligkeit umschiffen müssen – die Klippe, die da lautet: Der Weg ist das Ziel. Nur wenn man schon den Weg zum Glück bejahen kann, hat er eine Chance darauf, das Ziel zu sein. Denn nur wo der Weg eine Chance darauf hat, zum Ziel zu werden, werden wir ihn gerne gehen – und immer wieder gehen. Kurz: Die Lebensweise, die wir ausbilden, um glücklich zu werden, muss so beschaffen sein, dass wir in ihr glücklich *sind* oder doch wenigstens einen Vorgeschmack auf die Glückseligkeit erhalten. Und dafür muss sie bejahbar sein: so, dass wir sie *gut*heißen können – mehr noch: so, dass wir sie unwiderstehlich finden – nicht nur an einem Tag, sondern ein ganzes Leben.

b) Humboldts Bildungsprogramm

Es ist genau dieser Aspekt der Außen-Gewirktheit, von dem sich die neuzeitliche Bildung unterscheiden sollte und wollte. Gewiss verfolgten auch die Bildungstheoretiker des 18. und 19. Jahrhunderts eine der griechischen *Paidagogik* ähnliche Strategie. Denkern wie Wilhelm von Humboldt (1767–1835), Friedrich Schiller (1759–1805) oder Friedrich Schleiermacher (1768–1834) ging es darum, den Menschen zur Reife und Blüte dessen zu geleiten, was er *wesentlich* ist, aber meistens verfehlt. Doch sie unterscheiden sich in genau dem Maße vom Konzept der alten Griechen, in dem sie als diese Startvoraussetzung und Zielvorgabe nicht so sehr die innere Stimmigkeit und Harmonie des Menschen mit sich, Gott und der Welt vor Augen hatten, sondern die *vernünftig gelebte Freiheit* des Individuums. Genau darin besteht das Spezifikum der neuzeitlichen Bildung gegenüber jeder antiken oder neuzeitlichen Pädagogik.

Bildung ist ein Wort, das es nur im Deutschen gibt. Das ist kein Zufall. Denn das, was sich hinter diesem Wort verbirgt, ist eine deutsche Erfindung – eine Erfindung, die mit der großen Blüte des deutschen Geistes zum Ende des 18. Jahrhunderts aufkam und mit dessen Verblassen im 20. Jahrhundert in Vergessenheit geriet. Was wir heute »Bildung« nennen, hat mit dem, was Humboldt und Schiller unter diesem Begriff verstanden, nicht mehr viel zu tun. Bildung im Sinne der zeitgenössischen Bildungspolitik ist Ausbildung und Wissensvermittlung. Im Verständnis unserer Bildungsklassiker jedoch sind gerade diese das Gegenteil von Bildung. Ausbildung ist das Aus der Bildung. Was also ist Bildung?

Bildung ist die deutsche Antwort auf die Aufklärung des 18. Jahrhunderts. Sie ist der Versuch, die Werte und Erkenntnisse der Aufklärungsphilosophie – Freiheit, Vernünftigkeit, Moralität – über deren als politische Katastrophe erlebte Aufgipfelung in der Französischen Revolution hinaus in eine bürgerliche Kultur zu retten. Dafür aber erschien es den deutschen Denkern vor dem Hintergrund der Geschehnisse in Paris erforderlich, die autonom gewordene Vernunft zu domestizieren – oder besser: so *zu bilden*, dass ihrer Freiheit Rechnung getragen und doch ihrer als bedrohlich erfahrenen Verselbstständigung Einhalt geboten wird.

Macht man sich klar, für welches Problem Bildung eine Lösung verspricht, dann sieht man leicht, inwiefern sie mit der platonischen *paideía* verwandt ist: Wie dieser geht es ihr um eine innere Harmonie der Seele – eine Harmonie, die jeder Einzelne auf individuelle, freie und vernünftige Weise herzustellen berufen ist. Jede und jeder ist aufgerufen, die dafür erforderliche Integrationskraft aufzubringen und darin seine *Individualität* unter Beweis zu stellen. Bildung in diesem Sinne ist das Vermögen, die Mannigfaltigkeit des eigenen Lebens in eine stimmige und dabei doch einmalige Einheit zu integrieren – um sich solcherart das eigene Leben in Freiheit anzueignen. So lesen wir bei Wilhelm von Humboldt:

> *Der wahre Zweck des Menschen [...] ist die höchste und proportionierlichste Bildung seiner Kräfte zu einem Ganzen. Zu dieser Bildung ist Freiheit die erste, und unerlässliche Bedingung. Allein außer der Freiheit erfordert die Entwicklung der menschlichen Kräfte noch etwas anderes, obgleich mit der Freiheit eng verbundenes: Mannigfaltigkeit der Situationen. Auch der freieste und unabhängigste Mensch, in einförmige Lagen versetzt, bildet sich minder aus.*[84]

Bildung, so macht Humboldt hier deutlich, ist das Geschehen der Selbstharmonisierung durch Integration einer Mannigfaltigkeit von – ja von was? Humboldt spricht sehr abstrakt von *Situationen*; und was diese Situationen sein können, macht er kurz darauf deutlich: zum einen die aus unserer Geschichtlichkeit erwachsene Vielfalt von Raum und Zeit, zum anderen die durch unsere Gesellschaftlichkeit erwachsene Vielfalt von Menschen, denen wir begegnen: »Durch Verbindungen, die aus dem Inneren der Wesen entspringen, muss einer den Reichtum des anderen sich zu eigen machen«[85] – eine Bildungsaufgabe, die vor allem im Miteinander und Gegenüber der Geschlechter zu erproben sei – ein Gedanke, in dem sich Humboldts Ahnung davon bemerkbar macht, dass die eigentlich treibende Kraft aller Harmonisierungsbemühungen die Liebe oder der Eros ist[86] –, die aber bei Lichte besehen auf alle Beziehungen anzuwenden ist:

> *Der bildende Nutzen solcher Verbindungen beruht immer auf dem Grade, in welchem sich die Selbständigkeit der Verbundenen zugleich mit der Innigkeit der Verbindung erhält. Denn wenn ohne diese Innigkeit der eine den andren nicht genug aufzufassen vermag; so ist die Selbständigkeit notwendig, um das Aufgefasste gleichsam in das eigene Wesen zu verwandeln.*[87]

Kein leichter Gedanke, den Humboldt hier vorträgt, aber ein zentraler. Bei genauem Hinsehen handelt es sich um eine präzise Beschreibung dessen, was in seinen Augen Harmonisierung durch Bildung bedeutet: Harmonie – die Verschränkung selbstständiger einzelner Elemente in einem durch Gleichgewicht verbindlichen Systemzusammenhang – stellt sich ein in der *Anverwandlung* der mannigfaltigen Situationen, Personen, Beziehungen unseres Lebens. Wesentlich – und glücklich – werden wir demnach dadurch, dass wir uns in Freiheit uns selbst, die Welt, die Geschichte individuell *anverwandeln* und auf diese Weise sowohl unserer Selbstständigkeit Rechnung tragen als auch uns in ein harmonisches und verbindliches Verhältnis zu uns selbst, zur Welt und zur Geschichte versetzen.

Damit ist aber noch nicht gesagt, wie Bildung geschieht: wie sich diese Anverwandlung ereignet. Sie ereignet sich – ein typischer Gedanke für das gesamte neuzeitliche Denken – im Spannungsverhältnis zwischen Sinnlichkeit und Geist beziehungsweise, wie Humboldt sagt, zwischen Idee und Gefühl. Uns erschließt sich die Mannigfaltigkeit der Aspekte und Situationen unseres Lebens in den *Sinnen* – ihre harmonisierende Anverwandlung jedoch erfolgt im *Geist*. In der Bildung werden beide vereint, hier treten »Empfänglichkeit« und »Selbsttätigkeit« in eine kraftvolle »Wechselwirkung«[88]. In ihr trägt der Mensch »gleichsam sich selbst in sie hinüber«, sodass die geistige »Form« in die sinnliche

»Materie« *verschmolzen* ist – oder, wie Humboldt sich ins Wort fällt, »um ohne Bild zu reden: je ideenreicher die Gefühle des Menschen, und je gefühlvoller seine Ideen, desto unerreichbarer ist seine Erhabenheit. Denn auf diesem ewigen Begatten der Form und der Materie, oder des Mannigfaltigen mit der Einheit beruht die Verschmelzung der beiden im Menschen vereinten Naturen, und auf dieser seine Größe«[89] – *und seine Glückseligkeit*, wie wir ergänzen dürfen.

Bildung, so viel lässt sich zusammenfassen, führt zur Harmonisierung des Menschen – sowohl seiner Lebensaspekte als auch seiner selbst mit seiner Umgebung. Sie ist das kreative Geschäft der verbindlichen Aneignung des anderen durch Anverwandlung, bei dem doch die eigene Selbstständigkeit und Individualität gewahrt bleiben. Dies aber – und das ist ein zentraler Gedanke der humboldtschen Bildungstheorie – kann nur gelingen, wenn dabei keine externen Zwecke verfolgt werden. Bildung ist zweckfrei und intentionslos – und genau deshalb ist sie ein aussichtsreicher Weg zum Glück, so denn Glück wesentlich durch das Erliegen des Willens ausgezeichnet ist. Bildung erfolgt um ihrer selbst willen[90]. Wenn es ihr überhaupt um etwas geht, dann darum, den Menschen *wesentlich* zu machen: ihn zur Blüte zu bringen, sein Leben zu verlebendigen.

Griechische *Paideía* und deutsche Bildung – zwei Wege zur Glückseligkeit? Zwei Wege gewiss: zwei Wege, die gemäß ihrer jeweiligen Interpretation der Natur des Menschen glaubhaft versprechen, uns lebendiger, wesentlicher, glücklicher zu machen. Auch zwei Wege, die dazu den Weg der Harmonisierung wählen: den Weg der Einverleibung und Bewusstwerdung der alles Leben allererst begründenden kosmischen Harmonie in der griechischen *paideía*, den Weg der Integration und Durchdringung von Empfänglichkeit und Tätigkeit, von Sinnlichkeit und Geist, von Individuum und Mitwelt in der Bildungstheorie Humboldts. Wo die griechische *Paidagogik* auf die Unterweisung durch Lehrer und Begleiter setzt, da vertraut die neuzeitliche Bildung auf die Selbstständigkeit des Sich-Bildenden. Gemeinsam ist ihnen die Annahme, dass sich dabei am Ende das Glück einstellen wird – dass es zumindest so weit in der Verfügungsgewalt des Menschen liegt. Von dem Aspekt der Unverfügbarkeit des Glücks – von *Fortuna* und *Tyché* – sind sie dabei gleich weit entfernt. Und so haben sie beide auch ihre wesentliche Schwäche darin, dass sie nicht befriedigend erklären können, was uns auf den Weg locken kann, der zu sein sie versprechen. Sie beide ahnen, dass es die überwältigende Kraft des Eros ist, der sich an der Schönheit der Harmonie entzündet, auf die unser Leben angelegt ist. Ausgeführt ist dieser Gedanke aber weder in dem bis hierhin skizzierten pädagogischen Programm Platons, noch in Humboldts Bildungstheorie. Wohl aber in derjenigen Schillers – die darin ihre Eigenständigkeit hat: als *Ästhetische Erziehung des Menschen*.

Ästhetik – Glück durch Schönheit?

Die Schönheit allein beglückt alle Welt, und jedes Wesen vergisst seiner Schranken, solang es ihren Zauber erfährt.[91]

Ohne uns schon mit all dem Tiefsinn vertraut gemacht zu haben, der diesen Worten zugrunde liegt, wird man doch auf den ersten Blick an Schillers Parole etwas Plausibles finden: Sehnen wir uns nicht alle nach Schönheit? Versuchen wir nicht alle, wo es gerade geht, uns das Leben schön zu machen – ob durch »Schöner Wohnen«, »Mein schöner Garten« oder die »Vogue Beauty«? Blühen nicht allenthalben Schönheitsfarmen, und verdienen sich nicht plastische Chirurgen durch »Schönheitsoperationen« eine goldene Nase? Jawoll, das alles ist so, und das alles lässt uns eine Vermutung anstellen: Wir alle sind, ob bewusst oder nicht, davon überzeugt, dass unser Glück irgendwie mit Schönheit zu tun hat. – Zurecht, so denn Schönheit, bei Lichte besehen, genau diejenige Harmonie zur Erscheinung bringt, in der zu schwingen uns glücklich macht. Ganz klar daher, dass eine Lebenskunst, der es um das Glück der Harmonie zu tun ist, die Schönheit in die Mitte ihres Denkens pflanzen muss: »Die Schönheit allein beglückt alle Welt« – diesen Satz werden wir nicht mehr aufgeben – auch dann nicht, wenn wir am Ende sehen werden, dass die Art und Weise, auf die wir uns zur Schönheit verhalten sollten, so wir denn unter ihrer Einwirkung selbst schön und glückselig zu werden wünschen, weniger die von Schiller propagierte Ästhetik ist als die von Platon gedachte Erotik.

Das hat in einem Aspekt der Ästhetik seinen Grund, den wir uns sogleich zu Bewusstsein bringen werden – auch wenn zum jetzigen Zeitpunkt noch nicht verständlich ist, warum es gerade dieser Aspekt ist, der uns am Ende zu einer vorsichtigen Reserviertheit gegenüber der Ästhetik veranlassen wird. Welcher Aspekt ist dies?

Wenden wir uns Schiller und seinen *Briefen über die Ästhetische Erziehung des Menschen* zu: Als Theoretiker der Bildung teilt Schiller mit der antiken *paideía* ebenso wie mit seinem Freund Humboldt die Überzeugung, dass alle Bildungsbemühung nur ein Ziel habe: nämlich den Menschen *wesentlich* Mensch sein zu lassen – seine Anlagen dahin gehend zu entwickeln, dass er wird, was er ist und doch seinem Potenzial nach sein kann. Für Schiller, den Zögling der Aufklärung, ist das Wesen des Menschen seine Freiheit. Ihr dient die Schönheit, und die Ästhetik ist genau deswegen der von ihm propagierte Weg zur Menschwerdung des Menschen, weil sie ihn zur Freiheit führt: »Es ist die Schönheit, durch welche man zu der Freiheit wandert.«[92]

Nun ist Schiller in dieser Betonung der Freiheit als wesentlicher Eigenschaft des Menschen nicht sehr originell. Im Gegenteil: Er steht inmitten eines großen geistesgeschichtlichen Stroms, der sich aus den Werken eines René Descartes durch die gesamte Aufklärungsphilosophie bis hin zu Schiller ergießt. Es ist dies der Strom des *anthropologischen Dualismus* – einer Interpretation des Menschen, die diesen in zwei einander ausschließende Dimensionen unterteilt: die Dimension des Geistes, der Ratio, des Intellekts, der Vernunft oder wie auch immer die Denker sie nannten, und die Dimension der Sinne, des Leibes, des Körpers, der Empfindungen und Gefühle. Descartes nannte diese Dimensionen *res cogitans* – die denkende Sache – und *res extensa* – die ausgedehnte Sache –, wobei er keinerlei Zweifel darüber aufkommen ließ (obgleich er sonst gerne zweifelte), dass es allein die geistig-intellektuelle Dimension des Menschen sei, in der sein Wesen, seine Würde, seine Wahrheit beruhe und durch die er in die Pflicht genommen sei, als »Herr und Meister« (*maître et possesseur*) die rein physisch-materielle Seite des Lebens zu beherrschen. Auch Immanuel Kant (1744-1804) steht als der eigentliche Vollender der Aufklärungsphilosophie noch unter diesem Vorzeichen. Kant differenzierte die Aspekte des *homo noumenon* und des *homo phaenomenon* – zwei Formeln, die der doppelten Zugehörigkeit des Menschen zur Dimension des Geistes und zur Dimension des Sinnlichen Rechnung tragen sollten[93]. Diese Dimensionen sind für Kant vor allem darin unterschieden, dass in ihnen unterschiedliche Gesetze herrschen: die messbaren und quantifizierbaren Naturgesetze im Reiche der sinnlichen Erscheinungen und die nur dem Denken erschließbaren Gesetze der Vernunft – allen voran das *moralische Sittengesetz* – im Reiche des Geistes. Wobei wichtig ist zu erinnern, dass die Gesetze der Vernunft bei aller zeitlosen Gültigkeit und Verbindlichkeit doch Gesetze der Freiheit sind – weil sie nämlich vernünftig eingesehen und vorbehaltlos bejaht werden können; wohingegen die Gesetze der Natur nur als gegebene Notwendigkeit zur Kenntnis genommen werden können. Aus diesem Grund ist das Reich des Geistes immer auch das Reich der Freiheit. Sofern der Mensch Geist (*homo noumenon*) ist, ist er frei, sofern der Mensch Leib ist (*homo phaenomenon*), ein Sklave der Naturgesetze. Ein Riss geht mitten durch das Sein des Menschen. So weit hat sich die Neuzeit von der integralen und systemischen Interpretation des Lebens durch Platon entfernt.

Schiller folgt Kant in diesem Menschenbild ohne Wenn und Aber. Es bildet das nie bezweifelte Fundament seiner *Ästhetischen Erziehung des Menschen*, versucht er doch gerade mit ihr, bedrohliche Fragen zu beantworten, die man an die kantische Philosophie heranzutragen kaum umhin kommt: Wie ist ein Leben möglich, in dem Geist und Gefühl, Sinn und Sinnlichkeit, Kopf und Herz nicht auseinanderfallen? Wie ist Freiheit möglich, wenn der Mensch doch immer auch ein Sinneswesen ist? Wie können die Reiche der Freiheit und der Notwendigkeit in ein harmonisches Verhältnis gefügt werden? Die Antwort, wir wissen es bereits, lautet: durch Schönheit. Sie zu befördern ist Sinn und Zweck der *Ästhetischen Erziehung des Menschen*. Und diese war, wie Schiller meinte, als Bildungsprogramm für das beginnende 19. Jahrhundert dringend geboten.

Schiller sah seine Zeit in doppelter Hinsicht gefährdet: zum einen durch eine sich selbst überschätzende Abkoppelung der Vernunft von ihren leiblich-sinnlichen Fundamenten, zum anderen durch eine sich selbst unterbietende Anbiederung der Vernunft an die Sinneswelt. Letzteres kritisierte er an einer sich nur noch aufs Messen, Wiegen und Nutzbarmachen beschränkenden empirisch-technischen Wissenschaft, Ersteres an dem übersteigerten Vernunftoptimismus der französischen Revolution. Insofern verstand er seine *Ästhetische Erziehung* nicht allein als Curriculum zur inneren Harmonisierung und Befreiung des Individuums, sondern auch als Programm zur inneren Stabilisierung eines Gemeinwesens – denn ein Staat, der allein an die Vernunft seiner Bürger appelliert, schien ihm genauso zum Scheitern verurteilt wie einer, der sich ganz den Zwängen und Notwendigkeiten des physischen Lebens unterwirft: Schillers *Ästhetische Erziehung* ist zugleich ein Programm der Lebenskunst und der Politik – ein Programm umfassender Harmonisierung.

Vielleicht ist es nicht unnütz, diesen politischen Aspekt von Schillers *Ästhetischer Erziehung* noch einen Augenblick zu vertiefen, wird doch an ihm erkennbar, inwiefern Schönheit in seinen Augen etwas mit dem harmonischen Zusammenspiel der beiden Naturen des Menschen zu tun hat: Sinn und Sinnlichkeit. Erinnern wir uns: Harmonie ist die stimmige Komposition einer Mannigfaltigkeit von einzelnen Aspekten in eine Ganzheit. Und nun sagt Schiller, die Vernunft fordere »immer Einheit«, »die Natur aber Mannigfaltigkeit, und von beiden Legislaturen wird der Mensch in Anspruch genommen«[94]. Einheit ist dabei eine Vernunft-Idee, ein Strukturelement unseres Verstandes, der nicht umhin kann, die Mannigfaltigkeit der uns gegebenen Erscheinungen unter Einheitsgesichtspunkten zu ordnen. Einheit der geistigen Form und Mannigfaltigkeit der sinnlich gegebenen Materie spielen somit immer zusammen – und es ist das Zeichen einer gesunden und harmonischen Verfassung des Menschen, wenn diese beiden Aspekte des Lebens in ihm so zusammenspielen, dass er Ganzheiten bilden und gewahren kann: in vernünftige Einheiten gefügte mannigfaltige Aspekte der Sinneswelt. Wo aber aufgrund eines Übergewichtes des Intellekts hier oder der Sinne da die harmonische Einheit beider gestört ist, büßen wir das innere Gleichgewicht ein – Geist und Sinne finden nicht mehr zusammen und der Gemeinsinn fällt der Selbstbezüglichkeit des Subjekts zum Opfer[95] – beides Symptome des Erschlaffens der harmonisierenden Energie der Schönheit, die Schiller durch die *Ästhetische Erziehung* zu neuem Leben erwecken will. Beides auch Symptome der Verselbstständigung eines unfreien Geistes, der sich darauf beschränkt, das Reich der Natur zu durchforsten, um es nutzbar zu machen, anstatt sich ins Reich des Geistes zu erheben, um dort zu sich zu kommen:

> *Jetzt aber herrscht das Bedürfnis und beugt die gesunkene Menschheit unter sein tyrannisches Joch. Der Nutzen ist das große Ideal der Zeit, dem alle Kräfte fronen und alle Talente huldigen sollen. Auf dieser groben Waage hat das geistige Verdienst der Kunst kein Gewicht, und, aller Aufmerksamkeit beraubt, verschwindet sie von dem lärmenden Markt des Jahrhunderts.*[96]

Schiller diagnostiziert seiner Zeit – und wenn wir ehrlich sind: auch unserer Zeit – eine dramatische Disharmonie des Lebens: eine Entfremdung von fundamentalen Aspekten unserer Lebendigkeit, eine Abtrennung von unserer leiblichen und sinnlichen Vitalität infolge einer Überbetonung des Intellekts. Am Ende führt dies zu einer umfassenden Partikularisierung – innerlich wie äußerlich. Der einzelne Mensch verliert seine Einbindung in größere Zusammenhänge, und er verliert das Gleichgewicht der in ihm wirksamen Energien. In eins verspielt er damit aber das Potenzial, in Freiheit und Glückseligkeit zu leben – er verliert das Potenzial, seinem menschlichen Wesen zu entsprechen.

> *Ewig nur an ein einzelnes Bruchstück des Ganzen gefesselt, bildet sich der Mensch selbst nur als Bruchstück aus, ewig nur das eintönige Geräusch des Rades, das er umtreibt, im Ohre, entwickelt er nie die Harmonie seines Wesens, und anstatt die Menschheit in seiner Natur auszuprägen, wird er bloß zu einem Abdruck seines Geschäfts, seiner Wissenschaft.*[97]

Darum sah Schiller sich bemüßigt, sein Konzept der *Ästhetischen Erziehung* zu entwickeln – ein Konzept, das Ernst macht mit der Diagnose der bedrohlichen Dominanz einer degenerierten Rationalität. Dieser gelte es ein Gegengift zu verabreichen: ein Gegengewicht, das die vernachlässigten Aspekte unseres Lebens stärkt und auf diese Weise einem inneren Gleichgewicht den Weg bereitet:

> *»Ausbildung des Empfindungsvermögens ist also das dringende Bedürfnis der Zeit«, da »der Weg zu dem Kopf durch das Herz muss geöffnet werden«.*[98]

Das ist eine Einsicht, die wir auch für die *erotische Lebenskunst* fruchtbar machen werden; weil sie zu dem führt, was Schiller als Therapie gegen die Disharmonien unseres Lebens empfiehlt: zur *schönen Kunst. Kunst*, weil es sich bei ihr um eine Fertigkeit handelt, vermöge derer wir uns harmonisieren können – *schöne* Kunst, weil es allein ihre Ausrichtung auf Schönheit ist, die dieser Harmonisierung den Weg ebnet: weil es die Schönheit ist, zu der wir uns *liebend* – erotisch – und vorbehaltlos bejahend verhalten können:

In der schamhaften Stille deines Gemüts erziehe die siegende Wahrheit [deines Wesens], stelle sie aus dir heraus in der Schönheit, dass nicht bloß der Gedanke ihr huldige, sondern auch der Sinn ihre Erscheinung liebend ergreife.[99]

Das ist die Pointe der *Ästhetischen Erziehung des Menschen*: die Harmonisierung von Sinn und Sinnlichkeit durch die Erfahrung und Hervorbringung von Schönheit – einer Schönheit, die unser Leben bejahenswert macht, angesichts derer unser Willen zurücktritt, unter deren Einfluss (für Schiller das Entscheidende) wir *frei* und darin glückselig sind.

Wie soll das gehen? – Erinnern wir uns: Der Mensch ist ein Bürger zweier Welten, des Reiches des Geistes und des Reiches der Sinne. Er ist ganz bei sich, wo er dieser doppelten Staatsbürgerschaft Rechnung trägt, wo er sie in sich zum harmonischen Ausgleich bringt und darin seine Freiheit findet. Und nun war die Frage: Wie macht man das? – Man macht das, indem man beide Aspekte des Menschseins aufeinander bezieht. Genauer: Indem man die beiden diesen Aspekten entsprechenden *Grundtriebe* des Menschen zueinander ins Verhältnis setzt: den *sinnlichen Trieb* und den *Formtrieb*. Schauen wir uns an, was damit gemeint ist.

Der *sinnliche* Trieb des Menschen gilt – ein Gedanke, den wir bereits von Humboldt kennen und den wir in Mystik und Erotik wiederfinden – seiner *Empfänglichkeit*. Er »geht aus von dem physischen Dasein des Menschen oder von seiner sinnlichen Natur« und legt es darauf an, alles Erscheinende »zur Materie zu machen«[100] – eine merkwürdige Formulierung. Gemeint ist, dass der sinnliche Trieb darauf geht, dem Geist (und seinem Formtrieb) Nahrung zu beschaffen: ihm eine Mannigfaltigkeit von Sinneseindrücken anzubieten, an der sich der Geist erproben kann. Das

Empfangene soll zur Frucht werden. Die Materie soll Gestalt annehmen.

Dies leistet der *Formtrieb*. Der Formtrieb geht aus von der »vernünftigen Natur« des Menschen »und ist bestrebt, ihn in Freiheit zu setzen, Harmonie in die Verschiedenheit seines Erscheinens zu bringen und bei allem Wechsel des Zustands seine Person zu behaupten«.[101] Das heißt: Der Formtrieb trägt Sorge dafür, dass der Mensch in dem kontinuierlichen Fluss der empfangenen Sinneseindrücke nicht untergeht. Er prägt diesen ebenso Einheitsgesichte auf, wie er dem Menschen Identität verleiht – und er fügt die Mannigfaltigkeit des Empfangenen in eine sinnvolle Harmonie. Vermöge des Formtriebes also setzt sich der Mensch ins Verhältnis zu seinen Empfindungen und Sinneseindrücken – und schafft sich damit die Voraussetzung, sich frei zu ihnen und zu sich selbst verhalten zu können. Und nicht nur das: Ebenso versetzt sich der Mensch erst vermöge seines Formtriebes in die Situation, sich bewusst – und in Freiheit – das anzueignen, dem er als rein empfangendes Wesen unterworfen und ausgeliefert wäre. Ebenso wie er, umgekehrt, sich nur vermöge des sinnlichen Triebes frei zu demjenigen verhalten kann, was er als Ideen und Gedanken wohl in seinem Geiste, nicht aber in seinen Sinnen findet.

Deswegen ist der Mensch erst wahrhaft Mensch, wo er Formtrieb und sinnlichen Trieb in ihrem Wechselspiel kultiviert. Letzteres zu befördern ist zentrale Aufgabe ästhetischer Bildung. Der Mensch, sagt Schiller, »soll alles Innere veräußern und alles Äußere formen«[102]. Nur so kann er sich ins Verhältnis zu sich und der Welt setzen. Nur im Zusammenspiel zwischen Formtrieb und sinnlichem Trieb kann er die Voraussetzung seiner Freiheit schaffen. Denn Freiheit ist genau dann gegeben, wenn dieses Zusammenspiel so ausbalanciert und harmonisiert ist, dass sich ein Gleichgewicht der Triebe einstellt: ein Gleichgewicht, bei dem weder der sinnliche Trieb den Formtrieb dominiert noch umgekehrt. Das sicherzustellen ist Aufgabe der ästhetischen Bildung: Balance zwischen Vernunft und Sinnlichkeit. Harmonie von Empfänglichkeit und Gestaltungskraft.

Fragen wir nun, wie dieses Ineinander durch Schiller genauer bestimmt wird. Er hat dafür einen Begriff – oder besser: Er führt neben den genannten Trieben einen dritten ein: den *Spieltrieb*. Er ist die eigentliche *ästhetische Kraft* des Lebens. Ihn auszubilden und auszuüben ist für Schiller der sicherste Weg zur Glückseligkeit. – Was also ist der Spieltrieb?

> *Der sinnliche Trieb will bestimmt werden, er will sein Objekt empfangen; der Formtrieb will selbst bestimmen, er will sein Objekt hervorbringen: der Spieltrieb wird also bestrebt sein, so zu empfangen, wie er selbst hervorgebracht hätte, und so hervorzubringen, wie der Sinn zu empfangen trachtet.*[103]

Der Spieltrieb bringt Formtrieb und sinnlichen Trieb in ein harmonisches Gleichgewicht. Und wo er dies tut, da schafft er *Schönheit. Schönheit ist gestaltete Sinnlichkeit und versinnlichte Gestalt.* Schönheit ist die wahrnehmbare Manifestation der Harmonie jener Grundtriebe, die sie – versöhnt durch den Spieltrieb – als »lebende Gestalt«[104] hervorbrachten:

> *Ein Marmorblock, obgleich er leblos ist und bleibt, kann darum nichtsdestoweniger lebende Gestalt durch den Architekt und Bildhauer werden; ein Mensch, wiewohl er lebt und Gestalt hat, ist darum noch lange keine lebende Gestalt. Dazu gehört, dass seine Gestalt Leben und sein Leben Gestalt sei. Solange wir über seine Gestalt bloß denken, ist sie leb-*

los, bloße Abstraktion; solange wir sein Leben bloß fühlen, ist es gestaltlos, bloße Impression. Nur indem seine Form in unserer Empfindung lebt und sein Leben in unserem Verstande sich formt, ist er lebende Gestalt, und dies wird überall der Fall sein, wo wir ihn als schön beurteilen.[105]

Damit ist Schiller auf dem Gipfel seiner Betrachtungen angelangt: Im Spieltrieb sind die beiden Naturen des Menschen ins Gleichgewicht gebracht. Sie wirken aufeinander und auseinander und erzeugen dabei Schönheit – Schönheit, in der sich die unmittelbar vitale Sinnlichkeit des Lebens mit der gestaltgebenden Kraft des Geistes zur harmonisch-lebenden Gestalt verbindet. Und wo das geschieht – darum war es Schiller von jeher zu tun –, ereignet sich Freiheit »in einer *glücklichen Mitte* zwischen dem [moralischen] Gesetz und dem [natürlichen] Bedürfnis«: einer Mitte, in der es »dem Zwange sowohl des einen als des anderen entzogen«[106] ist. Diese *glückliche Mitte* ist es, worin der Mensch seinem Wesen entspricht. Und da sie die schönste Frucht seines Spieltriebes ist, kann Schiller sich endlich zu der berühmten Bemerkung hinreißen lassen, der Mensch sei »nur da ganz Mensch, wo er spielt« – ein Satz, der das Zeug habe, »das ganze Gebäude der ästhetischen Kunst und der noch schwierigeren Lebenskunst [zu] tragen«[107].

Wo der Mensch spielt, da ist er Künstler – und so ist es nicht nur die ästhetische *Wahrnehmung* des Schönen, sondern auch die ästhetische *Gestaltung* des Schönen, worin der Spieltrieb sich behauptet und die *glückliche Mitte* des Lebens sich findet – als »Gleichgewicht der Realität und der Form«[108]. Gleich ob als gestaltete oder als erfahrene – in beiden Fällen wird uns die Schönheit glücklich machen. Sie wird uns glücklich machen, weil sie uns in einen Zustand versetzt, in dem wir zugleich »unwiderstehlich ergriffen und angezogen« und »in der Ferne gehalten« sind: einen »Zustand der höchsten Ruhe und der höchsten Bewegung«, worin »jene wunderbare Rührung« entsteht, »für welche der Verstand keinen Begriff und die Sprache keinen Namen hat«[109]. – Dem freilich müssen wir widersprechen. Sehr wohl hat die Sprache einen Namen dafür. Er heißt: *Eros*. Wir kommen darauf zurück ...

Tatsächlich: Mit dieser Bemerkung haben wir den Punkt erreicht, an dem die Ästhetik in die Erotik übergeht. Wo uns die Schönheit als erscheinende Harmonie des Lebens auf überwältigende, anziehende und doch zurückweisende Weise ergreift, da ist uns nicht mehr und nicht weniger widerfahren, als dass wir uns in sie *verliebt* haben. – Aber ach! Obwohl Schiller diesen Gedanken hier äußert und in lebendigen Farben die Erfahrung des Eros schildert, geht er ihr nicht weiter nach und anstatt von der Ästhetik in die Erotik zu wechseln, kehrt er sich zur Moral, um gegen die überwältigende erotische Erfahrung des Schönen die Freiheit stark zu machen, in die uns nach seiner Überzeugung die Schönheit versetzen soll.

Dass Freiheit eine Qualität ästhetischer Wahrnehmung ist, hatte schon Immanuel Kant in seiner *Kritik der Urteilskraft* behauptet, wo er die Erfahrung des Schönen als »freies Spiel der Erkenntnisvermögen« [110] beschreibt. Daran schließt Schiller an, wenn er mit Blick auf die beiden Grundtriebe im Menschen sagt, dass beide ihre Nötigung gerade durch ihr wechselseitiges Spiel verlieren, da doch die einander neutralisierende »Entgegensetzung zweier Notwendigkeiten der *Freiheit* den Ursprung gibt«[111]. Freiheit entsteht, wo der Spieltrieb den Menschen in eine »mittlere Stimmung« versetzt, »in welcher Sinnlichkeit und Vernunft *zugleich* tätig sind, deswegen aber ihre bestimmende Gewalt gegenseitig aufheben und durch eine Entgegensetzung eine Negation bewirken«[112]. Dieser Zustand des freien Spiels unserer gegensätzlichen Naturen ist ein Zustand der Freiheit – und zwar Freiheit *von* den Zwängen sowohl des Naturgesetzes als auch des Vernunftgesetzes. Um diesen Zustand der Freiheit ist es Schiller zu tun. Der Freiheit – nicht der inneren Harmonie und des Gleichgewichtes der lebendigen Triebe in uns – gilt die *Ästhetische Erziehung*. Und es dürfte dies auch der Grund dafür sein, dass Schiller sich nicht lange bei der uns überwältigenden Kraft der Schönheit aufhält (an der sich der Eros entzündet), stößt diese doch die *Freiheit* des ästhetischen Zustands vor den Kopf, um den es ihm vor allem zu tun ist.

Es ist also Schillers entschiedene Fokussierung auf die *Freiheit*, die uns am Ende dazu nötigt, der Ästhetik als einer Strategie des Glücklich-Werdens eine Absage zu erteilen. Wir konnten Schiller bis zu dem Punkte folgen, an dem er die harmonisierende Kraft der Schönheit in Wahrnehmung und Kunstschaffen feierte. Wir konnten ihm folgen darin, dass er die Schönheit als Energie beschreibt, die den Menschen in allen geistig-intellektuellen wie körperlich-sinnlichen Aspekten seines Lebens harmonisiert. Wir können ihm auch darin noch folgen, dass dieser ästhetische Zustand ein Zustand der Intentionslosigkeit ist, des Nichts-weiter-Wollens und der wunschlosen Glückseligkeit. Nicht mehr folgen können wir ihm aber darin, dass er am Ende nicht die Glückseligkeit des ästhetischen Zustands als das eigentliche Ziel des Menschseins versteht, sondern die Moralität.

Tatsächlich nehmen die *Briefe über die Ästhetische Erziehung* des Menschen zum Ende hin eine eigentümliche Wendung. Denn während in den ersten zwei Dritteln der Abhandlung der Eindruck erweckt wurde, die innere Harmonisierung der Lebensenergien sei der von Schillers Bildungsprogramm intendierte Zweck, so kommt zuletzt heraus, dass es im Dienste der Moral steht. Die *Ästhetische Erziehung* hat ihren Zweck nicht in sich, sondern darin, »den Menschen ästhetisch zu machen, weil nur aus dem ästhetischen, nicht aber aus dem physischen Zustand der moralische sich entwickeln kann«[113]. Die ästhetische Freiheit gerät mithin zu einem Durchgangsstadium zur Moral. Schiller sagt: »es gibt keinen anderen Weg, den sinnlichen Menschen vernünftig zu machen, als dass man denselben zuvor ästhetisch macht«.[114] Denn nicht als ästhetisches, nur als freies moralisches Wesen ist der Mensch ganz bei sich. Die innere Harmonie seiner Lebensenergien ist dafür ein Mittel zum Zweck.

Das hat nun aber eine fragwürdige Konsequenz: die Konsequenz nämlich, dass Schiller bei Lichte besehen demjenigen untreu wird, was uns an seiner ästhetischen Bildung auf den ersten Blick besonders gefallen hat: der Integration von Sinn und Sinnlichkeit, der Betonung der Gleichursprünglichkeit und Gleichnotwendigkeit von Intellekt und Empfindung, dem Gedanken einer den alten Dualismus spielerisch aufhebenden Versöhnung von geistigen und physischen Aspekten des Lebens. Konnte Schiller eingangs sagen, der »gebildete Mensch« mache »die Natur zu seinem Freund«[115], so heißt es am Ende, es gelte einen »Krieg gegen die Materie«[116] zu führen, um sie im moralischen Zustand zu beherrschen. Mit diesem Bild mischt sich ein negatives Moment in Schillers *Ästhetische Erziehung* – nicht, weil Krieg moralisch fragwürdig erscheint, sondern weil mit dieser Metapher eine Verneinung der sinnlich-materiellen Seite unseres Lebens erkennbar wird. Wie aber können wir glückselig sein, wenn wir nicht vorbehaltlos »Ja« zu uns sagen? Wie können wir ganz mit uns im Einklang sein, wenn wir einen Aspekt unseres Lebens ablehnen? – Durch seine Fokussierung auf die Moral bekommt Schillers ästhetische Glückseligkeit eine bedenkliche Schieflage.

Wir sollten ihm dies nicht zum Vorwurf machen, denn es geht ihm nicht um Glückseligkeit, sondern um Freiheit – nicht um Harmonie, sondern um Moral. Aber wir sollten dies klar im Auge haben, weil wir sonst Gefahr laufen, mit den kostbaren Hinweisen, die Schiller uns für unsere Bemühung um Glückseligkeit und Harmonie gibt, unter der Hand die ganzheitlich integrale Deutung der menschliche *psychē* durch Platon durch ein dualistisches Menschenbild zu ersetzen. Haben wir uns aber Schillers eigentliche Intention klargemacht, hindert uns nichts, seine *ästhetische Lebenskunst* mit ihrem Wissen um die harmonisierende Kraft der Schönheit in unsere *erotische Lebenskunst* zu integrieren.

Wenn wir dies tun, werden wir jedoch die Schönheit zum Selbstzweck erheben. In Wahrheit dient nicht die Schönheit der Moral, sondern die Moral der Schönheit, der Harmonie und der Glückseligkeit des Menschen. Wir werden uns daher dem Eros zuwenden, der sich in die Schönheit um ihrer selbst willen verliebt. Anders als der ästhetische *genießende* liefert sich der erotisch *liebende* Mensch dem Schönen ganz und gar aus, um von der Schönheit durchstimmt und harmonisiert zu werden. Er geht im Schönen auf und lässt sich von ihm gefangen nehmen und transformieren. Darin unterscheidet sich die Erotik von der Ästhetik. Denn die ästhetische Wahrnehmung dient dazu, dem freien Willen Raum und der Moralität eine Chance zu geben. Sie erzeugt Distanz und hält den ästhetisch Gestimmten dazu an, bei sich zu bleiben – und zu spielen. Dem erotisch Verliebten ist dies fremd. Er gibt sich dem Schönen hin, um dem Glück eine Chance zu geben.

Lebenskunst – Glück durch Selbstgestaltung?

Es ist das unstrittige Verdienst des zeitgenössischen Philosophen Wilhelm Schmid (*1953), die Lebenskunst überhaupt (wieder) philosophisch hoffähig gemacht zu haben – und zwar mit seiner schon erwähnten *Philosophie der Lebenskunst*. Welch Pionierarbeit Schmid mit diesem Buch leistete, wird etwa daran erkennbar, dass noch das gegenwärtig führende philosophische Lexikon, *Das Historische Wörterbuch der Philosophie*, keinen Artikel über Lebenskunst ausweist, während im Anschluss an Schmid eine ganze Reihe Veröffentlichungen zu diesem Thema erschienen: ein Indiz dafür, dass es irgendwie in der Luft des späten 20. Jahrhunderts lag: dass es dem Lebensgefühl und Selbstverständnis der Gegenwart entspricht. Was ist das für ein Selbstverständnis? Vernehmen wir dazu Wilhelm Schmid:

> *Wir allein sind – vor uns selbst – für dieses Leben verantwortlich, niemand sonst wird, schon gar nicht am ultimativen Punkt, diese Verantwortung übernehmen. Lebenskunst ist die Ernsthaftigkeit des Versuchs, aus diesem Grund sich das Leben beizeiten anzueignen und vielleicht sogar ein »schönes Leben« daraus zu machen.*[117]

Lebenskunst – wie Wilhelm Schmid sie versteht – ist motiviert durch die Erfahrung des Auf-sich-selbst-gestellt-Seins: eine Erfahrung, die, wie er sagt, »der Situation der Zeit geschuldet« ist:

> *Das Ende der Ideologien, das Ende der mit ihnen verbundenen Träume, sozialistischen wie kapitalistischen, das Ende der allzu optimistischen Utopien, die mit Wissenschaft und Technik in der Moderne [...] verbunden waren, wirft die Menschen in ungeahntem Maße auf sich selbst zurück. [...] Das Bemühen um eine Neubegründung der Lebenskunst ist der Versuch zu einer Antwort darauf.*[118]

Nun ist dieser Versuch nicht neu. Schon immer gab es in Zeiten des Umbruchs und der Krise, der metaphysischen

Obdachlosigkeit und spirituellen Neuorientierung Ansätze zu einer *ars vivendi*. Ob nun Seneca oder Epikur, Montaigne oder Foucault – die Liste der Vorläufer Schmids ist lang. Besondere Bedeutung dürfte aber doch einem von ihnen zukommen, nämlich Friedrich Nietzsche. Denn er war es, der mit seinem »Gott ist tot«[119] wie kein anderer Ernst gemacht hat mit jenem neuzeitlichen Untergang aller verbindlichen und absoluten Maßstäbe, nach denen sich einst das Gute des Lebens bemessen ließ. Er war es, der das klägliche Surrogat des *kleinen Glücks* der Wunschbefriedigung verhöhnte, das sich vorwitzig an die Stelle des *großen Glücks* der Alten drängte. Und es war er, der das Gelingen des Lebens an die künstlerische Gestaltungskraft jedes und jeder Einzelnen delegierte: »Wir aber wollen die Dichter unseres Lebens sein, und im Kleinsten und Alltäglichsten zuerst.«[120] Dazu, so Nietzsche weiter, bedürfe es einer *plastischen Kraft* – einer Kraft, »aus sich heraus zu wachsen, Vergangenes und Fremdes umzubilden und einzuverleiben, Wunden auszuheilen, Verlorenes zu ersetzen, zerbrochene Formen aus sich nachzuformen«[121].

a) Nietzsches Willen zur Macht

Diese plastische Kraft hatte Nietzsche in seiner Abhandlung über *Die Geburt der Tragödie aus dem Geiste der Musik* (1872)[122] als das *Apollinische* kenntlich gemacht – eine Energie der Gestaltgebung, die sich, ganz wie Schillers *Formtrieb*, an der Unmittelbarkeit des Lebens zu erproben und zu behaupten habe. Das unmittelbare Leben selbst dagegen artikuliere sich in einem gegenläufigen Ausdruckstrieb, den er das *Dionysische* nannte. *Apollinisches* und *Dionysisches*, so Nietzsche, stehen in einem fortwährenden Spannungsverhältnis: in einem ständigen Auf und Ab von Gestaltgebung und

Auflösung, von Bestimmtheit und Verfließen. Dieses ständige Auf und Ab von Stirb und Werde aber sei die eigentliche Tragik des Lebens, und die griechische Tragödie habe als deren künstlerische Manifestation das Glanzstück vollbracht, diese Tragik *bejahenswert* erscheinen zu lassen. So wird sie zum Musterbeispiel dafür, wie die Kunst »metaphysischen Trost«[123] zu spenden vermag, indem sie »als aesthetisches Phänomen [...] das Dasein und die Welt ewig gerechtfertigt«[124] sein lässt. Kurz: Weil das Leben ein ewiger Antagonismus von Sein und Werden, Fixieren und Loslassen, Apollinischem und Dionysischem ist und weil genau dieser Antagonismus sich in der Kunst manifestiert, *deswegen* sind wir Menschen gut beraten, uns zu uns selbst ästhetisch zu verhalten – als Kunstwerke, die fortwährend neu geschaffen werden müssen. Denn nur, wo wir als Künstler oder Dichter unserer selbst auftreten, versetzen wir uns in die Lage, der Tragik des Lebens Herr zu werden, sie zu verklären und darin *bejahenswert* zu machen.

Bleiben wir noch einen Augenblick bei Nietzsche: Dass das Leben bejaht werden kann – und zwar gerade in seiner tragischen Widersprüchlichkeit –, ist ihm die notwendige Voraussetzung alles echten Glücks. Und so ist es eines der zentralen Motive seines *Zarathustra,* einem »heiligen Ja-sagen«[125] den Weg zu bereiten. Zarathustra versteht sich als »Segnender und Ja-Sager«[126], der, wie wir sahen, sein Glück in einem *großen Ja* findet: »Die Welt ist vollkommen.«[127] In diesem *großen Ja* kommt der Wille zu sich selbst und erlischt darin. *Dass* wir aber zu uns »Ja« sagen können, ist nicht selbstverständlich. Es verdankt sich nicht dem Leben als solchem, sondern *der Dichtung* des Lebens, der künstlerischen *Aneignung* unseres Lebens: dem Umstand, dass wir uns ästhetisch zu uns selbst verhalten können. Das »heilige Ja-sagen« ist Ziel und Ergebnis einer Lebenskunst, die das Leben so gestaltet, dass es bejahenswert ist.

Und wie erreichen wir das? Wie machen wir unser Leben bejahenswert? Nietzsches Antwort ist eindeutig: Indem wir ihm unseren Willen aufzwingen – unseren Willen, der ein *Wille zur Macht* ist. – Und was ist der *Wille zur Macht*? – Der *Wille zur Macht* ist der Wille, mit dem das Leben sich selber will: der Wille des Lebens, sich selbst bejahen zu können. »Leben selbst ist Wille zur Macht«[128], und als solcher ist er immer schon wirksam: »Wo ich Lebendiges fand, da fand ich den Willen zur Macht.«[129] Umgekehrt kann man sagen: Wo kein Wille zur Macht, da auch kein Leben – womit die Situation jener von Nietzsche so verspotteten blutarmen *Letzten Menschen* benannt ist, die sich kein Ziel mehr zu stecken wissen. Und selbst da, wo noch Leben ist, sind die Menschen sich meist im Unklaren darüber, dass ein *Wille zur Macht* sie in allem leitet:

> *Alles Seiende [...] soll sich euch fügen und biegen! So will's euer Wille. Glatt soll es werden und dem Geiste unterthan, als sein Spiegel und Widerbild. Das ist euer ganzer Wille, ihr Weisesten, als ein Wille zur Macht; und auch wenn ihr vom Guten und Bösen redet und von den Werthschätzungen. Schaffen wollt ihr noch die Welt, vor der ihr knien könnt: so ist eure letzte Hoffnung und Trunkenheit.*[130]

Wertschätzungen, Urteile, Interpretationen – egal, wie wir uns zur Wirklichkeit verhalten, immer ist es der *Wille zur Macht*, der uns antreibt. So wir nicht unsere Lebendigkeit eingebüßt haben, treibt er dazu an, uns das unmittelbare Leben verfügbar zu machen, es in unsere Gewalt zu bringen, es uns anzueignen. Je mehr wir Künstler sind, desto mehr gelingt uns dies. Deswegen fordert Zarathustra unermüdlich eine *Selbstüberwindung* des Menschen[131]: eine Bewusstwerdung, kraft derer der Mensch sich zum Dichter seiner selbst erhebt und es wagt, den *Willen zur Macht* bewusst zu leben, ohne dabei vor etwas zurückzuschrecken: »Wer ein Schöpfer sein muss im Guten und Bösen: wahrlich, der muss ein Vernichter erst sein und Werthe zerbrechen.«[132] So lange muss er sich selbst erschaffen, »bis der schaffende Wille dazu sagt: ›aber so will ich es! So werde ich's wollen!‹«[133]

Lebenskunst mit Nietzsche ist folglich das Bemühen um ein *großes Ja* – zu sich und zur Welt. Sie ist das Bemühen, sich das Leben so anzueignen, dass wir ihm vorbehaltlos zustimmen können – auch wenn wir dabei Werte vernichten und uns die Welt nach unserem Bilde zurechtbiegen müssen. Denn es gibt keinen absoluten Maßstab für die Bejahbarkeit, außer dem, den das Leben selbst sich gibt. Alles, wozu Nietzsche uns anhält, ist daher *Wahrhaftigkeit*: Wahrhaftigkeit im Umgang mit dem eigenen Leben. Und eben diese Wahrhaftigkeit ist erreicht, wo wir das Leben als das nehmen, *was es ist*: Wille, sich zu behaupten – Wille, sich zu bejahen: *Gestalte dein Leben so, dass es bejahenswert ist.*

b) Schmids Aneignung des Lebens

So lautet der »existenzielle Imperativ der Lebenskunst«[134] – nicht nur bei Nietzsche, auch bei Wilhelm Schmid. Mit ihm gibt Schmid sich als Nietzsches Nachfahr zu erkennen. So teilt er mit ihm die Auffassung, dass unser Leben in dem Maße wahrhaftig und echt ist, in dem uns eine »Aneignung des Lebens« gelingt, kraft derer wir »aus einem abstrakt erscheinenden Leben ein eigenes Leben werden […] lassen«[135] – auch wenn er dabei darauf verzichtet, dies noch einmal in einer Art Metaphysik des Lebens zu begründen, wie Nietzsche es mit seinem *Willen zur Macht* tat. Schmids philosophische Lebenskunst bedarf derartiger Überbauten nicht mehr. Für ihn gilt:

Lebenskunst ist das, was übrig geblieben ist nach dem Ende der großen Entwürfe zur Beglückung der Menschheit: Die Rückkehr zum Selbst, zum einzelnen Individuum, das neu damit beginnt, sich selbst zu gestalten, das Leben zu gestalten und nicht die alten Illusionen zu hegen.[136]

Wie aber macht man das? Wie sieht diese nüchterne Lebenskunst aus? Sie ist vielseitig, so vielseitig wie das Leben selbst. Und so setzt sie sich aus einer Reihe unterschiedlicher Module zusammen: aus Techniken des Umgangs mit der Zeit, Techniken des Umgangs mit Affekten, Techniken des Umgangs mit Widersprüchen, Techniken der Umkehrung. Auch integriert sie eine Reihe von Elementen aus anderen Lebenskunsttraditionen wie Gelassenheit, Fitness und Wellness. So verlockend es wäre, diese einzelnen Module genauer unter die Lupe zu nehmen, müssen wir doch dieser Versuchung widerstehen – weil es uns um das Große und Ganze gehen muss: um die Frage, ob diese Lebenskunst uns ein vielversprechender Weg zur Harmonisierung und also zur Glückseligkeit sein kann.

Achten wir dafür zunächst auf ihre Nähe zu Bekanntem – zur Ästhetik. Lebenskunst ist vor allem erst einmal eine *Kunst*, der es darum geht, dass »das Leben selbst zum Kunstwerk wird«. Das heißt:

Das Selbst strukturiert und gestaltet das Material, das das eigene Leben ist, überlässt diese Arbeit nicht mehr einem anonymen Sollen, sondern vollzieht sie gemäß einer eigenen Wahl, um dem Leben Stil und Form zu geben und eine Existenz des Maßes zu verwirklichen.[137]

Der Lebenskünstler ist das Maß – wenn nicht aller Dinge, so doch wenigstens seiner selbst. Er ist in seinem Wollen autonom, verfügt über *Selbstmächtigkeit* – Nietzsche hätte wohl von *plastischer Kraft* gesprochen, Schiller vom *Formtrieb*. Der Lebenskünstler verhält sich ästhetisch zum Dasein und praktiziert eine souveräne *Ästhetik der Existenz*, um »der eigenen Existenz das ‚Profil einer sichtbaren Schönheit' zu verleihen«[138] – wobei als *schön* dasjenige gilt, »was als bejahenswert erscheint«[139]. – Halten wir kurz inne: Bis hierher bewegte sich Schmid in den Bahnen von Schiller und Nietzsche. Auch diese redeten einer *Ästhetik der Existenz* das Wort: Schiller, indem er sie auf die Schönheit der Harmonie von Sinn und Sinnlichkeit verpflichtete, Nietzsche, indem er uns zur Wahrhaftigkeit eines unserer selbst gemäßen Lebens anhielt. Schiller forderte Schönheit im Sinne der Harmonie, Nietzsche Bejahbarkeit im Sinne des Gewollten. Wilhelm Schmid aber trennt die Schönheit von dem objektiven Maßstab der Harmonie und unterwirft sie ausschließlich dem subjektiven Maßstab der Bejahbarkeit:

> *Als bejahenswert erscheint etwas in einer individuellen Perspektive, die keine Allgemeingültigkeit beanspruchen kann […]. Die eigentliche Macht der Schönheit liegt dabei nicht in der Perfektionierung, oberflächlichen Glättung und Harmonisierung der Existenz, sondern in der Möglichkeit ihrer Bejahung.*[140]

Mit dieser Preisgabe jedes objektiven Kriteriums für die Schönheit des Lebens – ob nun die Harmonie der Lebensaspekte in der alten *paideía* oder die Balance der Grundtriebe in Schillers Ästhetik – verabschiedet sich die Lebenskunst Schmids freilich auch von einem allgemeingültigen Begriff des Glücks. Glück ist ihm nicht die Resonanz der Seele, die sich einstellt, wo ihre Aspekte in Harmonie schwingen –

Glück ist ihm nicht die Erfahrung der Sinnhaftigkeit des Lebens, sondern Glück ist ihm das Ergebnis der erfolgreichen Bemühung, »selbst das Leben zu deuten und zu interpretieren«[141]: »dem Leben Sinn zu geben – einen Sinn, der der Gesamtheit oder dem Einzelereignis des Lebens nicht etwa nur abzulesen ist, sondern hineingelegt werden muss, um herausgelesen werden zu können.«[142]

So wenig wie Schönheit objektiven Kriterien folgt, so wenig ist Sinn eine objektive Wirklichkeit, sondern lediglich das Produkt eigener Sinnstiftung. Radikaler noch als Nietzsche, der das Gelingen des Lebens an die Authentizität seines *Willens zur Macht* knüpfte, propagiert Schmid eine – wie die Philosophen sagen – *nachmetaphysische* Lebenskunst: eine Lebenskunst, die sich aller allgemeingültigen oder universalen Maßstäbe und Kriterien enthält und alles Wohl und Wehe des Lebens, alles Scheitern und alle Glückseligkeit in die Verantwortung jedes Einzelnen legt. Die Unverfügbarkeit des Glücks (*fortuna* oder *týchē*) ist damit ebenso passé wie seine Seligkeit (*beatitudo* oder *makariótēs*). Aber auch unsere Glückseligkeit liegt nicht mehr darin, in der Harmonie unseres Lebens dessen Sinn zu erfahren, denn der Sinn des Lebens muss von uns zuallererst »mithilfe von Deutung und Interpretation [...] konstituiert«[143] werden: als das Bejahenswerte.

»Gestalte dein Leben so, dass es bejahenswert ist« – immer wieder werden wir auf Schmids *existenziellen Imperativ* gestoßen. Nun aber wissen wir, was damit gemeint ist. Nun wissen wir, dass *bejahenswert* gleichbedeutend ist mit *sinnvoll* und *schön* – oder besser: dass es diese altehrwürdigen Begriffe *ersetzt*, und zwar so ersetzt, dass sie ihrer Anmutung objektiver Gültigkeit entledigt und übersetzt mit *bejahenswert* unter die Bestimmungsgewalt und in den Machtbereich des einzelnen Subjekts gebracht werden: Sinnhaftigkeit und Schönheit meines Lebens richten sich ausschließlich nach dem Maß meines Willens – danach, ob mein Leben meinem Willen entspricht und darin bejaht werden kann. Und nicht nur das: Zuletzt richten sich nicht nur Sinnhaftigkeit und Schönheit des Lebens nach meinem Willen, sondern auch seine *Liebenswürdigkeit*: »Ohne Bejahenswertes«, schreibt Schmid, »gibt es keine Erotik der Existenz.«[144]

Aber kann es eine *Erotik der Existenz* geben, wo diese Existenz sich gänzlich *ästhetisch* versteht: als Kunstwerk ihrer selbst, als Produkt ihres Wollens, als Ergebnis eigener Sinnstiftung? Kann man sich in etwas verlieben, das man selbst geschaffen hat? Sich von einer Schönheit bezaubern lassen, die allein deshalb bejahbar ist, weil sie dem eigenen Willen entspricht? Kann man sein Glück darin finden, einem Sinn zu entsprechen, den man sich selbst gegeben hat? – Diese Fragen sind nicht rhetorisch. Im Gegenteil: Sie fordern unser ernstestes Nachdenken. Denn sie berühren das Projekt der Lebenskunst (in Schmids Sinne) im Innersten. Wenn man sie verneint, bricht dieses Gebäude in sich zusammen. – Warum? – Weil mit ihrer Verneinung gesagt wäre, dass es eine *nicht metaphysische* Lebenskunst, die den Menschen zum Maß aller Dinge macht, nicht geben *kann*: dass jeder Versuch zum Scheitern verurteilt ist, unser Glück an unseren eigenen Willen, unsere Kunstfertigkeit, unsere ästhetische Gestaltungskraft zu binden. Und zwar deswegen, weil wir in Wahrheit nur das als sinnvoll, schön und liebenswert erleben, was wir nicht selbst gestiftet, entworfen, hervorgebracht haben: weil wir nur da unser Glück finden, wo wir einer Wirklichkeit entsprechen, die uns übersteigt und in sich das unverfügbare und göttliche Maß aller Dinge ist – als eine Glückseligkeit, in der *týchē* und *eudaimonía* und *makariótēs* gleichermaßen vorkommen, und die sich nicht darin erschöpft, einfach nur unserem Willen zu entsprechen.

Wir sind damit an einem Scheideweg angelangt: Wir können uns dafür entscheiden, die Geschichte der Strategien der Glückssuche bei Wilhelm Schmid enden zu lassen – eine Geschichte, die man als zunehmende Abkehr von einem normativen Maß – nicht aller Dinge, aber doch – des gelingenden Lebens und mithin des Glücks beschreiben könnte. Sie führt von der antiken Vorstellung der Glückseligkeit im Sinne einer objektiv-umfassenden Harmonie der Lebendigkeit in und um uns über die ästhetische Vorstellung einer Glückseligkeit im Sinne einer im Subjekt angelegten, aber dabei doch objektiv gültigen Balance der widerstrebenden sinnlichen und geistigen Natur des Menschen hin zu der Vorstellung einer Glückseligkeit im Sinne einer rein subjektiven Bejahung des eigenen Lebens. Sie ist mit anderen Worten eine Geschichte der *Subjektivierung* des Glücks, an dessen Ende es ganz in die Verfügungsgewalt und technische Machbarkeit des Menschen gelegt ist.

Aber werden wir glücklich durch das, was wir selbst geschaffen haben? Das ist die entscheidende Frage. – Ich denke, wir müssen sie verneinen. Und zwar aus einem einfachen Grund: Wenn wir es durch Lebenskunst-Techniken egal welcher Art zuwege gebracht haben, unser eigenes Leben so einzurichten, dass wir es als sinnvoll und schön bejahen können, schwingt doch in diesem »Ja« immer ein leises »Aber« mit: *Aber* es hätte auch anders sein können. Weil unser Bejahen relativ auf unseren Willen ist, ist es immer ein *relatives* Bejahen, das nie die unerschütterliche Gewissheit und innere Beruhigung findet, die demjenigen zuteil wird, der seine Glückseligkeit in einer *absoluten* Stimmigkeit findet. Eine solche absolute Stimmigkeit ist aber gemeint, wenn wir das Glück im Anschluss an Platon als Resonanz auf die umfassende Harmonie des Lebens verstehen. Harmonie gerät hier zum Maß aller Dinge. Das heißt: Nicht, weil wir sie bejahenswert finden, macht Harmonie uns glücklich, sondern weil wir in ihr uns selbst entsprechen. Nicht, weil wir sie bejahenswert finden, macht Schönheit uns glücklich, sondern weil uns in ihr genau die Harmonie erscheint, nach der wir uns immer schon sehnen. Nicht, weil wir sie bejahenswert finden, verlieben wir uns in die Schönheit, sondern weil durch sie uns das Leben zu sich selbst verführt.

Verlassen wir also Nietzsche, Schmid und ihre Lebenskunst – verlassen wir sie aber nicht, ohne sie gebührend gewürdigt zu haben. Denn so viel muss gesagt sein: Für alle diejenigen, die sich – weshalb auch immer – nicht darauf einlassen mögen, für das Gelingen ihres Lebens und das Zustandekommen ihres Glücks ein Maß anzuerkennen, das nicht von ihnen selbst herrührt, können wir keinen besseren Weg zum Glück empfehlen. Allein: Das Glück, das ihnen dabei blüht, scheint uns ein flaches Glück zu sein. Uns aber geht es um das *große Glück*. Wo finden wir es? Vielleicht da, wo es ausdrücklich um das absoluteste aller denkbaren Maße, um Gott, geht? Vielleicht in der Religion?

Mystik – Glück durch Einung?

Niemals steht ein Unfriede in dir auf, der nicht aus Eigenwillen kommt, ob man's nun merke oder nicht. [...] Darum fang zuerst bei dir selbst an und lass dich! Wahrhaftig, fliehst du nicht zuerst dich selbst, wohin du sonst fliehen magst, da wirst du Hindernis und Unfrieden finden, wo immer es auch sei. [...] Richte dein Augenmerk auf dich selbst, und wo du dich findest, da lass ab von dir; das ist das Allerbeste.[145]

Ein schärferer Kontrast zum schönen Leben des ästhetisch gesinnten und sich selbst mit Lust bejahenden Lebenskünstlers lässt sich kaum denken. Und ebenso lässt sich kaum eine prägnantere Formulierung für die Essenz der Mystik finden als sie in diesen Worten ausgesprochen ist, die Meister Eckhart (1260–1328) in den *Reden der Unterweisung* seinen Novizen und Mitbrüdern ins Stammbuch schreibt: »Lass ab von dir; das ist das Allerbeste« – denn: Selig sind die Armen im Geiste. Und ein armer Mensch, so heißt es an anderem Orte, ist nur der, »der nichts will und nichts begehrt«[146].

Wir befinden uns im Spätsommer des Mittelalters. Die scholastische Theologie eines Thomas von Aquin oder Albertus Magnus hat ihren Zenit überschritten. Ihre grandiosen Lehrgebäude beginnen zu verwaisen, während sich über ganz Europa auf rasante Weise neue spirituelle Bewegungen ausbreiten – teilweise in den einigermaßen geregelten Bahnen der neuen Ordensgründungen von Prämonstratensern, Franziskanern und Dominikanern, teilweise in eher anarchischen spirituellen Zirkeln wie denen der »Brüder vom freien Geiste«, der Begarden oder der Beginen – spirituell bewegter Frauen, die sich meist in kleinen Gemeinschaften zusammenschlossen, um sich einem der spirituellen und sozialen Praxis geweihten Leben zu widmen. In diese Zeit hinein wird im Jahre 1260 im thüringischen Hochheim bei Gotha Meister Eckhart geboren. Als Student in Paris und Köln kommt der junge Dominikanermönch mit den geistigen Kräften seiner Zeit in Kontakt: In Paris erlebt er die auf höchstem akademischen Niveau geführten Debatten der gelehrten *Professores* um den unter Häresieverdacht gefallenen Thomas von Aquin, in Köln wird er Zeuge der blutigen Verfolgung der spirituellen Neuerer: der Beginen und Spiritualen. Und dann kehrt er in den letzten Jahren des 13. Jahrhunderts in seine thüringische Heimat zurück, um als Vikar und Prior die Aufsicht über die Klöster seines Ordens zu übernehmen. Er tut dies als *Lese- und Lebemeister* – und ist in genau dieser Eigenschaft für uns von höchstem Interesse: Zwar ist er kein Lebens*künstler*, aber doch ein Lebe*meister* – einer, der in eine aufgewühlte Zeit hinein von der *Seligkeit* predigt, von der wahren Armut im Geiste, von der Gelassenheit – kurz: vom wahren Leben; oder wie Eckhart sagen würde: vom *wesenhaften* Leben. Und auf seine Weise – auf die Weise eines Menschen des 13. Jahrhunderts – entwickelt er dabei eine ganz eigene Lehre vom Glück. – Vom Glück? – Ja, vom Glück: vom menschlichen Glück, von der Glückseligkeit; und das, obwohl er fast nur von der *Seligkeit* spricht.

Genau das ist die eigentliche Besonderheit der Mystik, dass sie zwischen *Seligkeit* und *Glückseligkeit* keinen Unterschied macht. Oder besser: dass sie die von der christlichen Mainstream-Theologie und -Philosophie als jenseitige und postmortale Gottesschau gedachte *Seligkeit* – man denke an Augustinus – im Sinne einer *Einswerdung* mit Gott ins diesseitige Hier und Jetzt verlegt: sei es in der erotisch erlebten Vereinigung der unter den Beginen florierenden Frauenmystik, sei es in der (wie wir sehen werden) eher nüchternen Weise eines Durchbruchs ins göttliches Wesen bei Eckhart. Das *selige* Leben, das Jesus den Seinen in der Bergpredigt in Aussicht stellte, ist in der Erfahrung der Mystikerinnen und Mystiker kein anderes als das irdische Menschenleben. Darin wurden (und werden) sie der Kirche (sofern sie die Heilswerkzeuge zur Seligkeit allein zu verwalten beansprucht) gefährlich – und darin wurden (und werden) sie zu Exponenten, Lehrern und Übenden einer Lebensform, die man mit dem Theologen Dietmar Mieth – leicht anachronistisch, aber nicht unberechtigt – als eine besondere Gestalt der *Lebenskunst* deuten kann[147].

Und tatsächlich: Wenn Mystik eine Lebenskunst ist, dann findet man niemanden, der sich als Lehrer, Interpret und Praktiker dieser Lebenskunst mehr anböte als Meister Eckhart. – Warum? – Weil Eckhart sich einerseits als hochgebildeter *Lesemeister* das gesamte theologische Instrumentarium zur Interpretation und theologischen Ausarbeitung der Mystik einverleibt hatte; weil er es andererseits als *Lebemeister* bei seiner visitatorischen und seelsorgerlichen Arbeit täglich mit jenen spirituell bewegten Mystikerinnen zu tun hatte, die die Beginenhäuser bevölkerten oder aus diesen in die von ihm betreuten Frauenklöster umgesiedelt waren – weil er also deren mystische Erfahrung aus erster Hand kannte und ihm offenkundig daran gelegen war, sie für die offizielle Theologie und kirchliche Lehre anschlussfähig zu machen, um sie so vor den Scheiterhaufen der Inquisition zu bewahren; und weil er – davon darf man wohl ausgehen, obwohl er nie in seinen Schriften davon berichtet – selbst die Seligkeit eines mystischen Lebens geschmeckt hatte …

Eckhart ist also nicht nur Lehrer der *mystischen Lebenskunst* – er ist ihr Meister: ein klarsichtiger, wortgewaltiger Vermittler dessen, was er aus eigener Erfahrung kannte und was die Menschen seiner Umgebung bewegte. Er sprach – und das macht ihn lange vor Luther zu einem Reformator *avant le jour* – in der Sprache des Volkes, dem er in öffentlichen Predigten die Worte der Heiligen Schrift auslegte. Und er tat dies auf eine so unverblümte Weise, dass auch ihm – dem hoch angesehenen Lehrer der Universitäten von Paris und Köln – am Ende seines Lebens durch den Kölner Erzbischof Heinrich von Virneburg ein Inquisitionsprozess gemacht wurde, der am 27. März 1329 mit der Verurteilung 17 seiner Sätze als häretisch durch Papst Johannes XXII. endete – ein Ende, das Eckhart selbst jedoch nicht mehr erlebte.

Soweit du ausgehst aus allen Dingen, so weit, nicht weniger und nicht mehr, geht Gott ein mit all dem Seinen, dafern du in allen Dingen dich des Deinen völlig entäußerst.[148]

Denn: Wo der Mensch [...] aus seinem Ich herausgeht und sich des Seinen entschlägt, ebenda muss Gott notgedrungen hinwiederum eingehen.[149]

Diese Passage ist gut dazu angetan, uns ins Zentrum der mystischen Lebenskunst – im Sinne Eckharts – zu versetzen. Ihm geht es allem voran darum, den Menschen in einen Zustand zu versetzen, in dem das »Leben lebendig« wird. Lebendig wird das Leben in dem Maße, in dem es »wesentlich« ist, und wesentlich ist es da, wo es ganz und gar transparent und durchlässig wird für das, was es seinem Sein nach ist: Gott. Gott, das ist die besondere Pointe der Mystik Meister Eckharts, ist im Menschen jederzeit und dauernd anwesend. Fortwährend, in jedem Augenblick nimmt er »Menschennatur« an und »gebiert« sich – wie er sagt – restlos in der Seele des Menschen. Theologisch gesprochen: Das Ereignis der Inkarnation Gottes in der Gestalt Christi geschieht fortwährend in der Seele eines jeden Menschen. Jeder Mensch ist dem Wesen nach Christus, und es kommt nur darauf an, dass er *sich lässt*, um dem, was er wesentlich ist, Raum in sich zu geben. Es kommt darauf an, ganzer Mensch und ganzer Gott zu sein. Denn:

Gott begehrt so sehr danach, dass du deiner kreatürlichen Seinsweise nach aus dir selber ausgehest, als ob seine ganze Seligkeit daran läge. Nun denn, lieber Mensch, was schadet es dir, wenn du Gott vergönnst, dass Gott Gott in dir sei? Geh völlig aus dir selbst heraus um Gottes willen, so geht Gott völlig aus sich heraus um deinetwillen. Wenn diese beiden herausgehen, so ist das, was da bleibt, ein einfaltiges Eins.[150]

Diese Passage lässt ahnen, warum Eckhart sich genötigt sah, am Ende seiner Predigt über die Seligpreisungen seine mutmaßlich strapazierten Hörer mit dem Hinweis zu trösten:

> *Wer diese Rede nicht versteht, der bekümmere sein Herz nicht damit. Denn solange der Mensch dieser Wahrheit nicht gleicht, solange wird er diese Rede nicht verstehen. Denn es ist eine unverhüllte Wahrheit, die da gekommen ist aus dem Herzen Gottes unmittelbar.*[151]

Da müssen wir einmal tief Luft holen: »die unverhüllte Wahrheit«! Also sehen wir zu: Der zentrale Gedanke in Eckharts Theologie ist so einfach, wie er kompliziert ist: Gott ist alles Sein – er ist allumfassendes einfaltiges Sein, reine Indifferenz, Unterschiedslosigkeit, Non-Dualität. Gott ist Sein, in dem es nichts *gibt*. Denn etwas, das es gibt, kann nur sein, weil es von anderem unterschieden ist. Das aber liegt Gott fern. Weil es in Gott – der allumfassend ist – nichts gibt, gibt es auch Gott nicht. Philosophisch gesprochen: Gott ist zwar Sein, aber kein Seiendes. Was aber ist das für ein Gott, der nur Sein, aber kein Seiendes ist? Ein solcher Gott wäre kein umfassender Gott. Um einen umfassenden Gott zu denken, müssen wir vielmehr davon ausgehen, dass Gott nicht nur Sein ist, sondern dass er auch ein Seiender *wird*. Und tatsächlich: Eckhart lehrt, dass Gottes Sein ein *dauerndes Werden* ist. Dauernd, weil Gott, sofern er Sein ist, ewig wird – sofern er seiend wird, aber in jedem Augenblick aufs Neue wird. Und wie wird er? Er wird, indem er »menschliche Natur angenommen« hat und in jedem Augenblick annimmt[152]. Gott, das ewige Sein, entäußert sich gleichsam restlos und vollständig in die menschliche Natur – ein Ereignis, das die Grundstruktur des Menschseins und des Seins überhaupt ausmacht, das gleichwohl aber nur ein einziges Mal in völliger Transparenz ans Licht gekommen ist, nämlich in der Gestalt von Jesus Christus. Jesus, sagt Eckhart, war »ein Bote von Gott zu uns«, der »uns unsere Seligkeit zugetragen hat«. Und er fährt fort: »Die Seligkeit, die er uns zutrug, die war *unser.*«[153] – Warum? – Weil Seligkeit genau darin besteht zu realisieren, dass Gott und Mensch im Grunde *eins* sind: dass sie – wenn man das Gedankenexperiment wagt, Gott als reines Sein gleichsam vor der Selbstentfaltung seiner *Einfaltigkeit* in die *Mannigfaltigkeit* der gewordenen Schöpfung zu denken – *unterschiedslos* sind.

> *Da hatte ich noch keinen Gott, und da war ich Ursache meiner selbst. Ich wollte nichts, ich begehrte nichts, denn ich war ein lediges Sein und ein Erkenner meiner selbst im Genuss der Wahrheit.*«[154]

Kurz: Ich war Gott. Aber nun nicht Gott im Sinne eines Gegenübers, zu dem ich mich irgendwie verhalten könnte: »denn ehe die Kreaturen waren, war Gott (noch) nicht Gott.« Der Gott, zu dem ich mich verhalten könnte, entsteht erst mit seiner Entfaltung in die Schöpfung, denn erst mit ihr ist da ein Mensch, in dem Gott sich manifestiert und darin in die Lage versetzt, sich zu sich selbst verhalten zu können.

Das fordert einen Preis: den Preis der *Kreatürlichkeit*. Die Selbstentfaltung des einfaltigen Seins-Gott in den mannigfaltigen Werdens-Gott kann nicht vonstatten gehen, ohne dass er sich an oder in etwas manifestieren würde. So wie das Licht eine Projektionsfläche braucht (und sei es ein Staubpartikel), um *als* Licht zu erscheinen und wahrnehmbar zu sein, so braucht Gott das Kreatürliche, um im Werden zu sein[155]. Er geht restlos in die Schöpfung ein, aber die Schöpfung ist doch nicht restlos Gott. Gott ist das *wirksame* Licht, dem sich die Schöpfung verdankt – das aber, *woran* er erscheint, ist nicht Gott, sondern von Gott *Gewirktes,* ist *kreatürlich.* Darin liegt das Problem des Menschen. Deswegen brauchen wir eine mystische Lebenskunst und einen Lebemeister: einen, der uns dazu bringt, ganz unserem Sein zu entsprechen, ganz Gott zu sein und darin unsere Seligkeit zu finden, die – bei Lichte besehen – gleichzeitig Gottes Seligkeit ist: wahrer Mensch und wahrer Gott ...

Jetzt können wir besser verstehen, warum Eckhart sagen kann: Wo der Mensch sich seiner *kreatürlichen Seinsweise nach* verleugnet, da lässt er Gott Gott in sich sein. Eckhart geht es nicht darum, dass der Mensch seine kreatürliche Seinsweise eliminiert. Von Bußübungen, Askese und Geißeleien hält er wenig[156]. Es geht ihm vielmehr darum, ein gelassenes, freies und entspanntes Verhältnis zu unserer Kreatürlichkeit zu gewinnen: also zu den Bedürfnissen unseres Leibes, den Trieben, der Sinnlichkeit. Denn auch wenn das Kreatürliche am Ende bedeutungslos ist, weil es nicht mehr und nicht weniger ist als die Projektionsfläche, die Gott sich geben musste, um aus dem Sein ins Werden zu treten[157], so ist es doch die Wirkungsstätte, an der Gott seine Wirklichkeit ins Werk setzt.

Aber lassen wir das: Wir müssen Eckharts verwinkelte Theologie nicht bis zum Letzten begriffen haben, um seine Lebenskunst zu verstehen. Für uns ist nur Folgendes wichtig: Seligkeit ist für Eckhart der Zustand, in dem wir so sehr alles Kreatürliche los- und hinter uns gelassen haben, dass alle Unterschiedenheit von Mensch und Gott zurücktritt und ihre wesentliche Einheit, die immer war, ist und sein wird, in einem *ewigen Nun* durchscheint – um den Preis sowohl der Identität Gottes, den seine Seligkeit »alle seine göttlichen Namen und seine personhafte Eigenheit«[158] kostet, als auch der Identität des Menschen, der vollkommen »aus seinem Ich herausgeht und sich des Seinen entschlägt«[159]. Und da nun unser wesenhaftes Sein das Sein Gottes ist, sind Gottes Seligkeit und des Menschen Seligkeit eine und dieselbe. *Seligkeit*, so kann man mit Eckhart folgern, ist nur da, wo die ursprüngliche und sich in jedem Augenblick neu ereignende Einheit von Gott und Mensch realisiert wird.

Die *Seligkeit*, die Eckhart uns ans Herz legt, ist gleichsam der Geschmack und die Farbe des Eins-Seins, des Ununterschieden-Seins, des Gott-Seins – des Seins in Einheit und in Ewigkeit. Sie ist kein jenseitiger Zustand. Sie ist ein Zustand, der jedem Menschen im Hier und Jetzt offensteht. Insofern erhebt sie den Anspruch, sowohl die Qualität des wesentlichen Seins Gottes als auch die Qualität des wesentlichen Seins des Menschen zu sein, das heißt zugleich *Seligkeit* und *Glückseligkeit*. Und so leistet die dem Mystiker von Eckhart in Aussicht gestellte Seligkeit unserem Verständnis der Glückseligkeit als Resonanz auf den Zustand innerer Harmonie auf den ersten Blick Genüge: Die Vielfältigkeit und Mannigfaltigkeit der Lebensaspekte wird in eine stimmige Einheit gefügt:

> *So wie Gott keine Mannigfaltigkeit zu zerstreuen vermag, so auch kann diesen Menschen nichts zerstreuen noch vermannigfaltigen, denn er ist eins in jenem Einen, in dem alle Mannigfaltigkeit Eins und eine Nicht-Mannigfaltigkeit ist.*[160]

Bei Lichte besehen aber ist die innere Einheit, wie Eckhart sie denkt, gerade *keine* Harmonie. Sie ist nicht der *Einklang* der vielfältig unterschiedlichen und spannungsvoll sich zueinander verhaltenden Mannigfaltigkeit der Aspekte des Lebens. Nein, sie ist die völlige *Unterschiedslosigkeit*. Und entsprechend lautet Eckharts *mystischer Imperativ*:

> *Sei Eins, auf dass du Gott finden könntest! Und wahrlich, wärest du recht Eins, so bliebest du auch Eins im*

Unterschiedlichen, und das Unterschiedliche würde dir Eins und vermöchte dich nun ganz und gar nicht zu hindern.[161]

Nun ist die Einheit der unterschiedslosen Einfalt sicher stabiler als die Einheit der spannungsvollen Harmonie in sich gegensätzlicher Mannigfaltigkeit. Und entsprechend könnte man auf die Idee verfallen, dass Eckharts Seligkeit eine weit größere und grenzenlosere Wonne für uns bereithält als die platonische Glückseligkeit. Es mag sogar sein, dass der Preis, den wir für diese Seligkeit zu zahlen haben, nicht zu hoch gegriffen ist, kostet sie uns doch nicht mehr und nicht weniger als unsere Person und Identität. Aber es muss dessen ungeachtet doch die Frage erlaubt sein, ob sie in unserem irdischen Leben wirklich realisierbar ist. Nachdem wir Eckharts Modell der Seligkeit kennengelernt haben, ist es mithin an der Zeit, einen Blick auf seine Lebenskunst zu werfen und den *Lebemeister* mit der Frage zu konfrontieren, wie das denn gehen soll: *das Sein in seliger Unterschiedslosigkeit*.

Erinnern wir uns: Aller Seligkeit Anfang liegt darin, uns unserer Kreatürlichkeit zu entledigen: »Fang zuerst bei dir selbst an und lass dich!«[162] Aber was heißt das konkret? Wie lernt man die Kunst des Lassens? Wie geht mystische Lebenskunst? Fünf Schritte lassen sich bei Eckhart unterscheiden.

a) Aufgabe des Eigenwillens

Nichts macht einen wahren Menschen als das Aufgeben des Willens. Wahrhaftig, ohne Aufgabe des Willens in allen Dingen schaffen wir überhaupt nichts vor Gott.[163]

Aufgabe des Eigenwillens ist das zentrale Motiv zahlreicher Predigten und der *Reden der Unterweisung*. Immer wieder geht es darin um das »ledige Gemüt«, das sich »alles Eigenen« enthält, um sich ganz Gott hinzugeben. Der Eigenwille gilt dabei als die eigentliche und grundsätzliche Ursache jeglichen Unfriedens und Unglücks im Menschen[164]. Er bindet uns an das Kreatürliche, das doch in Wahrheit *nichts* ist, und hält uns davon ab, der Gottheit in uns Raum zu geben. Das bedeutet für Eckhart dann aber auch, dass sich das Loslassen des Eigenwillens proportional zum Zulassen des Willens Gottes verhält:

> *Darin, wo ich von meinem Ich lasse, da muss er für mich notwendig alles das wollen, was er für sich selbst will, nicht weniger noch mehr.*[165]

So gesehen bedeutet das Loslassen des Eigenwillens nicht ein grundsätzliches Nicht-Wollen. Für Eckhart will der selige Mensch durchaus, nur ist nicht *er* es, der will, sondern es ist *Gott* selbst, der in ihm und in völliger Unterschiedslosigkeit *mit* ihm will. Deswegen kann Eckhart auch behaupten: »Alles Gute liegt im guten Willen«[166] – im guten Willen, der der Wille Gottes ist. Bei Lichte besehen wird man freilich sagen müssen, dass die Rede vom *Willen Gottes* – sofern man Eckhart beim Wort nimmt – metaphorisch verstanden werden muss. Denn da Gott – im Sinne der zeitlos-ewigen Gottheit – ein »Gott der Gegenwart«[167] ist, ist es gänzlich undenkbar, ihm Intentionen zu unterstellen, die ihn gleichsam über sich hinaus bei einem erstrebten Ziel sein lassen würden. In Wahrheit ist Gott reines und intentionsloses Sein. Gott ist das Leben[168], und »wer das Leben fragte tausend Jahre lang: ‚Warum lebst du?' – könnte es antworten, es spräche nichts anderes als: »Ich lebe darum, *dass* ich lebe.'« Eckhart erläutert:

Das kommt daher, weil das Leben aus seinem eigenen Grunde lebt und aus seinem Eigenen quillt; darum lebt es ohne Warum eben darin, dass es für sich selbst lebt.[169]

In der Seligkeit, so kann man diesen Gedanken auf den Punkt bringen, will das Leben mit aller Energie sich selbst. Der mit ihr einkehrende Friede ist nicht der Friede von Spannungs- und Energielosigkeit, sondern ein in sich energievoller und lebendiger Zustand. Wir werden im folgenden Kapitel sehen, dass Seligkeit in Eckharts Sinne darin eine bemerkenswerte Nähe zur Glückseligkeit des Erotischen aufweist, sofern auch der Eros nichts anderes ist als Leben, das sich selber will.

b) Gelassenheit gegenüber dem Kreatürlichen

Wo die Kreatur endet, da beginnt Gott zu sein. Nun begehrt Gott nichts mehr von dir, als dass du aus dir selbst ausgehest deiner kreatürlichen Seinsweise nach und Gott Gott in dir sein lässt.[170]

Auch dieser Aspekt der eckhartschen Lebenskunst ist uns bereits geläufig. Ganz analog zu dem »Automatismus« der Korrespondenz zwischen Loslassen des Eigenwillens und Zulassen des »Willens« Gottes wird von Eckhart das Verhältnis des Menschen zu seiner Kreatürlichkeit gedacht: Je gelassener ich mich zu meinem Leib, meinen Trieben, meinen Sinnen verhalte, desto mehr lasse ich Gott in mir zu. Das, was an mir Nicht-Sein ist, fällt von mir ab, wohingegen das, was ich in Wahrheit bin, mich auszufüllen beginnt. Und genau darin besteht für Eckhart unsere Freiheit:

Solange der Wille unberührt steht von allen Kreaturen und von aller Geschaffenheit, ist der Wille frei.[171]

Nun geht es Eckhart nicht darum, die kreatürliche Komponente unseres Daseins zu eliminieren. Es geht ihm um ein gelassenes Verhältnis zu ihr, bei dem wir uns nicht darüber hinwegtäuschen, dass es mit unserer Kreatürlichkeit nichts ist. Gleichwohl lohnt es, an diesem Punkte aufzumerken. Denn so sehr Eckhart darum bemüht ist, die Seligkeit in der ununterschiedenen Einheit von Mensch und Gott zu verorten, so deutlich ist doch, dass diese Einheit erkauft wird um den Preis der Kreatürlichkeit – nicht nur unserer Identität, nicht nur unseres Eigenwillens, sondern auch unserer Leiblichkeit und Sinnlichkeit. Letztere werden zwar zugelassen, aber sie sind *nichts* – nichts, das für unsere Seligkeit von Belang wäre. An diesem Punkt unterbietet Eckharts Konzept von Seligkeit das umfassende, Leib und Seele integrierende Verständnis der Glückseligkeit als umfassende Harmonie. Die innere Einheit, die uns die Mystik (in Eckharts Sinne) verheißt, ist Seligkeit: Harmonie unter Ausschluss des *Kreatürlichen*. Wir sehen, dass eine erotische Lebenskunst an diesem entscheidenden Punkt über die Mystik hinausgeht – auch wenn sie ihr an vielen anderen Punkten verwandt ist.

c) Bildung als Ent-Bildung

Den wenigsten ist bekannt, dass Meister Eckhart der eigentliche Erfinder der Bildung ist. Fest steht jedenfalls, dass die Wortgeschichte des Wortes *Bildung* in Eckharts deutschsprachigem Werk ihren Anfang nimmt. Der Mensch, so heißt es bei ihm verschiedentlich, solle sich »in das Leben und Wirken Jesu Christi hineinbilden«[172] – er solle »von göttlicher Gegenwart durchdrungen und mit der Form seines geliebten Gottes durchformt und in ihm verwesentlicht sein«[173], das heißt: Er soll »hinüberverwandelt sein in ein göttliches Bild«[174]. Dies ist zwar ein anderes Bildungsverständnis als dasjenige der griechischen *Paideía* oder eines Wilhelm von Humboldt. Zwar geht es auch Eckhart darum, dass der Mensch durch Bildung wesentlich werde, aber als Vertreter mystischer Bildung heißt für ihn *wesentlich Mensch werden* nichts anderes als *Gott werden* – oder besser: die wesentliche Einheit von Gott und Mensch realisieren.

Deswegen hat Eckharts »Bildungsprogramm« die paradoxe Struktur, dass der Mensch zunächst »entbildet« wird, um dann durch Gott »überbildet« zu werden[175]. Und entsprechend besteht die Seligkeit darin, aller Bilder ledig zu werden – *ledig* im Sinne eines freien Verhältnisses zu ihnen:

> *Wäre ich von so umfassender Vernunft, dass alle Bilder, die sämtliche Menschen je aufnahmen und zudem die, die in Gott selbst sind, in meiner Vernunft stünden, doch so, dass ich so frei von Ich-Bindung an sie wäre, dass ich ihrer keines im Tun noch im Lassen, mit Vor noch mit Nach als mir zu eigen ergriffen hätte […], so wäre ich ohne Behinderung durch alle Bilder, ebenso gewiss, wie ich's war, da ich noch nicht war.*[176]

In diesen Worten klingt ein Motiv an, das Meister Eckhart mit vielen anderen mystischen Traditionen – vor allem auch denen des Ostens – verbindet: Mystik zielt auf einen Zustand der inneren Leere, der Bildlosigkeit, der Non-Dualität. Dies erfordert ein Loslassen aller rationalen, differenzierenden Intelligenz. Es nötigt zu spirituellen Praktiken wie Kontemplation oder Zen, denen es wesentlich darauf ankommt, die Operationen des Intellekts zu beruhigen, zu sammeln und in einer gedankenlosen Gegenwärtigkeit aufgehen zu lassen. Der selige Mensch ist »so ledig alles Wissens, dass er nicht wisse noch erkenne noch empfinde, dass Gott in ihm lebt.«[177] Und vor diesem Hintergrund sind dann auch die Worte des Meisters zu verstehen, in denen er Gott darum bittet, dass er ihn »Gottes quitt« mache[178].

Mit diesem dritten Aspekt der mystischen Lebenskunst sind wir zu dem Punkt vorgestoßen, der sie von den anderen bislang dargestellten Wegen zum Glück unterscheidet. Das Loslassen nicht nur aller Intentionen, sondern allen Wissens überhaupt ist eine Empfehlung, die weder die aristotelisch-augustinische Tradition der Seligkeit in der Gottesschau noch die paidagogisch-platonische Tradition der Ausrichtung am Harmonisch-Guten noch die der Ästhetik und Lebenskunst gemeinsame Bezogenheit auf das Schöne kennt. Völlige Gegenstandslosigkeit, Ununterschiedenheit und Intentionslosigkeit – unter diesen Stichworten lassen sich die bislang genannten drei Aspekte mystischer Lebenskunst zusammenfassen. Sie kulminieren in dem vierten Aspekt, der – wenn man so will – die Kardinaltugend der Mystik benennt.

d) Empfänglichkeit und Jungfräulichkeit

> *Dass der Mensch Jungfrau ist, das benimmt ihm gar nichts von allen den Werken, die er je tat; das alles aber lässt ihn magdlich frei dastehen ohne jede Behinderung an der obersten Wahrheit, so wie Jesus ledig und frei ist und magdlich in sich selbst. [...] Dass der Mensch Gott in sich empfängt, das ist gut, und in dieser Empfänglichkeit ist er Jungfrau.*[179]

Innere Leere bedeutet *Empfänglichkeit*; alles Wissens, aller Bilder, aller Kreatürlichkeit und alles Wollens ledig zu sein bedeutet *Jungfräulichkeit*. Empfänglichkeit und Jungfräulichkeit sind die wichtigsten Voraussetzungen für das Erlangen der Seligkeit. – Diese Worte werden die vielen Nonnen und Beginen, zu denen Eckhart predigte, besonders berührt haben – lieferte er doch mit ihnen eine ganz neue, spirituell anspruchsvolle Deutung ihres Keuschheitsgelübdes. Nicht die leibliche Enthaltsamkeit ist das Entscheidende, sondern das Nicht-Anhaften, die innere Offenheit und Durchlässigkeit für den wesenhaft anwesenden Gott: das Sich-Bereithalten für die Geburt Jesu Christi in der eigenen Seele. Diese Gottes-Geburt in der Seele – die Realisation ihrer wesenhaften Einheit mit Gott – verdankt sich, wenn wir Eckhart folgen, der jungfräulichen Empfänglichkeit der Seele.

Nun ist *Empfänglichkeit* ein durchaus missverständliches Wort, legt es doch die Assoziation nahe, da sei ein (männliches) Gegenüber der Jungfrau – ein Erzeuger, der in einem spirituellen Zeugungsakt mit ihr allererst der Gottes-Geburt den Weg bereite. Genau diese Vorstellung aber will Eckhart abwehren. Die Gottes-Geburt in der Seele ist eine wahrhaft jungfräuliche Geburt. Da ist kein Gegenüber. Denn wenn Gott der Seele immer schon wesentlich *einwohnt*, braucht er ihr nicht noch eigens *beizuwohnen*. Ob auch *diese* Vorstellung den spirituell entflammten Damen in Eckharts Zuhörerschaft gefallen hat, sei dahingestellt. Denn mit ihr grenzt er sich deutlich ab gegen die von den Beginen und Klosterschwestern leidenschaftlich zelebrierte Brautmystik, die sich im Anschluss an Bernhard von Clairvaux' Auslegungen des Hoheliedes mit wachsender Begeisterung als spirituelle Bräute Christi verstanden und es in mystischen Ekstasen auf die liebestrunkene Vereinigung mit ihm ankommen ließen. Hören wir doch hinein in den verschwiegen intimen Dialog, den eine Mechthild von Magdeburg mit Gott führt:

Nun geht die Allerliebste zu dem Allerschönsten in die verborgenen Kammern der unsichtbaren Gottheit. Dort findet sie der Minne Bett und Gelass übermenschlich bereitet. Da spricht unser Herr:
»Halt an, Frau Seele!«
»Was gebietest du, Herr?«
»Ihr sollt nackt sein!«
»Herr, wie soll mir dann geschehen?«
»Frau Seele, Ihr seid so sehr in mich hineingestaltet, dass zwischen Euch und mir nichts sein kann. Es ward kein Engel je so geehrt, dem das wurde eine Stunde gewährt, was Euch von Ewigkeit ist gegeben. Darum sollt Ihr von Euch legen beides, Furcht und Scham und alle äußeren Tugenden. Nur die, die von Natur in Euch leben, sollt Ihr immerdar pflegen: Dies ist Euer edles Verlangen und Eure grundlose Begehrung; die will ich ewig erfüllen mit meiner endlosen Verschwendung.«

»Herr, nun bin ich eine nackte Seele,
und du in dir ein reichgeschmückter Gott.
Unser zweier Gemeinschaft
ist ewiges Leben ohne Tod.«

Da geschieht eine selige Stille,
und es wird ihrer beider Wille.
Er gibt sich ihr, und sie gibt sich ihm.[180]

Nackt soll die Seele sein, wenn sie ans Minnebett der Gottheit tritt – ledig aller Anhaftungen, alles Wollens, aller Bilder, ja auch aller Tugenden. Allein ihre »grundlose Begehrung« soll sie mitbringen – ihre Hingabe, auf die Gott mit »endloser Verschwendung« zu antworten verspricht. – Das alles ist eng mit der geistigen Welt von Meiser Eckhart verwandt, so eng, dass es scheinen möchte, Eckharts Ausführungen über Jungfräulichkeit und Empfänglichkeit könnten eine Art Kommentar zu dieser Passage aus Mechthilds Buch sein – oder wenigstens doch zur Brautmystik im Allgemeinen: ein Kommentar, der alles Leidenschaftliche und Erotische streicht, um nur hingebungsvolle Empfänglichkeit der geistlichen Jungfrau zu preisen. Denn nur sie gilt ihm als Tugend mystischer Lebenskunst.

So aber nimmt Eckhart der erotischen Mystik Mechthilds die Spitze: die erotische Hochspannung, die im *Gegenüber* zwischen Braut und Bräutigam spielt, das auch dann ein Gegenüber bleibt, wenn Gott die Seele wissen lässt, sie sei so sehr in ihn »hineingestaltet, dass zwischen euch und mir nichts sein kann«. Denn gerade dieses Gegenüber erzeugt die Energie der Hingabe der leidenschaftlich-trunkenen Mystikerin. So ist die Seligkeit, die sie in Aussicht stellt, nicht mehr und nicht weniger als die Wonne einer erfüllten Liebesbeziehung. Die sie treibende Kraft ist der Eros, der deutlich mehr ist als Eckharts »wahrer Willen« Gottes, mit dem das Leben sich selbst will. Es ist mit anderen Worten eine drängendere, lebendigere, sinnlichere Energie, die in der Brautmystik einer Mechthild den Menschen über alle Ego-Bindung hinweg in die Seligkeit trägt. Und wir werden im nächsten Kapitel sehen, dass wir am Ende tatsächlich allen Grund zu der Annahme haben, dass ohne den Eros all unsere Wege zum Glück Gefahr laufen, auf der Strecke zu bleiben.

Ist also die Brautmystik die reifere, für unsere Seligkeit und unser Glück aussichtsreichere Erscheinungsform der Mystik? Sofern sie auf den Eros setzt, ja – aber dann auch wieder nicht, weil sie den Eros – bzw. die *Minne*, wie man die leidenschaftliche Liebe im Mittelalter vorzugsweise nannte – gerade nicht in seiner Leib und Geist integrierenden Potenz feiert, sondern ebenso wie die Mystik Eckharts (und alle anderen mystischen Wege des Christentums) dem Kreatürlichen abschwört: »Der Mensch, der die Welt bezwingt, seinem Leib allen unnützen Willen nimmt und den Teufel überwindet, der ist die Seele, die Gott minnet«[181], lässt uns Mechthild wissen.

Nun hat Eckhart in diesem zweideutigen Verhältnis der Brautmystik zur Sinnlichkeit einen Schwachpunkt erkannt. Eine erotische Sinnlichkeit im Gegenüber zu Gott passte nicht zu seiner Lebenskunst des Lassens. Eben das dürfte der Grund dafür sein, dass er die Brautmystik verschiedentlich in die Kritik nimmt. Wenn wir dieser Kritik nun abschließend folgen und uns damit dem fünften Aspekt der mystischen Lebenskunst zuwenden, dann sollten wir dies in dem Bewusstsein tun, dass die Mystik – vor allem die Frauenmystik – eine breite und einflussreiche Linie kennt, die sich unmissverständlich für eine erotische Lebensform ausgesprochen hat – auch wenn dies eine Haltung voraussetzte, die Gott als begehrenswertes Gegenüber verstand.

e) Fruchtbarkeit, Tätigkeit, Weib-Sein

> *Wenn der Mensch immerfort Jungfrau wäre, so käme keine Frucht von ihm. Soll er fruchtbar werden, so ist es notwendig, dass er Weib sei. »Weib« ist der edelste Name, den man der Seele zulegen kann, und ist viel edler als »Jungfrau«. Dass der Mensch Gott in sich empfängt, das ist gut […]. Dass aber Gott fruchtbar in ihm werde, das ist besser.*[182]

Der Gedanke, den Eckhart hier vorträgt, ist klar: Die Seligkeit beruht nicht allein darin, sich für Gott empfänglich zu halten. Sie beruht auch nicht allein darin, Gott zu empfangen (so viel an die Adresse der Braut-Mystikerinnen), sondern sie besteht darin, aus der wesenhaften Einheit mit Gott wirksam und tätig zu sein. In seiner Predigt über Maria und Martha hat Eckhart dieses zentrale Motiv seiner mystischen Lebenskunst anschaulich gemacht. Nicht die zu den Füßen Jesu andächtig schwelgende Maria verdient das Lob des Lebemeisters, sondern die emsig tätige Martha. An ihr wird anschaulich, worin die Meisterschaft des Lebens besteht. Denn bei ihr kann man »den Eindruck gewinnen«, *dass sie dabei mehr gewirkt werde, als dass sie wirke*, wie Eckhart formuliert: dass sie ein »Mitwirken mit Gott« habe[183]. »Martha«, sagt Eckhart, »war so wesenhaft, dass ihr ›Gewerbe‹ sie nicht behinderte. Ihr Wirken und ›Gewerbe‹ führte sie zur ewigen Seligkeit hin.«[184] – Warum? – Weil es ein intentionsloses Wirken war: ein Wirken, das ganz im Hier und Jetzt stattfindet und kein Ziel verfolgt – ein Wirken, das sich auf das beschränkt, was gerade dran ist. »Martha aber stand ganz wesenhaft da.«[185] – »denn sie hatte (schon) lange und recht *gelebt.*«[186] Martha, so macht Eckhart deutlich, ist einer jener »wahrhaftigen Menschen«, von denen er sagt:

> *Wer nun einen wahrhaftigen Menschen [...] fragte: »Warum wirkst du deine Werke?« – sollte er recht antworten, er spräche nichts anderes als: »Ich wirke darum, dass ich wirke.«*[187]

Die Seligkeit – darauf kommt es Eckhart vor allem an – ist nur dann eine wahrhaftige Seligkeit, wenn sie sich im tätigen Leben aus*wirkt*. Die *vita activa* – um es in der alten Philosophensprache zu sagen – ist um keinen Deut weniger zielführend zur Seligkeit als die *vita contemplativa*. Entsprechend bedeutet das Eins-Sein mit Gott nicht den Rückzug aus der profanen Welt in einen geschützten sakralen Raum. Im Gegenteil:

Wer Gott recht in Wahrheit hat, der hat ihn an allen Stätten und auf der Straße und bei allen Leuten ebenso wie in der Kirche oder in der Einöde oder in der Zelle; wenn anders er ihn recht und nur ihn hat, so kann einen solchen Menschen niemand behindern […], denn er erstrebt nichts und sucht nichts, und es schmeckt ihm nichts als Gott.[188]

Im alltäglichen Leben bewahrheitet und bewährt sich demnach die mystische Einheit von Gott und Mensch. Glück und Seligkeit hängen nicht an bestimmten Orten und Situationen, sondern einzig an der inneren Einstellung – am »wesenhaft dastehen«. Dafür steht Martha: für die Tätigkeit und Geschäftigkeit, die in einem lebendigen Leben über die bloße Empfänglichkeit hinausweist. – Diese Zusammengehörigkeit von Empfänglichkeit und Tätigkeit, von Passivität und Aktivität war uns schon in der ästhetischen Lebenskunst Schillers begegnet – und sie wird uns wiederbegegnen in der erotischen Lebenskunst Platons. Maria dagegen steht für die bloße Empfänglichkeit:

Maria war so erfüllt von Verlangen, dass sie sich sehnte, ohne zu wissen wonach, und wünschte, ohne zu wissen was! Wir hegen den Verdacht, dass sie, die liebe Maria, irgendwie mehr um des wohligen Gefühls als um des geistigen Gewinns willen dagesessen habe.[189]

Nach allem, was wir nun schon erfahren haben, können wir den kritischen Seitenhieb auf die Frauenmystik deutlich heraushören – zumal, wenn man bei Mechthild liest: »Die Braut ward trunken beim Anblick des edlen Antlitzes.«[190] Ja, es ist, als höre man Eckharts Maria gleichsam Mechthild zitieren, etwa mit den Worten:

Eia, Herr, liebe mich innig, und liebe mich häufig und lange! Denn je inniger Du mich liebst, desto reiner werde ich. Je öfter Du mich liebst, desto schöner werde ich. Je länger Du mich liebst, desto heiliger werde ich hier auf Erden.[191]

Der Geschirr spülenden Martha lägen solche Seufzer wohl eher fern. Hier wird deutlich, was gemeint war, als wir bemerkten, dass Eckhart an der Frauenmystik deren Zweideutigkeit im Blick auf ihre Sinnlichkeit und ihre Erotik kritisiert. Die sinnliche Leidenschaft der minnenden Mystikerinnen birgt in seinen Augen die Gefahr, sich im Wohlgefühl aus Liebeslust und Liebesweh zu ergehen und darin die Seligkeit zu verfehlen. Dem setzt der Lebemeister eine mystische Lebenskunst der Nüchternheit entgegen. Nicht die »Lust des Minnebetts«, nicht das »süße Mundküssen«, nicht das »Je mehr sie brennt, um so schöner leuchtet sie«[192] macht die Seligkeit der Seele – nicht die ekstatische Vereinigung mit Gott, sondern das nüchterne *Durchbrechen* der eigenen Kreatürlichkeit im alltäglichen Leben. Hier, und nur hier, findet mystische Lebenskunst statt. Der Mensch, sagt Eckhart, muss »lernen, die Dinge zu durchbrechen und seinen Gott darin zu ergreifen und ihn kraftvoll in einer wesenhaften Weise in sich hineinbilden zu können«[193].

Der Durchbruch in die eigene Wesensnatur ist Ziel und Fokus der mystischen Lebenskunst Eckharts. Ihm dienen die Aufgabe des Eigenwillens, das Loslassen des Kreatürlichen, die Freiheit von allen Bildern (einschließlich Gottes), die Empfänglichkeit und das tätige Wirken. In dieser Lebenskunst gerät das ganze Leben zum Gottesdienst. Es geht um eine Transformation des Menschen in sein eigentliches Sein, das Gott *ist*. Diese Transformation ist nicht das Ergebnis kognitiver Operationen, sondern allein des gelebten Lebens. »Der Mensch soll sich nicht genügen lassen an einem gedachten Gott.«[194]

Mystik als ein Weg zum Glück? Vielleicht. Meister Eckharts mystische Lebenskunst bietet ein höchst anspruchsvolles Konzept gelingenden – *wesentlichen* – Lebens, das allen intellektuellen und spirituellen Ansprüchen genügt. Auch wenn es die menschliche Glückseligkeit mit der übermenschlichen Seligkeit identifiziert, ist diese der menschlichen Möglichkeit doch nicht so entrückt, dass sie ihm nicht auch zu Lebzeiten zuteil werden könnte. Im Gegenteil: Es geht Eckhart lediglich darum, das zu realisieren, was wir immer schon sind – göttliches Sein. Dazu bedarf es weder des Glaubens an einen Gott, noch bedarf es besonderer spiritueller Praktiken und Übungswege. Es bedarf lediglich des Gewahrwerdens unseres eigentlichen menschlichen Wesens. Fast alles, was uns der Lebemeister empfiehlt, scheint gut dazu geeignet, uns zu harmonisieren und in Einklang zu bringen; vor allem das Miteinander von Empfänglichkeit und Wirksamkeit, das uns schon bei der ästhetischen Lebenskunst Schillers als wichtiger Quell harmonischen Lebens einleuchtete, verbunden mit dem sicheren Bewusstsein dafür, dass dies nicht gemacht, sondern lediglich zugelassen werden kann, sollten wir nicht aus den Augen verlieren. Ebenso wenig die mystische Durchdringung des Alltags: Nicht ekstatische Gipfelerlebnisse machen unsere Glückseligkeit, sondern das stimmige Verhältnis zwischen diesen und dem alltäglichen Leben.

Dies bedarf – wie auch Eckhart weiß – einer Einstimmung in die innere Einheit: einer Einstimmung ins *wesentliche* Leben. Wo sie gelingt, da schwingen wir in Frieden – zwar nicht als Harmonie, also als stimmiger *Einklang* bunter Mannigfaltigkeit, sondern als *ein Klang* in unterschiedsloser Einfaltigkeit.

Darin unterscheidet sich Eckharts Seligkeit von dem, was wir im Anschluss an Platon als Glückseligkeit identifizierten. Und hier liegt der Grund, warum die Mystik zwar ein Weg zur Seligkeit sein kann, der uns vermutlich aber doch nicht glücklich macht: Sie erkauft den *Ein*klang der Seele mit der Preisgabe der Mannigfaltigkeit ihrer – wie er sagen würde – *kreatürlichen* Aspekte. Mit unserem Seitenblick auf die Brautmystik haben wir dagegen eine Spur aufgenommen, die uns die Richtung dahin weist, wie die Mystik in eine umfassende Lebensform integriert werden kann: die *Erotik*. Sie ist die passende Lebenskunst, der zielführende Weg zur Glückseligkeit der Harmonie.

5

Erotik – Der Weg der Liebe führt zum Ziel

Wie werden wir glückselig? Vier klassische Wege zum Glück haben wir verfolgt – viermal haben wir wertvolle Hinweise, kostbare Vorschläge, verheißungsvolle Strategien kennengelernt. Aber viermal blieb uns ein leichtes Missbehagen: ein Ungenügen, es könne etwas fehlen – eine vorsichtige Reserviertheit, die vorgeschlagenen Strategien führten am Ende nicht zu der von uns angepeilten großen Harmonie des Lebens.

Wir bewunderten die platonische *paideía* für ihre umfassende Strategie einer Ausbalancierung des Leibes, der Seele und des Verhältnisses von Leib und Seele. Aber zuletzt vermissten wir einen inneren Antrieb zu dieser umfassenden Harmonisierung. Wir wurden den Verdacht nicht los, sie laufe womöglich Gefahr, den Menschen die Harmonie aufzuzwingen, was sie geradewegs zerstören würde. Denn wie könnten wir mit uns im Einklang sein, wenn wir dem, was wir sind, nicht *in Freiheit* zustimmen? Diese kritische Frage konnten wir Platons Erziehungskonzept nicht ersparen. Nun aber ist es an der Zeit zuzugeben, dass wir uns dem alten Meister gegenüber unredlich verhalten haben. Denn wir haben ihm nicht die Chance gelassen, darauf hinzuweisen, dass er den uns fehlenden Aspekt der *paideía* anderenorts bedacht hat: den Aspekt der inneren Motivation zur Harmonisierung, die uns dazu antreibt, glückselig zu werden – den *Eros*. Alle Erziehung, so Platon, bleibt vergebens, wenn sie nicht die liebende Sehnsucht im Herzen entfacht: die Sehnsucht nach dem Guten, dem Schönen, der Harmonie, der Glückseligkeit. Darauf wird sogleich zurückzukommen sein.

Von der griechischen *paideía* schritten wir voran zu den Bildungstheoretikern des 18. Jahrhunderts. Wir würdigten Humboldts und Schillers Bemühen, die Freiheit ins Zentrum der Bildung zu rücken – als deren Voraussetzung und Ziel: In freier Aneignung der Welt sollte nun der Mensch zur Blüte seines Wesens finden – wie ein Künstler sollte er sich verhalten, um *ästhetisch* sein und der Welt Dasein zu rechtfertigen. Bis dahin konnten wir Schiller folgen. Plausibel erschien uns, dass es die Erfahrung von Schönheit sei, die uns zur Harmonisierung antreibt – und dass es die Erzeugung von Schönheit sei, die uns selbst zum inneren Einklang bringt. So folgten wir Schillers Gedanken und freuten uns ihrer schönen Fuge – bis zuletzt der Verdacht sich regte, dass die von ihm gerühmte Harmonie des ästhetisch Gebildeten am Ende doch eine Dissonanz aufweise: weil sie nicht als Vollendung des Daseins begriffen ist, sondern als Vorschule zur Moral; und weil die in der ästhetischen Harmonie zwar integrierte Leiblichkeit durch Schönheit doch nur befriedet werden soll, um am Ende den Gesetzen des Geistes – in Freiheit – unterworfen zu werden. So ahnten wir den heimlichen Verrat der Ästhetik an der Sinnlichkeit und vermuteten darin den Grund dafür, dass der ästhetische Mensch sich zuletzt doch nicht mit Leib und Seele dem Schönen hinzugeben wagt – warum es am Ende ein *interesseloses Wohlgefallen* (Kant) ist, das er an der Harmonie des Lebens nimmt und das ihn davon abhält, mit Haut und Haar von ihr ergriffen zu werden. So kommt die Ästhetik mit ihrer Ausrichtung auf Schönheit dem Glück zwar nahe, dreht aber kurz vor dem Ziel noch ab. Zu sehr ringt sie um individuelle Freiheit, als dass sie sich dem Glück hingeben könnte – und unterscheidet sich darin vom Eros.

Auf die Ästhetik Schillers folgte die *Ästhetik der Existenz*: die Lebenskunst-Theorien Nietzsches und Schmids, denen es darum zu tun war, das eigene Leben bejahenswert, sinnvoll und schön zu *machen*. Wir zollten diesen Unterfangen allen Respekt und würdigten sie als aufrichtige Wege zum Glück – die gelten, wenn wir deren Grundannahme teilen, dem Leben sei kein objektives Maß gesetzt. Wir sahen, wie ernst die beiden mit dem machten, was der eine von ihnen den »Tod Gottes« nannte: den Verlust der Annahme, dieses Leben, diese Welt, dieses Sein habe einen zeitlosen Sinn – als gäbe es eine gültige Wahrheit, die das Maß aller Dinge sei; etwa so, wie wir bei Platon die Harmonie aller Lebensaspekte als Maß für das Gelingen des Lebens kennengelernt hatten. Dies darf für eine Philosophie nach dem *Tode Gottes* nicht sein. Sie kennt allein den Menschen als Maß aller Dinge – und legt es in dessen Verantwortung, das Dasein so zu gestalten, dass *er* es bejahen kann, dass es *ihm* sinnvoll erscheint, dass es *ihm* schön ist, dass *er* glücklich in ihm wird. Wir waren uns einig, dass diesem heroischen Projekt alle Achtung gebührt. Jedoch gerade hier kam der Verdacht auf, dass genau dies der Grund dafür sein könnte, dass uns das Glück zum Problem geworden ist: weil es schal und unvollkommen bleibt, wo wir es nur noch als Produkt unserer eigenen Anstrengungen erwarten dürfen – weil wir erkannten, dass wir uns nur in dasjenige zu verlieben vermögen, über das wir *nicht* verfügen. Wir ahnten, dass wir nur da harmonisch werden, wo Eros uns erfüllt und *er* – nicht wir selbst – die große, schöne, bejahenswerte Harmonie in uns zum Klingen bringt.

Und so kamen wir zur Mystik – zur Mystik, deren Lebenskunstweisheit sich in zwei Worten verdichtet: *Lass dich!* – Denn wenn du dich ganz gelassen hast, wirst du ganz im Einklang sein: mit dir, dem Leben, mit Gott. Ja, du wirst so im Einklang sein, dass es zwischen dir und Gott keinen Unterschied mehr gibt. Und du wirst selig sein. Richtig! – Wir konnten dem nicht widersprechen. Die Mystik weist uns den Weg zur *Seligkeit*, die von alters her als Einssein mit Gott oder als Qualität Gottes gesehen wurde. Aber es ist uns ja nicht um die *Seligkeit* zu tun, sondern um die *Glück*seligkeit. Es ist uns ja nicht darum zu tun, in den seltenen Gipfelmomenten des Lebens mit Gott eins zu sein – sondern uns für die Dauer des Lebens in eine Stimmigkeit und Harmonie all seiner Aspekte und Zustände zu schwingen. Die Mystik enthebt uns folglich nicht der Aufgabe, einen Weg zu unserer menschlichen *Glückseligkeit* zu finden: einer Glückseligkeit, in der die Seligkeit der Gipfelerfahrung des Einsseins mit Gott in eine harmonische Balance gebracht ist mit den Mühen der Ebene leiblichen Lebens – der Sinne und Affekte, des Herzens und des Bauches. Die nämlich kommen in der mystischen Seligkeit nicht vor, werden sie doch gemeinsam mit aller Individualität, allem Ego und allem Willen geopfert. Und selbst den Eros opfert Meister Eckhart, denn es bedarf bei ihm keiner Energie, die zwischen Mensch und Gott vermittelt, weil *nur Gott ist* und unsere Individualität nur Schein. Darin freilich wollten ihm die mystisch bewegten Frauen des Mittelalters nicht folgen. Sie feierten den mystischen Eros. Für sie war klar, dass es nur einen Weg zur Seligkeit gibt: Verliebe dich in Gott! Oder auch ins Leben. Hauptsache: Verliebe dich! Denn die Glückseligkeit ist das Glück des oder der Verliebten:

- eine Glückseligkeit, in der sich der Liebende ganz an das Geliebte – das Leben – verschenkt

- eine Glückseligkeit, die sich entzündet und befeuert an der Schönheit und Harmonie des Lebens

- eine Glückseligkeit, die nicht dadurch getrübt wird, dass ihm das Leben und seine Harmonie unverfügbar bleiben

- eine Glückseligkeit, die die Balance hält zwischen geschenkten Momenten der Seligkeit und den disharmonischen Turbulenzen des Alltags

- eine Glückseligkeit, die alles integriert: Sinn und Sinnlichkeit, Leib und Geist, Sexualität und Spiritualität

Um diese Glückseligkeit ist es uns zu tun. In *Paidagogik*, Ästhetik, Lebenskunst und Mystik haben wir Wegweiser zu ihr entdeckt. Der Weg selbst ist die Erotik – eine *erotische Lebenskunst.*

Was ist Erotik? – Oder anders gefragt: Wer ist Eros? Niemand hat dieser Frage so viel Aufmerksamkeit geschenkt wie Platon. Und niemand hat eine so überzeugende Antwort auf sie gegeben wie er. Daher bleibt uns nichts anderes übrig, als uns erneut in seine Schule zu begeben.

Seine Philosophie des Eros hat Platon in zwei recht unterschiedlichen Dialogen entwickelt: dem *Phaidros* und dem *Symposium* oder *Gastmahl*. Wir werden uns im Folgenden vornehmlich mit dem *Symposium*[195] beschäftigen – nicht, weil der *Phaidros* nicht schön und lesenswert wäre, sondern weil das *Symposium* allein und ausschließlich dem Eros gewidmet ist. Doch kommen wir nicht darum herum, hier auszuwählen, denn dieser vielleicht lebendigste Dialog Platons präsentiert sich als eine Zusammenstellung von insgesamt sieben Reden über den Eros – sieben Reden von sieben Rednern, die unterschiedlicher nicht sein könnten.

Wollte man den Dialog im Ganzen verstehen, müsste man sich alle sieben Reden anschauen – denn sie alle stehen in einem sinnvollen Verhältnis zueinander, und sie alle sagen etwas Wesentliches über Eros. Und ebenso müsste man sich die Szene genauer anschauen, in der diese Reden gehalten werden: ein Trinkgelage, veranstaltet zu Ehren des Gastgebers, eines gewissen Agathon, der tags zuvor den weithin berühmten Wettstreit der Tragödiendichter im Athener Dionysos-Theater für sich entscheiden konnte. Bei ihm zu Tisch liegen Freunde und Kollegen – allesamt Männer, die meisten von ihnen in homoerotischen Beziehungen miteinander verbunden. Die Gesellschaft ist angeschlagen vom Rausch des Vorabends, da man kräftig zechte, um Agathons Triumph würdig zu begehen. Nun sind die Herren erschlafft und entscheiden sich dafür, einen Redereigen zu veranstalten: Ein jeder von ihnen verpflichtet sich, eine Rede zu halten – und da sie ohnehin in gehobener Stimmung sind und noch ganz unter dem Einfluss des Theater- und Weingottes Dionysos stehen, entscheiden sie sich dafür, als Thema dasjenige zu wählen, was Sokrates im Dialog *Phaidros* einen göttlichen Rausch oder Wahnsinn (*theía manía*) nannte: den Eros.

Den Eros, so will es der junge Phaidros, soll die Runde der Zecher preisen, und also kommt es zu den sieben Reden, in denen sich zuerst die jugendlichen Geliebten und die ergrauten Päderasten zu Wort melden, bevor an sechster Stelle Sokrates zu reden anhebt, um – wie man meinen könnte – das letzte und entscheidende Wort in dieser Sache zu haben. Allein: Kaum dass er geschlossen hat, kommt Unruhe auf – ein verspäteter und trunkener Gast betritt die Szene und stürzt alles in Unordnung: Alkibiades, aus dessen weinseligem Mund uns vermittelt wird, wie gerade dasjenige, was Sokrates zuvor über den Eros ausführte, von ihm selbst (Sokrates) gelebt wurde, da er der Liebhaber des

Alkibiades war – eine literarische Spiegelung der Rede des Sokrates, die den Redereigen beschließt, bevor das gesamte Fest am Ende doch in einem veritablen Besäufnis endet.

Es ist damit schon angedeutet: Die Schlüsselrede, von der aus sich sowohl die anderen Reden als auch ihr Verhältnis untereinander und die Verflechtung von Reden und Rahmenszenario ergeben, ist die Rede des Sokrates. Und diese hat ihrerseits nun wieder die Besonderheit, dass Sokrates – ausnahmsweise – nicht in eigener Sache spricht, sondern im Wesentlichen wiedergibt, was er anderenorts über den Eros gelernt hat – und das ausgerechnet bei einer *Frau*: Diotima von Mantineia. Diese Priesterin und Heilerin, so lässt er die versammelte Männerschar wissen, habe ihn eingeführt und unterrichtet in *tà erōtiká*: der Kunst der Erotik.

Wir wissen nicht genau, wie dieser Unterricht ausgesehen hat und was er alles umfasste. Wir wissen nur, welche Worte in seinem Rahmen ausgetauscht wurden – und diese Worte sind bemerkenswert: eine Offenbarung über dieses große Geheimnis des menschlichen Lebens, diese vitalste und doch rätselhafteste Lebensenergie: den Eros. Die »Einweihung in die Mysterien des Eros«[196], die Diotima dem Sokrates zuteil werden lässt, ist zugleich eine Einweihung in die Mysterien des Menschseins, des gelungenen Lebens, der Glückseligkeit. Ihr wird unsere ungeteilte Aufmerksamkeit zu gelten haben. Und um etwas Struktur in die ganze Sache zu bringen, werden wir dabei sechs zentrale Aspekte der platonischen Eros-Philosophie identifizieren.

a) Hingerissen vom Schönen

Bevor Sokrates sich anschickt, den Festgenossen von seinem Unterricht bei Diotima zu berichten, verweilt er für einen Augenblick bei den Reden seiner Vorgänger. Rückblickend auf das Gehörte, gibt Sokrates zu erkennen, dass er sich auf ganz andere Weise seines Themas annehmen möchte[197]. Denn diese hätten dem Eros zwar allerlei Dinge angedichtet, um ihn leuchtend und herrlich *erscheinen* zu lassen – was er aber in Wahrheit *ist*, hätten sie nicht bedacht. Wer diesen Reden aufmerksam folgte, weiß auch, warum das so ist: Bei Lichte besehen haben zumindest die meisten der Vorredner nicht Eros, sondern allein nur sich gelobt – sich und ihren (vermeintlichen) Eros zu dem geliebten Jüngling, dem Liebhaber, sich selbst. Allein schon darin verrät sich etwas über ihr Bild des Eros: dass es ein Zerrbild ist – eine blank polierte Oberfläche, in der sie allein ihr eigenes Gesicht sehen, nicht aber die Wahrheit des Eros. Ihr Lobpreis des Eros gibt Aufschluss über ihre Selbstliebe, ihre Ego-Fixierung – ihr Lobpreis des Eros gibt zu verstehen, dass sie nichts oder wenig von Eros verstehen.

An einem Punkt wird dies ganz deutlich: In fein ziselierten Wortkaskaden hatte der Gastgeber Agathon den Eros als *Liebe zum Schönen* gepriesen, deren Erscheinen die Götter und Menschen in Bann schlage und zum Guten lenke[198] – nur um dann im nächsten Atemzug festzustellen, Eros selbst sei der »Schönste und Beste«[199]. Er sei also genau das, was er am meisten begehrt. Wenn Agathon damit recht hätte, wäre Eros nicht mehr und nicht weniger als die Struktur der Selbstverliebtheit – aber so hell darin das getreue Spiegelbild des Agathon aufblinkt, so wenig hat es mit dem wahren Wesen des Eros zu tun, wie Sokrates uns zeigen wird. Und so verwickelt er den Agathon in ein Gespräch: »Ist Eros von solcher Art, dass er Liebe von etwas ist, oder ist er Liebe von nichts?«[200] – eine lapidare Frage, die jedoch geradewegs zur Einsicht in ein fundamentales Strukturmerkmal des Eros führt: Er ist unweigerlich bezogen auf ein Gegenüber, in das er sich verliebt. Und bezogen ist er in der Weise des Begehrens – des Begehrens von etwas, dessen er ermangelt und von dem er sich wünscht, dass es ihm zuteil werde[201]. Was ist nun das vom Eros Begehrte? – Folgen wir Agathon und seinen Vorrednern, ist die Sache klar: Es ist die Schönheit – sodass zunächst herauskommt, dass Eros die *Liebe zum Schönen* ist.

Denn hiermit ist etwas ausgesprochen, was dem griechischen Geist wohl vertraut war – ein Phänomen, das uns auch heute noch sofort einleuchtet: Wir verlieben uns in das Schöne. Ja, das Schöne ist geradezu dadurch definiert, dass es dasjenige ist, worin wir uns verlieben. Und wenn auch das Mädchen, für das unser Herz entflammt, noch so wenig den Topmodels der Modezeitung entspricht, dadurch, *dass* wir sie lieben, wird sie doch schön. Schönheit ist dasjenige, worin wir uns verlieben, was uns in seinen Bann schlägt, übermächtigt. Und Eros ist das Feuer, das die Schönheit in uns entfacht. Griechisch gedacht erklären sich Eros und Schönheit gegenseitig: Der eine ist ohne die andere nicht zu verstehen. Und so ist es kein Wunder, dass in Mythologie und bildender Kunst der Eros-Knabe zumeist als Begleiter der göttlich inkarnierten Schönheit namens Aphrodite auftaucht – und dass diese Aphrodite, wo immer sie erscheint, den Eros entfacht. Davon erzählt ein homerischer Hymnus auf Aphrodite, der klar zeigt, was es heißt, dass Eros sich stets in die Schönheit verliebt:

Nenne mir, Muse, die Taten von Aphrodite, der goldnen
Kypris, die die Götter mit süßem Sehnen beseligt,
auch die Geschlechter der sterblichen Menschen bewältigt,
ja, auch alles Getier, die luftdurchfliegenden Vögel,
alles, was da rings dem Land und dem Meere entsprossen:
Kythereia gehorchen sie alle, der prächtigbekränzten. [...]
Herrlich sodann den Leib gehüllt in köstliche Kleider,
goldgeschmückt verließ die lächelnde Aphrodite

das schönduftende Kypros und schwang sich gen Troias
Gefilden.
Als Anchises sie sah, da fasste ihn wunderndes Staunen
über ihr Ansehn und auch ihre Größe und lichten
Gewänder.
Trug sie doch ein Kleid, das hell wie Feuer erstrahlte,
reich umwunden mit Schmuck und leuchtenden
Ohrgehängen.
Ihren zarten Nacken umschlang ein köstlich Geschmeide,
golden und schön und schimmernd in Buntheit, und
über den zarten
Brüsten glänzte es gleich dem Mond, ein Wunder zu
schauen.
Eros erfüllte das Herz des Anchises, und also begann er:
»Heil, o Herrin! Wer von den Seligen naht meinem
Hause?«[202]

So sieht es aus, wenn weibliche Schönheit ins Leben eines Mannes tritt: Sie kommt, und er fällt. Götter, Menschen, Tiere – nichts und niemand kann der goldglänzenden Schönheit widerstehen. Wo sie erscheint, regen sich Liebe und »süßes Begehren«, wo sie erscheint, da vergessen die Menschen sich selbst, und der Eros ergreift sie. Machen wir uns klar, was dies bedeutet.

Zunächst einmal ist Schönheit etwas, das wir vorbehaltlos bejahen. *Der Eros kennet kein Warum, er liebet, weil er liebt.* Anchises schreckt zwar zunächst vor der göttlichen Erscheinung zurück; nachdem diese ihm aber versichert, sie sei der Sterblichen eine, gibt er ihr sogleich sein Ja-Wort und macht sie zur Gattin[203]. Er ist ganz erfüllt von der überwältigenden Schönheit Aphrodites, er bejaht sie ohne Wenn und Aber, er verfolgt keinen Zweck – außer den der Liebe selbst: ihr Lager zu besteigen. Das ist die Erfahrung des Eros. Er ist die *hingegebene, bejahende, sich selbst vergessende, nur ihrer selbst verpflichtete Liebe des Verliebten.* Und noch eines: Es ist die Liebe, die im Geliebten mehr sehen lässt, nämlich das Göttliche. Denn Anchises lag ja ganz richtig mit seiner Mutmaßung, die Schönheit, die zu ihm tritt, sei göttlichen Wesens. Und selbst, da er ihrer Täuschung erliegt, nennt er sie noch ein »götterähnliches Weib«.

So weist uns die Dichtung auf ein weiteres Merkmal des Eros – eines, das Diotima noch ausführlich behandeln wird: *Der Eros transzendiert.* Er ist eine Energie, die uns über uns hinaus führt in die Dimension des Göttlichen. Denn eben dieses erkennt der vom Eros beseelte Mensch in der ihn bestrickenden Schönheit. Er blickt durch die Oberfläche der Erscheinung hindurch in das Antlitz der Gottheit – und sieht dort, was er wesentlich ist und doch immer verfehlt. Er sieht das vollkommene Leben, die perfekte Harmonie, das absolut Gute des Lebens, den Sinn seiner selbst. Dies alles sieht er, und dies alles liebt er – und nennt seine Liebste von daher *Göttin.* So gerät dem Eros die Schönheit tatsächlich zu dem, als was Schiller sie pries: zum *Morgentor des Lebens.*

Aber – und das ist wichtig – es ist eben Eros, dem sie dazu wird. Es ist der von Eros ergriffene Mensch. Nun stelle man sich vor, Anchises sei nicht willens gewesen, sich dem Eros anheimzugeben. Man stelle sich vor, er begegnete Aphrodite in der Haltung des Ästheten – etwa so, wie ein Museumsbesucher sich zur Venus von Milo verhält: Gewiss, er hätte sich frei gefühlt, er wäre entzückt gewesen – aber ihm wäre wohl nicht als Erstes eingefallen, sogleich sein Lager mit ihr teilen zu wollen, ihn hätte nicht der Wunsch übermannt, sich mit ihr zu vereinen – um selber schön zu werden. Kurz: Mit ästhetischer Wahrnehmung betrachtet hätte Aphrodite wohl seine Seele harmonisiert, aber sie hätte ihn nicht transformiert. Er wäre zuletzt bei sich selbst geblieben – in Freiheit und Autonomie, aber fern jener Glückseligkeit, die Anchises zuteil wird.

Dieses Gedankenexperiment hat nur einen Zweck: deutlich zu machen, dass *nur* der erotisch gestimmte Mensch die unwiderstehliche Macht der Schönheit (Aphrodites) zulassen wird – dass der Ästhet und Lebenskünstler sich reservierter zu ihr verhalten werden, da sie um ihrer Freiheit und Selbstmächtigkeit willen sich nicht von ihr hinreißen lassen. Vielmehr noch gilt dies für Menschen, die in ihrem Ego gefangen sind: Menschen wie Agathon. Begegnete einem wie ihm Aphrodite, es erginge ihr, wie es dem Eros im Lob des Dichters erging: Er besänge sie in gewählten Worten und schönen Versen. Aber er täte dies alles nicht, um dem Goldglanz der Göttin zu entsprechen, sondern um sich selbst erstrahlen zu lassen. Die Göttin geriete ihm zur Projektionsfläche seiner Selbstliebe. Und die Schönheit, die er besänge, wäre in Wahrheit nur seine eigene.

Das heißt: Schönheit ist eine zweideutige Angelegenheit. Sie ist eine Erscheinung, und es kommt ganz auf denjenigen an, dem sie erscheint, ob sie zu erkennen gibt, was *an ihr* erscheint. Allein der wahre Eros, der durch sie entfacht wird und sich ganz auf sie einlässt, wird durch sie hindurch das Göttliche ahnen und lieben. Wohingegen ein Eros, der kein echter Eros, sondern Narzissmus ist, nicht in diese Tiefe blicken wird. Sein Blick wird an der Oberfläche haften, um dort sein eigenes Konterfei zu sehen – und zu lieben. Und wo er eine Rede auf den Eros halten soll, wird er die eigene Schönheit herausputzen, um sich selbst zu feiern. Kurz: Nicht alles, was wie Eros aussieht, ist auch Eros. Diese Lektion lehrt uns Sokrates, bevor er die Mysterien des Eros verkündet. Ihr mussten wir folgen, um der Gefahr zu entgehen, den Eros von Anfang an zu unterschätzen. Er ist nicht Sache unseres Wollens. Er bleibt aus, wo unser Ego sich breitmacht. Er ist vielmehr das andere unseres Wollens. Er ist Leben, das sich in uns selber will. Aber dazu kommen wir noch.

b) Zwischen Göttern und Menschen

Zurück zu unseren Zechern. Es ging Sokrates in seinem kleinen Geplänkel mit Agathon darum, zu Bewusstsein zu bringen, dass wir einem Irrtum erliegen, wenn wir meinen, Eros selbst sei schön, wo er doch in Wahrheit die Sehnsucht nach Schönheit ist. Er hatte dabei die Zweideutigkeit aller Schönheit ebenso angedeutet wie die entsprechende Zweideutigkeit des Eros. Um dieser Zweideutigkeit Herr zu werden und einem Eros Raum zu geben, der sich wirklich von Schönheit ergreifen und transformieren lässt – der weder in ästhetischer Distanz noch in narzisstischer Verstrickung verharrt –, bedarf es einer *erotischen Lebenskunst*, einer *Kultur der Erotik*. Ihrer bedarf, wer wirklich erotisch lieben und nicht nur hübsch und gescheit über Eros schwätzen möchte. Und daher dürfen wir Sokrates dankbar sein, dass er nun den Wortwechsel mit Agathon abbricht und stattdessen von Diotima erzählt – der Meisterin erotischer Lebenskunst. Sie habe er aufgesucht, um *tà erōtiká* – die Dinge der Liebe – zu lernen; und sie habe ihm zunächst einmal den Kopf gewaschen, als er ganz wie Agathon davon schwadronierte, »dass Eros ein großer Gott sei und sich auf das Schöne richte«[204] – ein dezenter Hinweis darauf, dass auch Sokrates sich einst in narzisstische Selbsttäuschung verstrickt hatte, anders als seine Zechkumpanen aber tief im Inneren bereits so vom Eros ergriffen war, dass er ihn der Diotima zuführte.

Und nun erzählt Sokrates, wie Diotima ihn dazu gebracht habe einzusehen, dass Eros weder schön sei noch gut, weder weise noch selig[205]. Denn sein Wesen sei es, Schönheit und Gutsein, Weisheit und Seligkeit zu *begehren*, was er aber begehre, das könne ihm nicht zu eigen sein. Umgekehrt dürfe man Eros genauso wenig die gegenteiligen Eigenschaften zusprechen. Keineswegs sei er hässlich oder schlecht, unwissend oder unselig. – Nein, man verstehe ihn nur dann richtig, wenn man sich klarmache, dass er ein Wesen der Mitte ist – genauer: ein Vermittler zwischen dem Menschlichen und dem Göttlichen – ein *Daimon*[206]. Einem Daimon aber sei aufgetragen, »zu übersetzen und zu überbringen – den Göttern, was von den Menschen kommt, und den Menschen, was von den Göttern kommt«[207].

Das ist mythische Sprache. Was Diotima dem Sokrates zu verstehen gibt, ist Folgendes: Eros ist diejenige Energie des Lebens, die uns Menschen *transzendiert* und *transformiert*. Wir haben am Beispiel des Anchises gesehen, dass wir da, wo Eros uns ergreift, unter dem Einfluss des Göttlichen stehen. Nicht wir sind es, die Eros entflammen, sondern die unwiderstehliche göttliche Schönheit ist es, die sein Feuer in uns entfacht. Niemand kann sich verlieben wollen, sondern die Liebe fällt uns als Geschenk zu. So mächtig sie ist, so unverfügbar ist sie auch. Eros kommt her aus einer anderen Dimension und *übersetzt* uns das Göttliche, indem er es uns in der Schönheit lieben lehrt. Und umgekehrt trägt er – dem die Mythologie nicht umsonst zwei Flügel andichtete – uns hinüber in jene andere Dimension. Als großer Daimon verleiht *er* uns die Flügel, auf deren Schwingen wir den Flug zu den Göttern antreten: um selbst gut und schön und göttlich zu werden. Eros, um es kurz zu machen, ist eine Energie, die von den Göttern kommt und zu den Göttern führt – die treibende Kraft der *Anähnlichung ans Göttliche*, von der bereits die Rede war. Oder weniger mythisch formuliert: Eros ist eine Energie, die von der Vollkommenheit des harmonisch-schönen Lebens ausgeht und uns zu ihr als der uns offenstehenden Vollkommenheit unseres Lebens hinreißt. *Eros ist Leben, das in uns zu sich selbst kommen will.* Mit dem Eigen-Willen unseres Egos hat das nichts zu tun.

Es ist vielleicht nicht unnütz zu erwähnen, dass Diotima in diesem Zusammenhang die Philosophie erwähnt –

und zwar um anhand ihrer zu erläutern, was es mit dem *daimonischen* Wesen des Eros auf sich hat. Denn Philosophie ist Liebe zur Weisheit. »Die Weisheit aber gehört zu dem Schönsten.«[208] Daher ist Eros von Begierde nach ihr erfüllt, und deshalb ist er ein Philosoph. »Als Philosoph aber befindet er sich zwischen dem Weisen und dem Unwissenden«[209] – anders als die Götter, die es nicht nötig haben zu philosophieren, da sie ja weise *sind*[210]. Eros aber ist nicht weise, und ebenso wenig ist er unwissend. Denn den Unwissenden gegenüber hat er eines voraus: Er weiß um seine Unwissenheit, er weiß um seine Bedürftigkeit. Und genau dieses Wissen ist es, ohne das Eros nicht leben kann. Darauf kommen wir gleich zurück. Hier sei nur so viel erwähnt: Aller erotischen Lebenskunst Anfang ist die Sehnsucht nach Weisheit, nach Schönheit, nach Harmonie, Seligkeit, dem Guten. Aller Erotik Anfang ist die Einsicht, dass es uns an alledem fehlt. Wer sich selbst für gut und schön und selig hält, hat weder von Eros etwas begriffen, noch hat Eros ihn ergriffen – eine Diagnose, die Sokrates hiermit seinen Vorrednern unter der Hand ausstellt. Mit ihm aber verhält es sich anders. Sein weithin bekanntes »Ich weiß, dass ich nichts weiß« adelt ihn nicht nur zum Philosophen, sondern auch zum Erotiker.

Und so auch wir. Denn bei Lichte besehen kommt hier heraus, dass auch wir, die wir gemeinsam philosophieren, ohne es zu wissen, bereits dem Eros in uns Raum gegeben haben: dass wir bereits von ihm beseelt sind und daher die besten Voraussetzungen haben, es in der erotischen Lebenskunst zur Meisterschaft zu bringen. In unserem Schlusskapitel werden wir darauf zurückkommen. Nun aber schreiten wir voran zu den höheren Weihen der Erotik – zum Mythos der Geburt des Eros.

c) Sowohl weiblich als auch männlich

> *Als Aphrodite geboren wurde, hielten die Götter ein Festmahl und dabei war auch Poros, der Sohn der Metis. Als sie nun gespeist hatten, kam, um zu betteln, da es ja ein Festschmaus war, auch Penia, und stand an der Türe. Poros nun, trunken vom Nektar (denn Wein gab es noch nicht) ging in den Garten des Zeus hinaus uns schlief schwer berauscht ein. Penia, die wegen ihrer Dürftigkeit darauf sann, sich ein Kind vom Poros zu verschaffen, legte sich zu ihm und empfing den Eros.*[211]

Der Mythos von der Geburt des Eros enthält kostbare Hinweise, ohne die man schwerlich in der Lage sein wird, sein Wesen zu ergründen. Wagen wir uns also an seine Deutung! Bemerkenswert ist zunächst, dass überhaupt ein Mythos seiner Geburt erzählt wird. Denn aus dem Kontext des Gesprächs zwischen Sokrates und Diotima ergibt sich kein zwingender Grund dazu. Ganz unvermittelt fragt Sokrates seine Lehrerin, wer wohl die Eltern des Eros seien. Was also will Platon uns mit diesem Mythos sagen? – Offenbar will er sagen: *Eros hat ein Entstehen* – ein Entstehen im Sinne der Erzeugung. Denn Eros hat zwei Eltern, das heißt: Die erotische Energie speist sich aus zwei Quellen. Und nur wenn beide Quellen zusammenkommen, entsteht dabei Eros. Auch hat er zwei Flügel – beide müssen da sein, damit er sich zum Flug zur göttlichen Schönheit aufschwingen kann.

Welche beiden Quellen sind es, aus denen sich die erotische Energie speist? Wer sind seine beiden Eltern? Bevor wir sie uns einzeln ansehen, müssen wir bemerken: Eros hat einen Vater und eine Mutter, das heißt: Er verdankt sich einer väterlich-männlichen und einer mütterlich-weiblichen Energie. Er verdankt sich der Polarität der Geschlechter und der Vereinigung beider. Kurz: *Eros ist geschlechtlich*. Man versteht ihn nur, wenn man erkennt, dass er diejenige Lebensenergie ist, die sich zugleich in der Polarität wie im Ineinander der Geschlechter *erzeugt*. Eros ist unabdingbar mit dem Sexuellen verbunden – so sehr, wie auch das Leben nur Bestand hat, weil es sich in die Polarität der Geschlechter entfaltet und aus ihrem Ineinander fortschreibt.

Eros ist geschlechtlich. Er hat eine Mutter und einen Vater: *Penia* und *Poros*. Wer sind die beiden? Und wofür stehen sie? *Penia*, die Mutter, ist Dürftigkeit. Mehr noch: Sie ist die *bewusste* Bedürftigkeit – die Bedürftigkeit, der ein Impuls entspricht, den Mangel, den sie fühlt, zu beheben. Deswegen heißt es, sie »sann darauf, sich ein Kind zu verschaffen«. Man könnte auch sagen: Sie sann darauf, ein Kind zu *empfangen* – wie es dann buchstäblich auch geschieht. *Penia*, der weibliche Flügel des Eros, ist mithin nicht nur Bedürftigkeit, sondern auch *Empfänglichkeit* – und also eine alte Bekannte. Denn erinnern wir uns: Auch Schiller und Humboldt priesen die Empfänglichkeit als den vitalen *sinnlichen Trieb* des Menschen, der in der ästhetischen Erfahrung des Schönen in stimmige Harmonie mit seinem Gegenüber, dem Formtrieb, gefügt werde – ein Einklang, der uns glücklich und frei mache. Selbst Meister Eckhart rühmte die jungfräuliche Empfänglichkeit Mariens als unumgehbare Grundlage für alle beseligende Einung mit Gott. – Große Einigkeit also darüber, dass Empfänglichkeit die Mutter der Glückseligkeit ist. Und wenigstens Eckhart stimmt mit Diotima darin überein, dass sie eine spezifisch *weibliche Qualität* ist.

Dies erklärt im Übrigen, dass es zumeist Männer sind, die es an ihr fehlen lassen – zum Beispiel die Zechkumpane des Sokrates: Denn es ist ja, wie er selbst ihnen bescheinigt, gerade ihr Mangel an Einsicht in die eigene Bedürftigkeit, der sie für das wahre Wesen des Eros erblinden lässt. Oder anders gesagt: Es ist ihre Überzeugung, bereits alle Schönheit, Weisheit und Göttlichkeit gepachtet zu *haben*, die es ihnen unmöglich macht, sich ins Leben zu verlieben. Stattdessen lieben sie nur sich. Dies aber ist eine fruchtlose Liebe, die *nichts* bringt. Eine Liebe, der die Empfänglichkeit fehlt, wächst nicht über sich hinaus. Ein Eros, dem die weibliche Komponente fehlt, bleibt für das göttliche Leben blind. Eine Partnerschaft, in der die Frau fehlt, wird kein neues Leben erzeugen. Ohne die Empfänglichkeit kommt das Leben nicht zu sich selbst.

Spätestens hier wird klar, warum Platon sich dafür entscheiden musste, seinen Sokrates durch eine Frau in die *Mysterien des Eros* einführen zu lassen. Denn diese weibliche Komponente des Eros hatte niemand der versammelten Gäste des Agathon auf dem Zettel. So lassen sie es an der Demut fehlen, die aller Empfänglichkeit zugrunde liegt, und berauben sich daher jeder Chance, die wahre erotische Kraft zu erfahren: »Wer nicht glaubt, bedürftig zu sein, der begehrt auch nicht, dessen er nicht zu bedürfen glaubt.«[212] Kein Wunder also, dass der Eros, den sie besangen, kein echter Eros war: dass er ein fruchtloser, einflügeliger Eros war, der nicht das Zeug hatte, seine Lobredner zu transzendieren. Kein Wunder, dass sie sich im Lobpreis ihrer selbst ergingen. Kein Wunder auch, dass sie uns als homoerotisch vorgestellt werden – den weiblichen Anteil des Eros verleugnend, der Bedürftigkeit entbehrend: einer Liebe verschrieben, die kein Leben zeugt – einer Liebe, in der das Leben nicht zu sich selbst findet. Hier hat weibliche Weisheit Platons Feder geführt: Die eine Quelle der erotischen Energie ist *Empfänglichkeit*.

Nun sahen wir: So wenig gewahr ihrer Unvollkommenheit und so wenig empfänglich Sokrates' Freunde auch sind, so beredt und geschickt sind sie in der Kunst der Rede. Vor allem Agathon versteht es meisterlich, sich darzustellen und seiner Begeisterung für sich selbst Ausdruck zu verleihen. Virtuos regt sich in ihm der schillersche *Formtrieb* – oder die *plastische Kraft* Nietzsches: das Gestalt-Gebende. Womit wir dem Vater des Eros auf die Spur gekommen wären. Denn tatsächlich: *Póros* heißt der »Durchlass« – die *Pore*, die einzig dafür da ist, Ausdruck möglich zu machen. Und weiter erfahren wir über diesen Poros, dass er der Sohn der Metis – der Klugheit – sei, woraus wir folgern dürfen: Die väterlich-männliche Quelle der erotischen Energie ist das Vermögen, sich mitzuteilen, sich darzustellen, sich auszudrücken; und zwar so, dass darin die mütterlich-weibliche Seite der Bedürftigkeit zum Ausgleich gebracht wird. Stets, sagt Diotima, ist Poros bemüht darum, einen Ausweg zu finden, den empfundenen Mangel zu heben. Und so ist es das väterliche Erbe des Eros, das ihn rastlos nach göttlicher Vollkommenheit suchen lässt:

> *Dem Schönen und Guten stellt er nach, ist tapfer, unerschrocken und unermüdlich, ein gewaltiger Jäger, immer auf irgendwelche Kniffe sinnend, begierig nach Einsicht und nie um einen Ausweg verlegen, sein ganzes Leben philosophierend, ein gewaltiger Zauberer, Alchimist und Forscher.*[213]

Der Eros lebt davon, dass er empfänglich ist für die Schönheit und dass er dieser Empfänglichkeit Ausdruck verleihen kann. Er lebt davon, dass er die eigene Disharmonie kennt und sich darum bemüht, die als Schönheit begehrte Harmonie des guten Lebens im eigenen Leben zu verwirklichen. Ganz so wie jeder Verliebte nicht anders kann, als seiner Liebe Ausdruck zu verleihen und die Geliebte zu malen, in Gedichten zu besingen, zu fotografieren – oder einfach nur von ihr zu erzählen. – Zwei Quellen hat die erotische Energie, eine weibliche und eine männliche: Empfänglichkeit und Kreativität.

Nun kennen wir dieses Paar als treibende Kräfte der Ästhetik. Es mag darum nicht unnütz sein, kurz innezuhalten, um zu erinnern, was Ästhetik und Erotik dennoch unterscheidet, nämlich die distanzierte Freiheit der einen und das freie Hingerissen-Sein der anderen. In der Ästhetik Schillers führte die Erfahrung der Schönheit dazu, dass sich die Energien von Gestaltungswillen und Empfänglichkeit gegenseitig neutralisieren und dieses Gleichgewicht den Genießenden in einen Zustand ungebundener Freiheit versetzt. Der Ästhet genießt im Genuss des Schönen immer auch sich. Das liegt dem Erotiker fern. Hingerissen vom Schönen ist da kein Ich mehr, das sich genießen könnte. An seine Stelle tritt das Leben selbst, das in ihm zu sich kommen möchte. Da ist kein distanzierter Genuss des Schönen, da ist kein *interesseloses Wohlgefallen* – da ist nur eines: *der Drang zur schöpferischen Zeugung*.

d) Zum Sex, im Sex und über ihn hinaus

Bleiben wir aber bei Diotima! Lauschen wir den Worten weiblicher Weisheit! – Und staunen wir ob der spontanen Wendung, die ihre Unterweisung nimmt, wo sie Sokrates mit der Bemerkung überrascht, in Wahrheit ziele »der Eros *nicht* auf das Schöne, wie du glaubst«. Vielmehr ziele er auf »Zeugung und Geburt *im* Schönen«[214]. – Was soll nun das? Hören wir Diotima!

> *Fruchtbar nämlich, Sokrates, sind alle Menschen, sowohl, was ihren Körper, als auch, was ihre Seele angeht, und sobald sie das gehörige Alter erreicht haben, begehrt unsere Natur zu erzeugen. Erzeugen*

aber kann sie im Hässlichen nicht, sondern nur im Schönen. Zeugung aber ist das Zusammensein von Mann und Frau. Es ist dies etwas Göttliches, und dem sterblichen Leben wohnt es als etwas Unsterbliches inne: die Schwangerschaft und die Zeugung.[215]

Dem Eros geht es um Sex, und Sex ist heilig – das ist die Essenz der Rede. Aber haben wir sie damit schon verstanden? Wohl kaum. Was also will Diotima sagen? Warum treibt uns die erotische Energie zunächst und zumeist zur Liebeslust? Warum manifestiert sie sich in der Polarität der Geschlechter und deren unwiderstehlichem Drang nach Vereinigung? – Um die passende Antwort vorzubereiten, unternimmt Diotima eine Expedition ins Tierreich. Und was kann man da entdecken?

Merkst du nicht, in welch außerordentlichen Zustand alle Tiere versetzt werden, wenn sie zu zeugen begehren, die ungefiederten wie die gefiederten, wie sie alle in einen kranken und liebestollen Zustand geraten, zuerst wenn sie sich miteinander vereinigen, dann bei der Aufzucht der Nachkommenschaft […]?[216]

Egal, was da auch kreucht und fleucht: Alle wollen nur das eine: Sex, Sex, Sex. Aber warum? Weil der »sterblichen Natur« Sex der einzig gangbare Weg ist »soweit es geht, ewig zu sein und unsterblich«. Denn:

Sie vermag dies nur auf diese Weise: durch Erzeugung, dass immer ein neues Junges zurückbleibt anstelle des Alten. […] So wird alles Sterbliche erhalten, nicht etwa dadurch, dass es schlechterdings immer dasselbe bleibt wie das Göttliche, sondern dadurch, dass das Fortgehende und Veraltende stets ein ande-

res Neues, von gleicher Art wie es selbst, zurücklässt. Auf andere Weise aber wäre es unmöglich.[217]

Deswegen sind Geburt und Zeugung etwas *Heiliges* im Menschen, deswegen bedarf es der Polarität der Geschlechter, deswegen drängt aller Eros zu Sex: Weil sich nur auf diese Weise das Leben am Leben hält – weil nur auf diese Weise das Leben lebendig bleibt – weil nur auf diese Weise das Leben zu sich selbst kommt. Und deswegen, weil das Leben selbst etwas Göttliches und Unsterbliches ist. Deswegen entsprechen wir dem Göttlichen, wo wir dem Leben entsprechen – deswegen lassen wir das Göttliche zu sich selbst kommen, wo wir dem Eros in uns Raum geben – deswegen sind Geburt und Zeugung etwas Göttliches. Damit schließt sich der Kreis, und damit wird die Sache klarer: *Eros ist Leben, das zu sich selbst kommen will.* Die fundamentalste Art und Weise, wie das Leben zu sich selbst kommt, ist Sexualität. Daher findet man sie auch in allen Lebewesen. In allen Lebewesen will das Leben lebendig sein.

Aber was heißt es, dass das Leben lebendig sein will? Es heißt nicht nur, dass es am Leben bleibt. Es heißt auch, dass es zu sich kommt: dass es sich entfaltet, zur Blüte kommt – dass es seine Vollkommenheit und Schönheit findet. Kurz: dass es harmonisch und damit glückselig wird. Eros ist nicht nur der Drang zum Sex, Eros kommt nicht nur im Sex zu sich – Eros drängt auch über den Sex hinaus: zum Guten, zum Schönen, zur Harmonie – zur Glückseligkeit. Das ist gemeint, wo Diotima ihren Schüler wissen lässt, es gebe eine Fruchtbarkeit des Leibes *und* eine Fruchtbarkeit der Seele. Die Fruchtbarkeit des Leibes gehe auf Sex und das (Fort-)Leben des Lebens – die Fruchtbarkeit der Seele gehe auf Harmonie und das (Gut-)Leben des Lebens. Beide sind im Menschen vereint – und beiden gilt die in ihm mächtige Energie des Eros.

Im Eros will das Leben zu sich selbst kommen – das Leben wohlgemerkt, nicht das Ego. Am Anfang aller Verliebtheit steht das Hingerissen-Sein vom Schönen. Daran ändert sich nichts – auch dann nicht, wenn Diotima sagt, der Eros ziele nicht auf das Schöne, sondern auf die Zeugung *im Schönen*. Aber wie sollen wir dieses *im Schönen* verstehen? – Diese Frage ist wichtig, denn nur wenn wir sie beantworten, können wir richtig verstehen, was es mit der geistigen Fruchtbarkeit auf sich hat, von der eben die Rede war. Wohlan: Warum braucht es zum Sex die Schönheit?

Die Schönheit, lässt uns Diotima wissen, ist »eine geburtshelfende Gottheit«. Und nun folgt eine charmante Passage:

> *Wenn sich also das Zeugungsbedürftige dem Schönen nähert, so wird es heiter und von Freude durchströmt, und es befruchtet und zeugt. Nähert es sich aber Hässlichem, dann zieht es sich finster und traurig in sich zusammen, wendet sich ab, schrumpft ein und erzeugt nicht, sondern trägt beschwerlich seine Bürde weiter.*[218]

Wahrlich: Mann kann diesen Ausführungen weiblicher Weisheit nicht widersprechen. Dem Schrumpfen des Zeugungslustigen lässt sich nur durch Schönheit wehren – einer schrumpeligen, alten Aphrodite wäre Anchises wohl kaum erlegen. Wo jedoch Schönheit naht, pulsiert das Leben. Da wird Eros aufgescheucht, und da findet er zu seiner Kraft. Auf der Erfahrungsebene ist das klar. Aber was ist der Grund dafür? – Diotima wäre keine Meisterin der Erotik, wenn sie darauf keine Antwort hätte. Und die Antwort ist ganz simpel: Eros wird durch Schönheit entfacht, weil ihm in der Schönheit genau das *anschaulich* begegnet, worum es ihm immer schon ging und am Ende immer gehen wird. Denn in der Schönheit wird das gute Leben selbst sinnenfällig – das harmonische Leben, das glückselige Leben, das göttliche Leben. Die Schönheit ist eine geburtshelfende *Gottheit*, weil in ihr das Göttliche des Lebens sichtbar wird: sein zeitloser Sinn, seine uneingeschränkte Bejahenswürdigkeit, seine beglückende Harmonie. Anders gesagt: In der Schönheit begegnet all das, worum es dem Leben geht, wenn es denn zu sich selbst kommen will – und *damit* es zu sich selbst kommt, entfacht es erst den Eros durch Schönheit und hält ihn – den daimonischen Mittler zwischen Göttern und Menschen – dazu an, das Leben zu sich selbst zu leiten: zu seinem biologischen (Fort-)Leben durch leiblichen Sex ebenso wie zu seinem (Gut-)Leben durch eine Leib und Geist integrierende Erotik – zu Zeugung und Geburt sowohl einer Nachkommenschaft als auch der eigenen Göttlichkeit, die als Schönheit sich zeigt, als Glückseligkeit schwingt und als Sinn verstanden wird. Dies alles gehört zusammen:

Diotima: Was geschieht dem, dem das Schöne zuteil wird?

Sokrates: Auf diese Frage habe ich so leicht keine Antwort mehr.

Diotima: Aber wenn man durch Tausch an die Stelle des Schönen das Gute setzte und fragte: Sag, Sokrates, wer das Gute liebt, worum ist es ihm in dieser Liebe zu tun?

Sokrates: Dass es ihm zuteil werde.

Diotima: Und was geschieht dem, dem das Gute zuteil wird?

Sokrates: *Da finde ich leichter einen Weg zu antworten, nämlich, dass er glückselig sein wird.*

Diotima: *Denn durch den Besitz des Guten sind die Glückseligen glückselig, und es bedarf nun keiner weiteren Frage mehr, wozu denn der glückselig sein will, der es sein will, sondern damit scheint die Antwort ihren Abschluss gefunden zu haben.*[219]

Vollkommenheit und Glückseligkeit – darum geht es dem Eros. Und weil es ihm darum geht, entzündet er sich dort und nur dort, wo Vollkommenheit und Glückseligkeit als Schönheit in Erscheinung treten. Er entzündet sich dank der weiblichen Energie der Empfänglichkeit. Sie erlaubt es dem Eros, sich hinreißen zu lassen vom Schönen, das nun in ihm die unstillbare Sehnsucht weckt, selbst vollkommen, glückselig, harmonisch und schön zu werden. Und damit tritt die männliche Energie des schöpferischen Ausdrucks auf den Plan. Denn nun ringt Eros darum, dem Schönen im eigenen Leben Gestalt zu geben: Vollkommenheit, Glückseligkeit, Harmonie und Schönheit zu erzeugen. So kann das Leben zu sich selbst kommen – *nur so*, und eben darum gibt es keinen Weg zur Glückseligkeit außer den, auf den Eros uns führt:

Es ist dies aber ein Weg, der über uns hinaus führt: ein Weg, bei dem zunächst der Eigenwille auf der Strecke bleibt, damit das Leben selbst von uns Besitz ergreift – und ein Weg, der seinen Ausgang bei der Sexualität nimmt und dort gleichsam Schwung holt, um beflügelt von dieser vitalsten aller Energien sich aufzuschwingen zu einer erotischen Lebenskunst, in der er fortschreitet in Richtung Vollkom-

menheit. Vollkommenheit aber umschließt im Denken der alten Griechen immer auch Unsterblichkeit und Zeitlosigkeit, und das wiederum ist ihnen gleichbedeutend mit: Göttlichkeit. Deswegen konnte Diotima sagen, mit Eros wohne dem »sterblichen Leben« etwas »Unsterbliches« inne und Zeugung und Geburt seien etwas Heiliges oder »Göttliches« im Menschen. Sie sind etwas Göttliches, weil sie uns Menschen den Zugang zu einer anderen Dimension eröffnen, uns transzendieren: im Bereich der leiblichen Zeugung, indem sie das Leben über die Grenzen der Individualität hinaus fortbestehen lassen – im Bereich der geistigen Zeugung, sofern das Leben über die Grenzen der Individualität hinaus sich einschwingt in die ewige Harmonie des Kosmos. Denn wo geistige Zeugung gelingt, wird das Leben vollkommen, sinnvoll, bejahenswert. Wo sie gelingt, schwingt es im Einklang mit allem und hat darin alle Sterblichkeit des Individuellen hinter sich gelassen. Wo sie gelingt, ist Eros an sein Ziel gekommen. »Notwendig also zielt nach dieser Rede der Eros auch auf Unsterblichkeit.«[220]

e) Der Geist der Schwebe

Eros ist Leben, das zu sich selbst kommen will. Am Anfang steht dabei die Erkenntnis, dass das Leben zunächst und zumeist nicht bei sich ist – eine Einsicht, die empfänglich macht für Schönheit, die Erscheinung des zu sich gekommenen Lebens. Ihr will Eros entsprechen. Der verliebte Mensch sehnt sich nach der Vollkommenheit des Ganz-zu-sich-gekommen-Seins, und nichts treibt ihn mehr um als der Wunsch, sich ihr anzugleichen: damit er sein Leben als sinnvoll bejahen, als schön gutheißen und als harmonisch genießen kann. Und in eins mit diesem Wunsch regt sich in ihm ein Bedürfnis nach Ausdruck: er will Harmonie und Schönheit nicht nur (ästhetisch) genießen, sondern im eigenen Leben erzeugen. Ihn packt die Sehnsucht, dass Schönheit ihm zukomme, dass er selbst schön und gut und glückselig werde[221]. So schwingt in der Liebe zur Schönheit der Wunsch nach der Glückseligkeit des harmonischen Lebens. Wenn wir Diotima Glauben schenken, ist er der eigentliche Motor aller Lebenskunst. Aber – und das ist das Entscheidende – er ist nicht nur der Motor, sondern auch das Vehikel. Will sagen: In dem Maße, in dem wir seinem Antrieb folgen, transformiert er uns. In dem Maße, in dem wir uns verlieben, werden wir glückselig. In dem Maße, in dem wir uns der Sehnsucht nach einem harmonischen Leben anvertrauen und dem Eros in uns Raum geben, schwingen wir uns ein in das wahre und göttliche Wesen des Lebens. Damit nähern wir uns den »höchsten Weihen« der Liebeskunst.

Wie so oft, wenn man dem Ziel nahe ist, bedarf es jedoch einer kleinen Abschweifung. Sie führt uns zu dem Dialog *Phaidros*, dem wir bislang keine Beachtung schenkten. In ihm findet sich eine reizende Passage, die beschreibt, was der menschlichen Seele *vor* aller erotischen Lebenskunst und Bildung widerfährt – wie ihr geschieht, wenn sie mir nichts, dir nichts unter den Einfluss des Schönen gerät. Dazu eine Vorbemerkung: Im *Phaidros* vergleicht Platon die Seele mit einem Pferdegespann: ein Führer, der für den Intellekt steht, und zwei Rosse als Sinnbilder für Leidenschaften und Gefühle – die uns bereits bekannten drei »Seelenteile« Rationalität, Emotionalität und Affektivität. Und dann beschreibt er, was aus diesem Gespann wird, wenn Schönheit in sein Gesichtsfeld tritt: Es gerät in vollkommene Unordnung, komplettes

Chaos, disharmonisches Durcheinander, das die Seele fast zerreißt[222] – bevor dann aber doch eine Beruhigung eintritt, weil der Wagenlenker bei allem doch immer irgendwie weiß, dass seine Liebe gar nicht so sehr jenem begehrten Wesen gilt, zu dem seine Pferde ihn hinreißen, sondern dem göttlichen Leben selbst, das ihn in Gestalt der Schönheit dazu anhält, um seine Vollendung zu ringen. So kommen die Gäule langsam zur Ruhe, bis auch das wilde Ross der Triebe und Affekte »demütig und furchtsam« folgt[223]. Wichtig daran ist, dass es nicht ausgespannt oder abgekoppelt wird. Nie käme Platon auf den Gedanken, der Leidenschaft und Sinnlichkeit *den Krieg* zu erklären, wohl aber ist ihm daran gelegen, dass sie uns im Überschwang des Eros nicht kopflos werden lassen – dass wir nicht aus dem Auge verlieren, worum es uns am Ende wirklich geht: ein lebendiges Leben zu führen – ein gutes Leben – ein harmonisches Leben.

Es geht dabei nicht ohne Kämpfe ab. Die Leidenschaften heißen nicht umsonst Leidenschaften. Und es ist wohl eine Wahrheit des Lebens, dass der Eros manchen Schmerz und das Leben manche Turbulenz durchlitten haben müssen, bevor die erotische Bildung ansetzen und eine erotische Lebenskunst Raum greifen kann. Durch diese Phase muss hindurch, wer Lebenskünstler werden will. Und das Tröstliche ist: Man kommt hindurch – vor allem dann, wenn die erotische Lebenskunst uns dabei hilft. Und wie macht sie das? – Noch ein wenig Geduld. Wir kommen darauf zurück.

Der *Phaidros* beschreibt eine – wenn man so will – natürliche Harmonisierung von Sinn und Sinnlichkeit: eine Harmonisierung, die nicht ohne den Schmerz erzwungener Zurückhaltung, abgewiesener Liebhaber, enttäuschter Hoffnungen abgeht. Solange der Eros nicht durch die Schule der Lebenskunst gegangen und der Verliebte nicht die höheren Weihen Diotimas erhalten hat, wird er auf diese etwas holprige, aber doch nicht erfolglose Weise die Kräfte der Seele austarieren, der Leidenschaft den überschüssigen Schwung nehmen und dem Verstand die übermäßige Zurückhaltung. Damit erschöpft sich laut *Phaidros* aber nicht das Werk des Eros. Er harmonisiert nicht nur die Seele, er energetisiert sie auch: Er verleiht ihr die Kraft, die wir brauchen, um uns auf den Weg zur Vollendung und Blüte des Lebens zu begeben: zur Schönheit und Glückseligkeit. Dafür hat Sokrates ein anderes Bild. Er vergleicht die Seele nicht nur mit einem Gespann, sondern lässt dieses Gespann auch noch – eine Anspielung auf Eros – *gefiedert* sein. Es verfügt über Flügel, die es, idealerweise, emporheben zur Dimension des Göttlichen. Dies gelingt aber nur, wenn das Gefieder gut genährt ist – wenn ihm die nötige Energie zufließt. Und genau das leistet Eros angesichts der Schönheit:

> *Durchwärmt nämlich wird der Liebende, indem er durch die Augen den Ausfluss des Schönen aufnimmt, durch welchen sein Gefieder gleichsam begossen wird. Ist er nun durchwärmt, so schmilzt um die Keime des Gefieders hinweg, was schon lange verhärtet sie verschloss und sie hinderte, sich zu entfalten.*[224]

Wo Eros entflammt, gehen Harmonisierung und Energetisierung unseres Lebens Hand in Hand. Das ist die Essenz unserer *Phaidros*-Lektüre. Wir hatten gesehen, wie Eros – schon im ungebildeten Zustand – angesichts des Schönen eine Austarierung des sexuellen Triebes (des wilden Pferdes), der Leidenschaft (des zahmen Pferdes) und des Intellekts (des Wagenlenkers) Zustande bringt und darin dem Ästheten Schillers ähnelt, der unter Einwirkung des Schönen den sinnlichen und den Formtrieb zum Ausgleich bringt. Nun werden wir betrachten, inwiefern Eros auch dem Lebenskünstler à la Wilhelm Schmid und Friedrich Nietzsche ähnelt – wieder, indem er austariert. Nun aber nicht die Polarität von Leib und Geist, sondern die von Männlich und Weiblich.

Inwiefern Eros ein Lebenskünstler ist, haben wir bereits vernommen. Ein Lebenskünstler ist er als Philosoph, Zauberer, Alchimist und Forscher: als einer, der sich seiner mütterlichen Herkunft der Bedürftigkeit bewusst ist und mit männlicher Energie alles daran setzt herauszufinden, was es eigentlich ist, das ihm fehlt – was es eigentlich ist, das ihm in der Schönheit, in die er sich verliebt, entgegenblickt. So geht Eros als Philosoph in die Tiefe, dringt ein in die Oberfläche der schönen Erscheinung und ringt darum, den sich in ihr offenbarenden Sinn des Lebens zu verstehen. Je mehr er aber versteht, desto mehr bejaht er – und je mehr er bejaht, desto mehr schwingt er sich ein in ein stimmiges und harmonisches Verhältnis zu sich selbst. Er ist ein Lebenskünstler, der seinem Leben Sinn gibt – freilich nicht einen Sinn, den er selbst erzeugte, sondern einen Sinn, der dem Leben an sich eignet. Und so *gibt* er auch nicht eigentlich Sinn, sondern er sucht und findet ihn. Das freilich unterscheidet den von Eros beseelten vom neuzeitlichen Lebenskünstler à la Schmid. Was die beiden verbindet, ist nur das Bewusstsein, dass wir, um glücklich zu werden, dem Leben eine sinnvolle Gestalt verleihen müssen. Denn nur so können wir es bejahen und genießen. Schmid und Diotima sind sich darin einig, dass zum Glücklich-Sein die gestaltende männliche Energie nicht fehlen darf: die plastische Kraft des *Poros*. Aber wo der eine diese Kraft am eigenen Wunschbild Maß nehmen lässt, verpflichtet sie die andere auf die göttlich-harmonische Vollkommenheit des Lebens. Und dies, indem sie uns anhält, *uns schön zu machen* und alle möglichen Übungen, Praktiken und Techniken zu ergreifen, um uns die geliebte Harmonie *einzuverleiben*. So wird auch der vom Eros Beseelte zum Lebenskünstler – aber nicht aus eigenen Stücken, sondern weil er längst seinen Eigenwillen dem Eros zum Opfer brachte und nun das Leben selbst in ihm lebendig werden lässt und ihm Gestalt zu geben wünscht.

Ob nun als Philosoph, Lebenskünstler oder Forscher: Wo sich Eros am Schönen entzündet, spielen Empfänglichkeit und Ausdruckskraft ineinander. Indem sie beide ihre Kraft entfalten, kommen weibliche und männliche Energie in ein stimmiges Gleichgewicht. Eros harmonisiert die Geschlechter – nicht allein, indem er sie zum Geschlechtsakt zusammenführt, sondern auch auf einer energetischen Ebene, indem er weibliche und männliche Kraft ineinander wirken lässt. Dieses Zusammenwirken geschieht immer da, wo Menschen für das Schöne empfänglich sind und die Kraft entfalten, der Schönheit im Leben Ausdruck zu verleihen. Und diese Schönheit wird umso stärker, dauerhafter und beglückender sein, je empfänglicher wir für die Schönheit des Lebens sind und je geübter wir darin werden, ihr im Wechselspiel der Geschlechter Gestalt zu geben.

Damit kommen wir zu der dritten Dimension der Harmonisierung, die Eros, der große *Daimon*, vollbringt – eine Dimension, die ihn in die Nähe der Mystik bringt: die Harmonisierung von Göttlichem und Menschlichem. Diese Dimension ist die entscheidende – sie zu verstehen bedeutet zu erkennen, worin sich Erotik und Mystik unterscheiden – was gar nicht einfach ist, denn sie sind aufs Engste verwandt, wie wir bei unserem Seitenblick auf die Braut-Mystik sahen. Das ist das eine. Das andere und wirklich Entscheidende aber ist: Wenn wir Diotima in ihrer Strukturbeschreibung des Eros folgen, dann ist ganz klar, dass er diejenige Energie des Lebens ist, die uns Menschen dazu anhält, uns dem Göttlichen zuzuwenden – dem Göttlichen als der höchsten Möglichkeit und letzten Wahrheit des Lebens, das wir selber sind. Nun sagt Diotima ausdrücklich: Eros ist kein Gott. Eros ist ein *Daimon* – ein Wesen, das uns mit dem Göttlichen in Verbindung bringt[225]. Ebenso sagt sie: Eros ist nicht weise, wohl aber einer, der nach Weisheit verlangt. Und sie sagt: Eros ist nicht schön, wohl aber einer, der sich nach Schönheit sehnt. Und: Eros ist nicht selig, wohl aber einer, der sich nach Seligkeit sehnt. Und wir ergänzen: Und der uns genau deshalb zur *Glückseligkeit* geleitet.

Das ist der ent- und unterscheidende Punkt: Anders als die Mystik zielt die Erotik nicht darauf, dass der Mensch Gott werde – sich mit Gott vereine. Ihr geht es nicht um die Seligkeit des Gott-Seins. Nein, die Erotik findet ihre wahrhaft menschliche Glückseligkeit gerade da, wo ihr die Seligkeit entzogen bleibt. Sie findet ihr Glück darin, dass sie das Gleichgewicht zu halten vermag: das Gleichgewicht zwischen dem ganz und gar zum Geliebten (dem vollkommenen, göttlichen, sinnvollen Leben) *Hingezogen-Sein* und dem doch nie endgültig (höchstens vorübergehend) *Bei-ihm-Sein*. Sie hält die *Schwebe* zwischen der leuchtenden *Präsenz* des Schönen und seiner abweisenden *Unverfügbarkeit* – zwischen der *Anwesenheit* des Göttlichen und seiner gleichzeitigen *Abwesenheit*.

Jeder, der den Eros kennt, weiß, dass diese Schwebe und Spannung ihm keinen Abbruch tut – im Gegenteil: dass *sie* es gerade ist, die seine Quellen – *Empfänglichkeit* und *schöpferische Ausdruckskraft* – zuallererst zum Sprudeln bringt. *Der Eros ist ein Geist (Daimon) der Schwebe*, des Aushaltens von Spannung – er ist die Energie, die uns das Gleichgewicht halten lässt zwischen Vollkommenheit und Mangel, zwischen Freude und Leid, zwischen Mensch und Gott. So wie Sinnlichkeit und Sexualität in ihm ebenso integriert sind wie Spiritualität und Geistigkeit, so auch die

Seligkeit der Gipfelerlebnisse mystischer Erfahrung und das Leiden unter der Entzogenheit und Ferne des Göttlichen. Denn das Glück des Eros ist die uns Menschen gewährte Glückseligkeit, die unsere Mangelhaftigkeit ebenso bejaht wie unsere Aussicht auf Vollkommenheit: eine Glückseligkeit, die die Schwebe zwischen Hingerissensein *zum* und Entzug *des* Vollkommen-Schönen-Lebendigen aushält. Es ist, um Diotimas Worte zu gebrauchen – das großartige Werk des Eros, dass er – in der Mitte von Menschen und Göttern – dafür sorgt, »dass das Ganze mit sich selbst verbunden ist«[226]. Damit haben wir den ersten Einblick in die Mysterien des Eros getan. Nun sind wir reif, die höchsten Weihen zu empfangen.

f) Verliebt im weiten Meer der Schönheit

> *Soweit kannst wohl auch du, Sokrates, in die Mysterien des Eros eingeweiht werden; ob du aber auch für die letzten und höchsten Weihen [...] empfänglich bist, weiß ich nicht. Ich werde sie dir nun vortragen und es an gutem Willen dabei nicht fehlen lassen. Versuche nur zu folgen, sofern du es vermagst.*[227]

Die Meisterin macht keinen Hehl daraus: Sie wird uns Großes offenbaren. Die Reifeprüfung steht bevor – die Prüfung, wie weit wir dem Eros zu folgen vermögen, wie weit unsere Empfänglichkeit für ihn gediehen ist. Denn nichts und niemand als er ist es ja, der uns dazu anhält und antreibt, die Wahrheit über ihn in Erfahrung zu bringen. Nur als vom Eros Gepackte, Harmonisierte und Erotisierte werden wir den Worten der Weisen folgen können. Nur wenn wir es nicht an Empfänglichkeit fehlen lassen, werden wir der Schönheit ihrer Rede gewahr werden – und nur wenn die schöpferische Ausdruckskraft in uns stark ist, werden wir sie unserem Leben aufprägen können. Kurz: Es gilt, alle Energie zu bündeln und uns einzulassen auf Diotimas Worte – auf dass wir uns in sie verlieben ... – und glücklich werden.

> *Es muss nämlich, wer den richtigen Weg zu diesem Ziel gehen will, in der Jugend damit beginnen, den schönen Leibern nachzugehen, und zunächst [...] einen solchen Körper lieben und angesichts seiner schöne Reden erzeugen, dann aber selbst zu der Einsicht gelangen, dass die Schönheit an jedem beliebigen Körper der an jedem anderen Körper verschwistert ist, und dass es, wenn es gilt, der Schönheit nachzugehen, großer Unverstand wäre, die Schönheit an allen Körpern nicht für eine und dieselbe zu halten. Hat er dies aber eingesehen, dann wird er zu einem Liebhaber aller schönen Körper werden, in seiner Leidenschaft für einen einzelnen aber nachlassen.*[228]

Das ist erotische Lebenskunst, das ist erotische Bildung, das ist erotische Kultur: eine Steigerung der Sensibilität für das Schöne, eine Verfeinerung der erotischen Energie. *Erotische Lebenskunst bedeutet, die Wahrnehmungsfähigkeit oder Empfänglichkeit für das Schöne zu steigern und in allem die göttliche Schönheit des Lebens zu erblicken.* Und es bedeutet: den Horizont des Eros zu weiten. Es zeugt von mangelnder erotischer Reife, allein der Schönheit eines einzigen Menschen zu erliegen und all sein Begehren auf ihn zu konzentrieren. Gewiss: In der Fokussierung des Eros auf nur eine(n) Geliebte(n) bekommt diese Liebe eine höchste Intensität des Begehrens, aber sie macht blind für die allgegenwärtige Schönheit des Lebens, sie verengt den Blick. Die erotische Lebenskunst dagegen weitet den Horizont: Indem sie die Empfänglichkeit schult, schärft sie auch da noch den Blick für die Schönheit, wo der Anfänger des Eros sie gar nicht erahnte. Gewiss verliert der anfängliche Eros in dieser Weitung des Horizontes an Intensität, aber dafür wird er reicher und in seinem Reichtum harmonischer. Denn mit dem nachlassenden Begehren wird es ihm leichter, das innere Gleichgewicht zu halten oder herzustellen – und mit der Gabe, sich in alles verlieben zu können, fügen wir uns in ein harmonisches Verhältnis zu unserer Umgebung. Kurz: Je weiter wir in der erotischen Lebenskunst voranschreiten, desto mehr wird Eros uns energetisieren, harmonisieren – und beglücken.

Eines nun ist wichtig – dasjenige, worin der fundamentale Unterschied zwischen der Erotik einerseits und Mystik und Ästhetik andererseits besteht: Die erotische Energie ist sexuell. Und sie wird in der erotischen Lebenskunst weder bekämpft noch unterdrückt, sondern sublimiert und transformiert: indem sie sich ablöst von der leidenschaftlichen Begierde, sich mit dem Geliebten sexuell zu vereinen und indem sie kultiviert wird zur leidenschaftlichen Liebe zum Leben selbst. Das bedeutet nicht, dass man als Fortgeschrittener der erotischen Lebenskunst keinen Sex mehr haben sollte oder dürfte. Im Gegenteil: Es bedeutet, dass wir Sex haben *sollen* – aber einen Sex, der hellsichtig ist, der in dem /der Geliebten die hinreißende Manifestation des göttlichen Lebens selbst liebt. Das setzt voraus, dass das eigene Begehren nicht mehr von Eigenwillen und Egomanie getrieben wird: dass es den/die Geliebte(n) nicht begehrt, um sich in dieser Leidenschaft selbst zu lieben oder zu bestätigen (was leider meistens der Fall ist). Es setzt eine erotische Kultur voraus, bei der wir uns selbst loslassen, um dem Eros in uns Raum zu geben: dem Eros, mit dem nicht wir für uns, sondern das Leben selbst für sich entbrennt.

Nun ist das Schöne, dass dieses Los-Lassen des Egos und Platz-Geben des Eros in dem Maße gelingen wird, in dem wir in der erotischen Lebenskunst voranschreiten und unseren Horizont des Schönen erweitern. Noch einmal: Je feiner, weiter und tiefer wir lieben – je besser es uns gelingt, die Phänomene dieser Welt auf ihre Schönheit hin transparent sein zu lassen – desto geringer wird unser Begehren und desto geringer wird die jedem Begehren anhaftende Ego-Fixierung. Sie ist am stärksten, wo wir nur *einen* schönen Körper lieben – sie ist schwächer, wo wir *alle* schönen Körper und am schwächsten, wo wir *alles* lieben. Das präzis ist der Grund dafür, warum wir im Fortgang der erotischen Lebenskunst nicht nur immer harmonischer werden, warum wir nicht nur immer sensibler für Schönheit werden, sondern warum wir dabei zugleich der Göttlichkeit des Seins und Lebens immer näherkommen: weil wir uns mehr und mehr loslassen, ins göttliche Leben einlassen und darin der Ewigkeit des Lebens teilhaftig werden.

Bevor wir die Rede Diotimas weiterverfolgen, ist es nicht vergebens, die erotische Lebenskunst noch einmal von einer anderen Seite anzuschauen. Wir hatten von der Meisterin bereits erfahren, dass Eros, bei Lichte besehen, in allem Begehren wirksam ist – im sexuellen nicht minder als im spirituellen: »Im allgemeinen ist jedes Begehren des Guten und der Glückseligkeit die ›größte und listenreichste‹ Liebe für jede und jeden.« Das heißt: Auch in den Menschen, die auf anderen Wegen als in der expliziten Erotik ihr Glück suchen, ist es kein anderer als Eros, der sie antreibt: »im Streben nach Gelderwerb genauso wie in der Liebe zur Gymnastik oder in der Philosophie«[229]; ebenso in ihrem Bedürfnis, Karriere zu machen oder Ruhm zu erwerben. Ja, auch die Künstler und Dichter »zeugen« ihre Werke, um sich in ihnen zu transzendieren und unsterblich zu machen[230]. Denn stets geht es bei all diesen Spielarten des

Eros nur um das eine: um *zeitloses* Glück und Vollkommenheit – um ein Sich-Einschwingen in die Harmonie des großen göttlichen Lebens.

Genau hier setzt die erotische Lebenskunst an. Sie erklärt dem Begehren nicht den Krieg, sondern sie freundet sich mit ihm an – um es zu transformieren. Und sie transformiert es, indem sie den Begehrenden über sich selbst aufklärt und ihm zu verstehen gibt, dass es kein anderer als Eros ist, der in ihm das Regiment führt. Diese Einsicht ist es, die der weiteren Ausbildung der Erotik den Weg ebnet, sodass alles Begehren in eine erotische Energie umgeformt werden kann, worin nicht mehr wir qua *Ego* ein bestimmtes Gegenüber begehren, sondern wir als Manifestationen göttlichen Lebens uns in die uns umgebenden Manifestationen göttlichen Lebens verlieben. So gesehen ist nicht nur die Schönheit eine »geburtshelfende Gottheit«, sondern auch die Philosophie – und so gesehen war es ein Akt der sokratischen Hebammenkunst, wenn wir im Vorherigen die gängigen Konzepte von Glück und die unterschiedlichen Wege zu seiner Ermöglichung beleuchteten, um die Einsicht vorzubereiten, dass Mystik, Lebenskunst, Ästhetik und Bildung sich *nicht* darüber aufgeklärt haben, welch listiger Daimon in ihrem Gewande geschritten kommt: dass sie alle nichts anderes sind als Varianten auf Eros – Varianten, aber auch Verstellungen, in denen er sich nicht frei entfalten kann. Also muss es die Aufgabe einer erotischen Lebenskunst sein, dem entgegenzuwirken. Ihr Anliegen ist es, den Eros zur Blüte zu bringen – ihn zu kultivieren, zu pflegen, zu hegen.

Was das bedeutet, haben wir im Anschluss an den Anfangsteil der Rede Diotimas gesehen. Aber das war noch nicht alles. Denn der Bildungsweg des Eros ist noch lange nicht am Ende:

Danach aber wird er die Schönheit in den Seelen für wertvoller halten als die in den Körpern, so dass, wenn einer bei einer wohlgestalteten Seele auch nur von geringer körperlicher Blüte ist, ihm dies dennoch genügt und er ihn liebt und ihn umsorgt; und er erzeugt und sucht solche Reden, die die jungen Menschen besser machen, damit er selbst wiederum dazu genötigt wird, das Schöne in den Erzeugnissen der Kultur zu betrachten und auch bei diesem zu sehen, dass alles mit einander verwandt ist. [...] Nach den Lebensweisen aber muss man ihn zu den Wissenschaften führen, damit er auch darin die Schönheit sehe und – bereits auf vielfältiges Schönes blickend – es nicht mehr nur bei einem einzelnen liebe [...]; vielmehr soll er sich auf das weite Meer des Schönen begeben [...] bis ihm eine einzige letzte Einsicht zuteil wird, die das Verstehen der Schönheit selbst ist.[231]

Wir müssen nicht alles an Diotimas Worten verstehen. Es reicht die Essenz. Und die lautet: Je weiter wir in der erotischen Lebenskunst reifen, desto mehr prägen wir das Vermögen aus, Schönheit auch da zu erkennen, wo sie nicht an der Oberfläche erscheint; das heißt: Schönheit nicht allein *sinnlich* wahrzunehmen, sondern auch *geistig* zu gewahren – nämlich immer dort, wo Harmonie und Einklang herrschen: in den Gesetzen der Mathematik, der Geometrie, der Astronomie, der Harmonik; in den Werken der Kunst und womöglich auch Technik; vor allem aber auch in der »Schönheit der Seelen«, die darin besteht, dass Menschen eine gesunde und in sich stimmige Lebensform ausprägen. Das sieht man nicht mit den Augen, wohl aber mit dem erotisch geschulten Herzen.

Mit jedem Schritt, den Eros in die Tiefe geht und für die nur verstehbare, nicht aber sichtbare Schönheit entflammt, wird unser Einklang mit uns und der Welt zunehmen. Immer harmonischer wird das Leben, bis es die vollkommene Harmonie mit allem erreicht, indem wir in allem die kosmische Schönheit des göttlichen Lebens gewahren, in dem »alles mit einander verwandt ist«. Dieses Gewahren nennt Diotima das »Erblicken der Schönheit selbst« – ein Gewahren, das kein intellektuelles Begreifen ist, sondern ein sich seiner selbst bewusstes und durchsichtiges Einschwingen in die Harmonie des Seins dieser Welt, der großen Musik des Kosmos. In diesem Einschwingen verstehen wir mit jeder Zelle unseres Leibes, was Schönheit und Harmonie ist, wir sind uns des Sinnes unseres und allen Lebens bewusst und sind ganz und gar durchlässig. Wir verströmen uns im Eros zu allem, denn wir können nun alles bejahen. Und darin sind wir glückselig:

> *Glaubst du wohl, dass das ein schlechtes Leben sei, wenn ein Mensch dorthin blickte und immerdar jenes betrachtete, und mit ihm zusammen wäre? Und sagst du dir nicht, dass es ihm dort allein gelingen wird [...], die Vollkommenheit des Lebens zu erzeugen, [...] da er dessen Wahrheit berührt? Wer aber die Wahrheit erzeugt und pflegt, dem ist es beschieden, ein Liebender Gottes zu werden und, wenn überhaupt einem Menschen, dann gewiss ihm, unsterblich zu sein.*[232]

... und *glückselig*, wie wir ergänzen dürfen. Die Glückseligkeit des Eros ist *nicht* die Seligkeit einer einmaligen, ekstatischen *Einswerdung* mit Gott, sondern sie schwingt in der bleibenden grenzenlosen *Liebe zum heiligen Sein dieser Welt bzw. zur göttlichen Lebendigkeit des Kosmos*, deren Schönheit er in allem gewahren kann. Solange wir vom Eros erfüllt und durchdrungen sind, gibt es für unsere Liebe ein Gegenüber, das aber kein bloß *Anderes* mehr ist, sondern das Antlitz eben des lebendigen Seins, das sich in uns auf je individuelle Weise manifestiert. Das heißt: Eros »überwindet« nicht Unterschiedenheit, Dualität oder Vielfalt, sondern erschließt sie als lebendige und mit einander verbundene Erscheinungsformen des *einen*, sinnvollen, guten, schönen und deshalb göttlichen Seins dieser Welt, das allumfassende *Ganzheit* ist und darin das Sowohl-als-Auch von Unterschiedenheit und Einheit. Im Eros kommt das Leben zu sich selbst.

Der vom Eros beseelte und die erotische Lebenskunst übende Mensch bleibt mithin in der Schwebe zwischen unendlicher Nähe und unendlicher Ferne des Göttlichen. Stets bleibt er Mensch und nie wird er Gott. Frei von Ego und Eigenwillen bleibt er doch ein Individuum, das sich an der mit den Augen des Eros wahrgenommenen Präsenz der umfassenden Schönheit des göttlichen Lebens erfreut und zugleich unter ihrer unverfügbaren Entzogenheit leidet. Und selbst wenn er je in einem Gipfelerlebnis die Seligkeit ekstatischer Einung erfuhr, verbinden sich in ihm doch Trennungsschmerz und Vereinigungswonne. Dem Eros tut das keinen Abbruch. Im Gegenteil, es feuert ihn an, sich seiner schmerzlichen Unvollkommenheit bewusst zu werden und seiner ungestillten Sehnsucht nach Vollkommenheit ins Angesicht zu sehen, um auch sie zu bejahen. Es feuert ihn an, seine Ausdrucksfähigkeit zu erproben, um das Geliebte – gerade weil es unverfügbar ist – in unendlichen Variationen präsent zu halten. Es treibt ihn dazu, in der Vereinigung der Geschlechter das Leben zu feiern und zu erhalten. So bringt Eros in uns die geschlechtlichen Energien zum Ausgleich, so vereint er Spiritualität und Sexualität, so fügt er das Leben in eine Harmonie, in der Freude und Leiden das Gleichgewicht halten. So macht Eros uns *glückselig*. Er trägt weiter als *Paideía* und Lebenskunst, weiter auch als Ästhetik und Mystik. Der Weg zur *Glückseligkeit* ist ein anderer: Erotik. Und der *erotische Imperativ*, der uns auf ihn bringt und auf ihm hält, lautet: *Verliebe dich ins Leben!*

6

Verliebe dich ins Leben!

Der *erotische Imperativ* und zehn Vorschläge, wie Sie ihn befolgen können

Verliebe dich ins Leben! – nichts ist leichter gesagt und schwerer getan. Denn wie soll das gehen? Ist der *erotische Imperativ* nicht absurd? Wie kann man jemanden auffordern, sich zu verlieben, wenn doch das Wunder der erotischen Liebe gerade darin besteht, dass wir sie nicht herbeizwingen, nicht machen, ja nicht einmal *wollen* können? Wie kann man einen *erotischen Imperativ* formulieren, wenn der Eros eine Energie ist, die sich unserer Verfügungsgewalt entzieht: ein Kerlchen, das seine Pfeile abschießt, wie es ihm passt – und nicht wie wir es gerne hätten?

Der Einwand ist berechtigt: Der *erotische Imperativ* ist eine Unmöglichkeit. Er ist zumindest so lange eine Unmöglichkeit, wie wir ihn so verstehen, als appelliere er an unseren Willen, uns dafür zu entscheiden, uns ins Leben verlieben zu wollen. Genau das können wir nicht – ebenso wenig, wie wir uns entscheiden können, glücklich oder harmonisch zu werden. Gerade darin sind Eros und Glück ja Geschwister: dass sie flatterhafte Wesen sind, die wir nicht aus eigener Kraftanstrengung herbeizwingen können. Und vermutlich liegt hier der eigentliche und tiefste Grund dafür, warum trotz aller Glücksliteratur, trotz aller Glückscoachings, trotz aller Glücksseminare das Glück in unseren Breiten so selten ist: weil wir vorhaben, aus eigenen Kräften glückselig zu werden und gar nicht erst die Vorstellung zulassen, das Glück könne sich ausgerechnet dann einstellen, wenn wir unseren Willen, unsere Macht und unser Leistungsdenken fahren lassen und uns dem Eros anheimgeben. Nein, der Eros lässt sich nicht erwerben. Sowenig wie das Glück taugt er für den Marktplatz – wo er bloß konsumiert oder als Verdienst für eigene Leistung erwartet wird, macht er sich aus dem Staub und hinterlässt an seiner Stelle armselige Gespenster, die sich etwa in »Eros-Centern« tummeln. Mit *erotischer Lebenskunst* hat das nichts zu tun – so wenig wie das große *Glück* der Harmonie mit der kleinen *Freude* der Bedürfnisbefriedigung, die man sich dort erkaufen kann. Glückselige Menschen sind in unseren Breiten deshalb so selten, weil wir alle uns daran gewöhnt haben, uns *wollend* zu uns, zu unseren Mitmenschen, zur Welt zu verhalten – weil wir den Mut nicht mehr aufbringen, uns *erotisch* zu verhalten: uns von der Schönheit des Lebens, des Seins, unserer Mitmenschen und der Natur angehen und anstecken zu lassen.

Also noch einmal: *Verliebe dich ins Leben!* – Wie soll das gehen, wenn sich verlieben nicht eine Sache des *Wollens* ist, sondern eine Sache des *Zulassens* oder besser noch des *Seinlassens*, bei der wir dem Leben in uns Raum geben, damit es in seiner Manifestation als das Individuum, das wir sind, zu sich selbst findet? Wie soll das gehen, dass wir uns vom Leben *beschenken* lassen? Es kann nur so gehen, dass wir eine Lebenskunst entwickeln, die uns für den Anspruch und Zuspruch der Schönheit öffnet und so den erotischen Weg zur Glückseligkeit eines harmonischen Lebens im Einklang mit uns und der Welt bereitet.

Nicht wir haben den Eros, sondern der Eros hat uns. Der *erotische Imperativ* ist folglich ein Appell, sich auf den Eros *einzulassen*, sich für ihn *empfänglich* zu halten und sich auf ihn *einzustimmen*. Die besondere Pointe der erotischen Lebenskunst besteht darin, dass immer dort, wo Eros sich entzündet, ein Doppeltes geschieht: Wir werden erotisch energetisiert, für Schönheit sensibilisiert, zu ihr hingezogen und dazu angefeuert, ihr im eigenen Leben Ausdruck zu verleihen; und dabei werden wir zudem transformiert und harmonisiert. Denn die erfahrene Schönheit lässt uns selbst schön werden, indem sie unsere eigene Lebendigkeit von ihrer egozentrischen Selbstbezüglichkeit befreit und in ein stimmiges Zusammenspiel von Gedanken, Überzeugungen, Wünschen, Gefühlen, Bedürfnissen etc. fügt. So eng hängen Eros und Glückseligkeit zusammen. Darum: Wenn ein *erotischer Imperativ* irgendeinen Sinn hat, dann den, uns zu einem Leben zu ermutigen, das dem Eros eine Chance gibt – zu einer erotischen Lebenskunst, die dem Glück eine Chance gibt.

Die wichtigsten Elemente dieser Lebenskunst haben wir kennengelernt, als wir uns vier philosophisch erdachte Strategien der Glückssuche angeschaut haben und uns vor Augen führten, inwiefern sie in eine erotische Lebenskunst integriert werden können.

- Die erotische Lebenskunst macht sich die antike *Paideía* zu eigen und bereichert sie um eine starke Antriebsenergie, die ihr den Charakter der Fremdbestimmung nimmt, da unter ihren Vorzeichen es nicht länger ein Pädagoge ist, der die Menschen zum guten und glückseligen Leben antreibt, sondern der sich am Schönen entzündende Eros.

- Die erotische Lebenskunst macht sich die ästhetische Bildung zu eigen, sofern sie deren künstlerisches Zusammenspiel von Gestaltung und Empfänglichkeit als Ausdruck der erotischen Sehnsucht des Lebens nach sich selbst interpretiert und darin der Ausrichtung auf das Schöne eine höhere Verbindlichkeit gibt.

- Die erotische Lebenskunst übernimmt von der philosophischen Lebenskunst (nach Nietzsche und Schmid) das Wissen darum, dass das Glück sich nur einstellt, wo wir uns gestalten und ausdrücken können, aber sie weiß darum, dass diese tätige Seite uns nur dann zum Glück gereicht, wenn dabei der Eros und nicht das Ego als maßgebliche Kraft wirksam ist.

- Und die erotische Lebenskunst übernimmt Aspekte der Mystik, wo sie sich auf das Leben, das wir wesentlich sind, bedingungslos einlässt.

Mit einem Wort: Die erotische Lebenskunst integriert die beschriebenen Wege zum Glück und rückt sie in ein verändertes Licht – oder besser: Sie versieht sie mit einer anderen Energie – der Energie des Eros.

Wenn das eigentliche Kunststück der erotischen Lebenskunst darin besteht, sich in die Energie des Eros einzuschwingen oder sich den Eros einzuverleiben, dann wird alles darauf ankommen, unsere Bemühungen um das Glück genau darauf auszurichten, Eros in uns wachsen und gedeihen zu lassen. Eros aber wohnt weder in unserem Willen noch in unserem Intellekt, sondern in unserem Herzen. Deshalb ist das Herz der Gravitationspunkt, auf den hin alle Aspekte der erotischen Lebenskunst ausgerichtet sind und der sie versammelt. So gesehen bedeutet der *erotische Imperativ* immer auch: Folge deinem Herzen! Bleib in deinem Herzen! Sieh die Welt mit deinem Herzen! Das ist das Vorzeichen der erotischen Lebenskunst – und jeder einzelne ihrer Aspekte oder Schritte wird nur dann unserer Glückssuche dienlich sein, wenn wir dieses Vorzeichen beachten.

1. Erkenne dich selbst!

Philosophie – im Einklang mit der Wahrheit

Ja, da schau her: Die Philosophie! – Schon der erste Schritt ein unüberwindliches Hindernis! – Wirklich? – Keineswegs, denn Sie haben es ja schon übersprungen. Zumindest dann, wenn Sie dieses Buch bis hierhin gelesen haben. Denn es soll ja gerade das leisten, was hier mit der Formulierung *Einklang mit der Wahrheit* gemeint ist: Es möchte einen klaren und freien Blick auf das Glück verschaffen. Es möchte mit möglichen Missverständnissen und falschen Erwartungen an das Glück aufräumen. Es möchte die unterschiedlichen Erscheinungsformen und Interpretationen des Glücks transparent werden lassen auf das, was jeweils in ihnen erscheint – kurz: Es versteht sich als eine *Philosophie der Glückseligkeit*. Zumindest dann, wenn Philosophie – in Platons Sinne – der Prozess der Bewusstwerdung dessen ist, was der Sinn von alledem hier ist: die *Idee des Guten*, die zu verstehen bedeutet, das Leben als bejahenswert und sinnvoll zu erleben und zu erkennen, was wir wesentlich sind. In diesem Sinne folgt das Buch dem *apollinischen Imperativ*, der – bei Lichte besehen – eine Variante des *erotischen Imperativs* ist: *Erkenne dich selbst!*

Ihm sind wir gefolgt: Wir haben einen *Weg des Denkens* beschritten, um uns im Durchgang durch die Geschichte der geistigen Überlieferung unserer Kultur klarzumachen, dass unsere Glückseligkeit mehr und anderes ist als das, was uns gemeinhin auf dem Marktplatz als Glück angepriesen wird. Wir haben uns vor Augen geführt, wie es im Zuge der Geschichte dazu kommen konnte, dass die menschliche Glückseligkeit erst durch die jenseitige Seligkeit und dann durch die allzu diesseitige *happiness* überschattet werden konnte. Wir haben uns auf die Weisheit Platons eingelassen und herausgefunden, worauf wir es anlegen sollten, wenn wir glückselig werden wollen: auf die Harmonie einer im Einklang mit sich und der Welt schwingenden Seele.

Indem wir den Weg der Philosophie gegangen sind, haben wir diesen Maßstab für unsere Suche nach dem Glück gefunden. Anhand seiner konnten wir die in der europäischen Geistesgeschichte erprobten Wege zum Glück beurteilen, um am Ende mit der *erotischen Lebenskunst* einen fünften zu identifizieren, von dem wir meinen, dass er am ehesten dazu angetan ist, uns glückselig zu machen. Das alles war Philosophie: das Nach-Denken der Wahrheit, das Bemühen um einen klaren Blick auf unser Dasein. Ohne ihn bliebe zu viel dem Zufall überlassen, ohne ihn wären wir zu anfällig für die Versprechen der Marktschreier, die uns Glück anpreisen und *happiness* verkaufen.

Philosophie um der Klarheit des Blickes willen – das ist das eine. Das andere ist: Die Philosophie bietet uns ein begriffliches Instrumentarium, mittels dessen wir uns und unsere Erfahrungen erfassen können. Darüber sollten wir uns nicht täuschen: So gewiss Glückseligkeit eine Qualität ist, die weit über den Intellekt hinaus alle Aspekte unseres Lebens betrifft und dementsprechend nur *erfahren*, nicht aber *erdacht* werden kann – so sicher ist auch, dass wir trotzdem nicht umhinkommen, uns die Erfahrung des

Glücks (so wir sie denn gemacht haben) *anzueignen*. Dafür aber brauchen wir Sprache und Begriffe – und eben diese bietet uns die Philosophie. Im Sinne Humboldts ist sie *das* – oder wenigstens *ein* – Medium, in dem Bildung erfolgt: Bildung zum Glücklich-Sein. Denn die Philosophie versetzt uns in die Lage, uns bewusst zu dieser höchsten Möglichkeit unseres Lebens zu verhalten. Daher brauchen wir die Philosophie: Wir brauchen sie, um mit der Wahrheit in Einklang zu kommen, sie zu verstehen und zu bejahen. Die Philosophie harmonisiert uns im verstehenden Bejahen der Wirklichkeit.

Und was ist nun das Erotische an der Philosophie? Wir haben bei Platon gesehen, dass er den Eros einen *Philosophen* nennen konnte – dass Philosophie am Ende nicht mehr und nicht weniger ist als eine hoch entwickelte Kulturform des Eros. Und genau das gilt es zu beherzigen. Ein integraler Bestandteil erotischer Lebenskunst kann die Philosophie jedoch nur sein, wo sie *con amore* betrieben wird – wo sie bejahend, liebevoll, verständnisvoll ist, wo sie getrieben ist von dem, was ihr griechischer Name immer schon sagt: der *Sehnsucht nach Wahrheit*. Daher hat auch nur diejenige Philosophie ihren Namen verdient, der es darum geht, das Leben lebendig und den Menschen glücklich zu machen. Nur diejenige Philosophie ist zielführend zum Glück, die von der unstillbaren Sehnsucht nach dem Wahren, Guten und Schönen erfüllt ist. Daher: Wo immer wir uns anschicken, Philosophie zu treiben, sollten wir auf unsere Einstellung achten: Philosophieren wir um des Lebens willen? Philosophieren wir um der Wahrheit willen? Philosophieren wir *con amore*? Oder philosophieren wir, um recht zu behalten? Philosophieren wir, um unserem Ego zu huldigen? Diese Fragen im Bewusstsein zu behalten heißt, den *erotischen Imperativ* auf die Philosophie anzuwenden: *Erkenne dich selbst!*

Wenn wir uns nun den weiteren Aspekten der erotischen Lebenskunst zuwenden, verlassen wir die eigentliche Reichweite dieses Buches. Als *Philosophie der Glückseligkeit* konnte und wollte es nicht mehr sein als eine Vorschule zur erotischen Lebenskunst, deren Eifer darin bestand, die Seelen seiner Leser für die Glückseligkeit empfänglich zu machen. Von hier an kann dieses Buch nur noch Wegweiser aufstellen, selbst aber nicht mehr der Weg sein. So können die folgenden Punkte auch nur skizzenhaft behandelt werden. Auf die entsprechende Praxis werden Sie sich selbst einlassen müssen.

2. Lass dich los und schau hin!

Kontemplation und Meditation – im Einklang mit dem, was ist

Kontemplation ist die perfekte Mutter des Eros. Sie ist eine hoch entwickelte Schule der Empfänglichkeit: eine – wenn das zu sagen erlaubt ist – fabelhafte Methode der *Verweiblichung* der Seele. Meister Eckhart würde sagen: ihrer *Verjungfräulichung*, die ihrerseits die Voraussetzung dafür ist, Eros, Harmonie und Glück zu *empfangen*. – Warum? – Weil Kontemplation eine Schule des Lassens ist, des Los-Lassens, des Sein-Lassens, des Zulassens.

Kontemplation ist die grundlegende Praxis der meisten mystisch-spirituellen Weisheitswege der Welt[233]. In ihr werden alle Bilder, Erwartungen, Erinnerungen, Hoffnungen, Sehnsüchte, Begriffe, Deutungen, Identifikationen – alles – losgelassen. Wer kontempliert entledigt sich zuletzt seiner selbst und wird damit empfänglich für das Glück und für den Eros. Für das Glück wird er zum einen empfänglich, weil er in dem Maße, in dem er seinen Willen aufgibt, die für die Glückseligkeit wesentliche Wunschlosigkeit erreicht. Für den Eros wird er empfänglich, weil er in dem Maße, in dem er sein Ego aufgibt, empfänglich wird für die ihn umgebende Schönheit lebendigen Seins dieser Welt – die er mehr und mehr in allem zu erkennen weiß.

Die erotische Lebenskunst integriert die mystische Praxis der Kontemplation als eine Übung zur Steigerung der Empfänglichkeit – nicht, um am Ende leer von allem zu sein, sondern um sich frei von Eigenwillen, Vorurteilen und Erwartungshaltungen gelassen der uns begegnenden Schönheit hinzugeben und dem Eros in sich Raum zu lassen. Mit Blick auf die Praxis der Kontemplation lässt sich der erotische Imperativ mithin in der von Meister Eckhart geprägten Formel variieren: *Lass dich los!*

Bleiben wir bei der weiblich-mütterlichen Seite der Erotik, bleiben wir bei den Wegen der Öffnung für den Eros. Mit der Kontemplation haben wir eine Praxis skizziert, die es auf eine offene Empfänglichkeit angelegt sein lässt. Eine gezielte Ausrichtung auf Schönheit dagegen sprengt den Rahmen der Kontemplation und führt zu einer Haltung *erotischen Meditierens*, die den erotischen Imperativ auf andere Weise variiert: Sieh die Schönheit und gib dich ihr hin! Oder kurz: Schau hin!

Vielleicht ist es überraschend, diese Haltung unter dem Titel *erotisches Meditieren* vorgestellt zu bekommen. Aber neu ist das alles nicht. Denn diese Haltung entspricht ziemlich genau dem, was wir von Diotimas *Stufenweg des Eros* kennen: eine Haltung, die in zunehmendem Maße Schönheit zu sehen und sich ihr hinzugeben vermag – eine Haltung, die freilich bereits vom Eros durchstimmt sein muss. Das *erotische Meditieren* beginnt nicht bei null. Es ist eine

Praxis der Intensivierung des Eros – und eine Praxis der Vertiefung des Glücks.

Nun erfordert diese Haltung eine besondere Aufmerksamkeit und Achtsamkeit. Getragen ist sie von jener oben skizzierten kontemplativen Empfänglichkeit, die frei ist von Wollen, Konzepten und Erwartungen. Hinzu kommt beim *erotischen Meditieren* die besondere Fähigkeit, für Schönheit nicht nur empfänglich zu sein, sondern sie auch tatsächlich zu sehen: die Phänomene dieser Welt auf ihre Schönheit hin durchsichtig werden zu lassen und sich hingebungsvoll in sie zu versenken. Und das lässt sich erlernen. – Aber wie?

Hier wird es von Nutzen sein, einen Meditationsmeister zu konsultieren: Thich Nhat Hanh, den vietnamesischen Buddhisten, aus dessen Feder folgende Reflexion stammt, die zu erkennen gibt, wie bei der liebevollen Meditation einer Blume die ganze Schönheit der kosmischen Harmonie aufleuchtet:

> *Wenn wir mit Achtsamkeit und Konzentration eine Blume betrachten, dann können wir erkennen, dass diese Blume aus vielen verschiedenen Nicht-Blume-Elementen zusammengesetzt ist. Wenn wir in die Blume hineinschauen, dann können wir die Sonne in der Blume entdecken. Wir wissen sehr wohl, dass ohne Sonne die Blume nicht sein könnte. Und wenn wir das Element Sonnenschein aus der Blume entfernen, dann kann die Blume nicht mehr für uns da sein. Wir könnten den Sonnenschein als ein Nicht-Blume-Element beschreiben, das wir in der Blume entdecken können. Wenn wir in die Blume tief hineinschauen, dann können wir außerdem eine Wolke sehen. Wir wissen, dass es ohne Wolken keinen Regen geben würde, und ohne Regen können keine Blu-*

men wachsen. Und die Wolke ist ebenfalls ein Nicht-Blume-Element, das wir berühren können, wenn wir die Blume berühren. Und wenn wir so weiter schauen, dann können wir in der Blume viele, viele andere Nicht-Blume-Elemente entdecken, zum Beispiel die Erde, den Mond, den Gärtner und vieles mehr. Und wir können außerdem erkennen, dass die Blume nicht für sich selber existieren kann, dass die Blume mit allen anderen Elementen eng verbunden ist: mit dem Sonnenschein, der Wolke, dem Gärtner ...[234]

Thich Nhat Hanh nennt die hier beschriebene Erfahrung die »Einsicht in das Inter-Sein« aller Dinge: eine Einsicht, die die harmonische Verflechtung alles Seienden zu Bewusstsein bringt – eine Einsicht, in der, platonisch gesprochen, die Schönheit selbst aufleuchtet. Eine solche Erfahrung ist immer ein Geschenk, doch kann man sie vorbereiten: durch geduldige Übung dieser Praxis eines intentionslosen, tiefen, liebevollen Hinsehens. Sie steht uns jederzeit offen – denn stets finden wir eine Blume, einen Himmel, einen Stein, der uns die Schönheit des Kosmos aufzuschließen vermag; oder ein Ziegeldach mit einer blauen Glaspfanne darin, wie wir von Hermann Hesse wissen.

Eine gute Praxis zur Einübung der erotischen Meditation ist auch die Fotografie. Fotografieren erfordert ein Aufspüren der uns jederzeit und überall umgebenden Schönheit. Machen Sie folgendes Experiment: Nehmen Sie eine Kamera und schauen Sie durch den Sucher. Sie sehen ein Bild. Aber ist das Bild wirklich ein Bild? – Ist es ein gutes Bild? – Nein. – Also verändern Sie die Perspektive, schwenken nach rechts oder links, verändern den Zoom. So lange, bis Sie ein gutes Bild vor sich haben. Und dann lösen Sie aus. – Was lehrt dieses Experiment? – Es lehrt, dass wir beim achtsamen Fotografieren nach dem idealen Bild-Ausschnitt suchen: der Konstellation, in der ein Ausschnitt der Wirklichkeit zum Bild wird, weil in ihm eine innere Stimmigkeit und Harmonie sichtbar ist. Das Experiment lehrt außerdem, dass Fotografieren eine gute Schule ist, um hinsehen zu lernen: um die Phänomene der Welt auf die ihnen einwohnende Schönheit hin transparent werden zu lassen. Alles, was wir dafür brauchen, ist ein Funken Liebe und ein wenig Geduld.

Bringen wir sie auf, können wir dem Glück ein ganzes Stück näherkommen. Denn wie bei der Kontemplation, so geschieht auch bei der *erotischen Meditation* ein Zweifaches: Einerseits wird durch die Hingabe an die Schönheit unsere erotische Energie erregt, gesteigert, potenziert – andererseits wird durch die Hingabe an die Schönheit unser Leben harmonisiert und ausbalanciert. Schiller hatte recht, wenn er sagte, eine »Ausbildung des Empfindungsvermögens« sei das »dringende Bedürfnis der Zeit«[235]. Je tiefer wir in die Dinge schauen, desto mehr verlieben wir uns in die Welt – und desto glücklicher (weil harmonischer) werden wir dabei. Also: *Schau hin!*

3. Lass dich bewegen!

Wellness, Sport, Kunstgenuss – im Einklang mit Leib und Sinnen

Wellness steht hier als Sammelbegriff für alle Praktiken, die es auf eine passive, sinnliche und emotionale *Sensibilisierung* für Schönheit und *Einverleibung* von Harmonie anlegen – ob nun Massage oder Yoga, Aroma-Bad oder Ayurveda,

Kneippkur oder Sauna. Massagen und Bäder sind fabelhafte Verfahren zur Ausbalancierung sowohl der Körperenergien als auch unterschiedlicher affektiver und emotionaler Verspannungen. Dabei steigern sie unsere sinnliche Wahrnehmungsfähigkeit und sensibilisieren uns auf umfassende Weise. Darin sorgen sie auch für einen Ausgleich zwischen geistigen und leiblichen Aspekten des Lebens. Und welcher Sauna-Gänger kennt nicht dieses himmlische Gefühl, mit sich und der Welt im Reinen zu sein, wenn er nach viel vergossenem Schweiß umgeben von angenehmen Düften auf der Ruhebank döst? Oder jenes Gefühl kosmischen Einklangs im Blubberbecken, das ich an anderem Orte einmal wie folgt beschrieben habe:

> *Um mich das beruhigende Blubbern der rastlos aufsteigenden Luftblasen, dazu das sanfte Brummen der Düsen. Warmes Wasser rundum, ein angenehmes Perlen auf der Haut, die aber gar keine Haut mehr ist, sondern nur noch dieses Perlen. Die Geräusche der anderen Badegäste sind weit, weit weg. Von fern her läuten die Glocken. Die Gedanken beginnen zu verfließen. Ich bin Wärme. Es dämmert. So ist es gut.*[236]

Andere Wellness-Praktiken versprechen ähnliche Effekte. Auch sie harmonisieren Leib und Seele, sie sensibilisieren für Schönheit und sie energetisieren uns, denn in dem Maße, in dem sie uns für Schönheit empfänglich machen, wecken sie unsere erotische Lebensenergie. Nun sind die üblichen Wellness-Praktiken oder Anwendungen vergleichsweise passive Beschäftigungen. In Whirlpool, Dampfbad oder Tepidarium wird uns wenig abverlangt – gerade deswegen sind dies ja Orte, in denen wir unseren Sinn für Harmonie und Schönheit schärfen können und unsere Liebe zum Leben geweckt wird. Nun geht es in diesem

Kapitel aber nicht allein um die passive Komponente der Einverleibung von Harmonie, sondern auch um Aktion, und das ist mit dem Stichwort Sport angedeutet.

Es ist ein viel beobachtetes Phänomen, dass die Empfänglichkeit für Eros in dem Maße zunimmt, in dem wir unseren Körper bewegen. Ob beim Laufen, beim Rudern, beim Radfahren, beim Wandern: Wer je einer dieser Sportarten nachgegangen ist, weiß, in welch hohem Maß sie sensibilisieren. Es ist, als werde der gesamte Körper auf Schritt und Tritt, Zug um Zug achtsamer, wacher, hellsichtiger. Trotz aller Anstrengung strömt eine gleichmäßige Lebensenergie durch alle Adern: eine Energie, die durch die rhythmische Atmung im Herzbereich fokussiert ist und dort den liebenden Blick auf die Umgebung beflügelt. Dies gelingt freilich nur, weil durch die Bewegung das Ego mehr und mehr in den Hintergrund tritt. Nicht mehr *ich* bewege mich – nicht *mein* Willen treibt mich an – nicht mehr geht es um *meine* Leistung. Nein, es ist das Leben selbst, das mich bewegt. Alles was ich zu tun habe, ist mich von ihm bewegen zu lassen – ob auf dem Fußballplatz oder auf der Joggingstrecke. Und so lautet die dritte Variante auf den erotischen Imperativ: *Lass dich bewegen*!

Aber da war ja noch ein drittes Stichwort in der Kapitel-Überschrift, da war ja noch die Kunst. Dass sie nicht fehlen darf, wo von den sensibilisierenden, harmonisierenden und energetisierenden Kräften des Lebens die Rede ist, bedarf keiner ausführlichen Begründung. Und auch die erotisierende Wirkung der Kunst dürfte weithin bekannt sein. Um diese zu Bewusstsein zu bringen, schauen wir hier jedoch dezidiert nicht auf die erotische Malerei des 18. Jahrhunderts oder auf die nackten Götterbilder der Antike. Nein, die erotische Kraft der Musik ist auch dort mächtig, wo man sie weniger vermutet. Zum Beispiel in der klassischen Musik: Zwar wird das Doppel-Violin-Konzert von Bach nicht unbedingt die Zeugungslust in uns entfachen, aber demjenigen, der sich ganz in diese Musik hineinfallen lässt, wird sie auf eine Weise das Herz öffnen, dass er anschließend die Welt mit anderen – verliebten – Augen sehen wird. Und was mit Bach funktioniert, das geht auch mit unendlich viel anderem. Die Musik steht in direkter Beziehung zu unserer Lebensenergie – ganz gleich ob sie eher den Kopf, das Herz oder den Bauch aktiviert. Sie energetisiert uns allemal. In ihren größten Werken energetisiert und harmonisiert sie uns in eins. Und mit der zunehmenden Harmonie unserer Sinne, Gefühle und Empfindungen sammelt sie uns im Herzen und befeuert den Eros.

Nur lasse man ihn dann auch zu! Auch das muss einmal gesagt werden: Keine Angst vor Emotionen! Keine Angst vor Kitsch und Schnulzen. Alles ist besser als jene horrende Unkultur des Cool, die alles Bewegende und Rührende als Weichei-Gedöns abtun will und sich darin gefällt, alle Herzenergie an einer polierten Oberfläche abprallen zu lassen. Damit wird dem Leben, das zu sich selbst kommen will, kein Dienst erwiesen. Dann doch lieber »Mädchen-Musik«. Wenn wir nach einem Lied von Riccardo Cocciante die Welt und unsere Liebste mehr lieben als zuvor – umso besser. Und wenn uns der *Schwanensee* zu Tränen rührt, dann seien wir dankbar dafür, dass Tschaikowsky so gut war, uns die Tür zum Glück aufzustoßen. Lassen wir uns rühren, lassen wir uns die Musik zu Herzen gehen! Deshalb auch dir: Lass dich bewegen! Eine bessere Einschwingung in Eros und Harmonie werden wir kaum finden – sofern wir nicht in unserem Gerührtsein erstarren, uns in selbstgefälliger Sentimentalität verlieren und stillstehen.

4. Lass gut sein!

Seelenerforschung – im Einklang mit der eigenen Herkunft

Friedrich Nietzsche und Wilhelm Schmid, die Pioniere der philosophischen Lebenskunst, haben ein gemeinsames Ziel vor Augen: die *Bejahung* des eigenen Lebens. Schmid brachte es auf die Formel seines Imperativs: »Gestalte dein Leben so, dass es bejahenswert ist!« – wobei er die Bejahenswürdigkeit an den Maßstab unseres eigenen Lebensentwurfs knüpfte. Bei Nietzsche kam die Sache etwas komplizierter daher, nämlich so, dass er den Maßstab der Bejahenswürdigkeit nicht in den Lebensentwurf des Einzelnen legte, sondern in das Wesen der Lebendigkeit selbst: dasjenige, was er den *Willen zur Macht* nannte. Ihn zu bejahen, sei unsere Aufgabe – und damit auch, unser Leben zu bejahen, indem wir dahin kommen, »die Vergangenen zu erlösen und alles ‚Es war' umzuschaffen in ein ‚So wollte ich es!'«[237]. Damit gibt uns Nietzsche einen kostbaren Hinweis darauf, dass das Unterfangen einer Harmonisierung des eigenen Lebens sich nicht allein auf die jeweils *gegenwärtigen* Lebensumstände richtet, sondern auch auf das eigene *Geworden-Sein*. Denn solange wir nicht mit unserer Herkunft im Reinen sind, können wir das gegenwärtige Leben nicht vorbehaltlos bejahen – und folglich auch nicht glücklich werden.

Nun gibt es wenig, was uns so schwerfällt wie dieses »Ja« zu unserer eigenen Gewordenheit. Wie viel leichter ist es doch, über die Verletzungen und Wunden zu klagen, die uns zuteil wurden und zu dem werden ließen, der oder die wir heute sind! Wie viel leichter ist es, Aspekte an uns abzulehnen und problematisch zu finden und ihre Verursacher schuldig zu sprechen: zumeist die Eltern, die Partner, die Lehrer oder wer immer uns einfällt. Dies alles entlastet davon, uns der eigenen Gewordenheit stellen zu müssen, es verhindert aber auch, dass wir mit uns in Einklang kommen und ein erotisches Verhältnis zum Leben entwickeln. Solange wir es hier an Empfänglichkeit für die Wahrheit der eigenen Existenz fehlen lassen, wird all unsere Lebenskunst vergeblich sein. Da es aber schwerfällt, der Wahrheit des eigenen Lebens ins Gesicht zu sehen, halten wir es nun mit der philosophischen Lebenskunst und greifen auf Methoden und Strategien zurück, die uns hier zugutekommen: Methoden der Harmonisierung mit der eigenen Gewordenheit – Methoden, die uns befähigen, zu uns »Ja« sagen zu können.

Damit nähern wir uns dem weiten Feld der Psychologie und Psychotherapie. Denn tatsächlich war es die Erkenntnis von deren Pionieren, ob nun Siegmund Freud oder Carl Gustav Jung, dass psychische Disharmonien oder »Störungen« eine Geschichte und Herkunft haben – dass man sie verstehen kann, und dass dieses Verstehen der beste Weg ist, sie zu heilen. Dieser Grundannahme folgen auch die meisten der avancierten neueren Verfahren der Psychotherapie, die darauf hinarbeiten, das Leben so anzunehmen, wie es gekommen ist. – *Lass gut sein!*, lautet der Imperativ therapeutischer Lebenskunst. Man könnte auch sagen: Versöhne dich mit deinem Gewordensein, versöhne dich mit deinen Eltern, versöhne dich mit dem Leben, *so wie es nun einmal gekommen ist!*

Das Verblüffende dabei ist: Es funktioniert. Es ist tausendfach dokumentiert, dass das einfache »Ja« zum eigenen Gewordensein, zur eigenen Herkunft und Familie wahre Wunder bewirken kann. Die versöhnende Kraft, die von diesem »Ja« ausgeht, hat alles Zeug, uralte Wunden zu schließen und hartgesottene Disharmonien auszugleichen. Durch das »Ja« zur eigenen Gewordenheit tritt eine tiefgreifende Harmonisierung ein: eine Harmonisierung des lebendigen Systems, das wir selbst je sind, ebenso wie eine Harmonisierung des lebendigen Systems, dem wir zugehören.

Diese Praxis verlangt uns viel ab. Denn sie mutet uns zu, auch dasjenige gelten zu lassen und gutzuheißen, was uns bedrückt und Schmerzen bereitet, was uns leiden lässt. Ob nun frühe Missbrauchsgeschichten, Krankheiten, Traumatisierungen oder Verletzungen jedweder Art: Gute Therapien legen uns nahe, auch die dunkelsten Seiten unserer Familien und Biografien *gut sein zu lassen* und anzuerkennen. Denn nur aus dem versöhnenden »Ja« erwächst Heilung. Hier steht die erotische Lebenskunst vor einer Bewährungsprobe. Auch wo Schmerz und Leid statt Schönheit herrschen, wo Absurdität und Unfassbarkeit keinen Sinn mehr erkennen lassen, hält der erotische Imperativ uns dazu an, unserer Liebe treu zu bleiben. Vergessen wir nie: Eros ist kein Gott, der erotisierte Mensch ist nicht selig, Erotik ist nicht der Zustand des Paradieses. Eros ist ein Mittler, der erotisierte Mensch hält die Mitte zwischen erfüllter Seligkeit und Leid, Erotik ist ein Zustand der Schwebe, in dem Lachen und Weinen, Präsenz und Entzogenheit des Geliebten gemischt sind – in einer Mischung, die unsere menschliche Glückseligkeit ausmacht.

5. Sei dankbar!

Achtsamkeit – im Einklang mit deiner Umgebung

Nun vollziehen wir den Übergang von der weiblich-erotischen Qualität der Empfänglichkeit zur männlich-erotischen Qualität des Ausdruck-Verleihens. Die Praxis der Achtsamkeit, der wir uns nun zuwenden, verbindet beide. Denn es ist doch so: Sich liebevoll schauend in die Blume zu versenken, ist eines – ein anderes ist es, sich im tätigen täglichen Leben achtsam und liebevoll zu verhalten. Es gibt eine tätig-empfängliche Erotik des Alltags: *der achtsame Respekt*. Was ist damit gemeint? – Gemeint ist eine Qualität, die von einer erotischen Grundstimmung des *con amore* getragen ist. Wo diese Energie in einer für Schönheit und Harmonie sensibilisierten Seele schwingt, verhält sich ein Mensch respektvoll: Er achtet das, was ist. Und er achtet auf das, was das Hier und Jetzt zu tun gebietet. Er handelt aus dieser Achtsamkeit heraus und nicht aus eigenem Willen – eben so, wie sich laut Meister Eckhart Martha verhielt, als sie Jesus bewirtete: selbstlos, achtsam, respektvoll.

Wer sich auf diese Weise verhält, bringt sich in ein harmonisches Verhältnis zu seiner Umgebung: zu den Menschen, zu den Dingen, zur Umwelt. Er ist getrieben von dem Wunsch nach Schönheit, Stimmigkeit und Harmonie. Dieser Wunsch kann sich auf mannigfaltige Weise äußern. Er kann sich darin äußern, dass wir uns nach Kräften darum bemühen, den Menschen, mit denen wir zu tun haben, in einer Grundstimmung der Dankbarkeit zu begegnen: in Dankbarkeit dafür, dass sie uns die Chance geben, unserer Liebe zum Leben Ausdruck zu verleihen. Der Wunsch nach Stimmigkeit, Schönheit und Harmonie kann ebenso seinen

Ausdruck darin finden, dass wir uns mit Schönheit umgeben – etwa unsere Wohnung harmonisch, stimmig, vielleicht entsprechend der uralten Weisheit des Feng-Shui einrichten. Und er kann darin Ausdruck finden, dass wir unsere Konsumgewohnheiten überdenken und ändern: dass wir nur noch Waren und Güter konsumieren, zu denen wir guten Gewissens »Ja« sagen können – weil sie schön sind, weil sie auf eine Weise produziert wurden, die weder das soziale noch das ökologische Gleichgewicht gefährdet, weil sich auch in ihnen die positive Kraft der Liebe manifestiert. Achtsamkeit bedeutet, auf all dies zu achten. Ein respektvoller Mensch wird sich gegenüber den Dingen seiner Umgebung so verhalten, dass sie gepflegt und gehegt werden, er wird sich gegenüber den Menschen so verhalten, dass er ihrer individuellen Würde Rechnung trägt. Respekt und Achtsamkeit sind Qualitäten einer liebevollen Grundhaltung, mit der wir anderen und der Welt begegnen. Mit ihr öffnet sich ein Resonanz-Raum, in dem der Eros wächst und das Glück zu schwingen beginnt. Die entsprechende Haltung ist die *Dankbarkeit*. Daher diese Variante des *erotischen Imperativs*: *Sei dankbar!*

6. Sei schöpferisch!

Kreativität – im Einklang von Empfänglichkeit und Schaffen

Wer je selbst künstlerisch tätig war, weiß, dass Kunstschaffen glücklich macht. Ob nun beim Musizieren, Bildhauern, Malen oder Zeichnen: Die Stunden vergehen wie im Flug, die Zeit steht still. So sehr sind wir bei der Sache, dass wir in vollständiger Selbstvergessenheit unserer Kunst nachgehen. Nichts anderes streift den Gesichtskreis, ganz undenkbar, dass wir irgendetwas anderes wollen könnten. So sehr sind wir eins mit uns und unserem Tun, so sehr schwingen wir mit ihm in Harmonie. Und meist merken wir erst hinterher, wie glücklich wir dabei waren.

Diese selbstvergessene Glückseligkeit, die uns bei kreativen Tätigkeiten durchströmt, erfüllt uns auch beim Spiel. – Kein Wunder, wenn man es mit Schiller hält, von dem wir ja in Erfahrung brachten, dass der Spieltrieb aller ästhetischen Praxis zugrunde liegt und dass er es ist, der unsere Lebensenergien befeuert und harmonisiert. – Warum? – Weil wir im Spiel Sinn und Sinnlichkeit zusammenführen, weil wir in ihm Empfänglichkeit und Gestaltungskraft verbinden, weil wir in ihm frei von allen Notwendigkeiten die Welt nach unserem Bilde neu erschaffen dürfen – schön, bejahenswert, liebenswert. »Der Mensch ist nur Mensch, wo er spielt«, meinte Schiller. Mag sein. Sicher ist, dass er, wo er spielt, eine gute Chance hat, glücklich zu werden. Wer daran zweifelt, möge nur einmal Kinder beim Spiel beobachten, um eines Besseren belehrt zu werden.

Von Kindern kann man im Übrigen auch lernen, inwiefern jeder Kreativität etwas Spielerisches eignet – etwas mutwillig Experimentelles: etwas überschäumend Vitales, das sich doch gerne darin findet, Gestalt anzunehmen – und dies am meisten, wenn es nicht einem vorgegebenen Plan folgen muss, sondern sich an den jeweiligen Gegebenheiten seiner Materie bewähren muss. Dann wird der Kitzel des Improvisierens geweckt, das Glück des harmonisierenden Reagierens auf neue Situationen. Kreativität ereignet sich in der Begegnung – und eine Begegnung stellt vor immer neue Herausforderungen, die je neue Austarierungen erzwingen. Das alles macht glücklich. Und deswegen gehören Kreativität und Spiel auf jeden Fall in eine erotische Lebenskunst.

Dies aber nicht nur, weil wir in Kreativität und Spiel je das Glück des Harmonisierens erleben – dies vor allem deshalb, weil wir mit jeder gewonnenen oder geschaffenen Harmonie die Chance haben, unserer Liebe zum Leben Ausdruck zu verleihen, indem wir selbst Schönheit hervorbringen, indem wir uns unser eigenes Glück vor Augen führen und Harmonie zum Ausdruck bringen. Auf diese Weise harmonisieren wir nicht nur uns selbst, auf diese Weise halten wir auch die Sehnsucht anderer nach Harmonie und Glückseligkeit wach. Ein eindrucksvolles Beispiel dafür war Hermann Hesses Beschreibung seines Kindheitsglücks: Wer seine Worte liest, ahnt das Glück, das sie atmen. Er oder sie wird sich in dieses Glück verlieben und alles daransetzen, ihm im eigenen Leben zu entsprechen.

Kreativität und Kunst wirken also nicht nur nach innen harmonisierend und energetisierend: Sie wirken ebenso nach außen. Sie lassen unseren Eros manifest werden – und indem sie das tun, erotisieren sie uns und andere durch das Hervorbringen neuer Schönheit, durch die Hingabe an diese Schönheit im Werk und durch die Begeisterung für diese Schönheit. So erotisiert schwingen wir in Harmonie und wirken harmonisierend auf andere. Solcherart harmonisiert werden wir glückselig und weisen anderen den Weg zu ihrer Glückseligkeit. Daher lautet der erotische Imperativ der Kunst: *Sei schöpferisch!*

7. Mach dich schön!

Kosmetik und Tanz – im Einklang von Leib und Seele

Erst Wellness und jetzt auch noch Kosmetik! – Was ist das für eine erotische Lebenskunst?! – Nun, mit den Stichworten *Kosmetik* und *Tanz* sind wir wieder bei den schon von den alten Griechen kultivierten Methoden angekommen, kraft derer wir uns die Harmonie einverleiben können, auf die unser Leben angelegt ist: Praktiken und Tätigkeiten, mit denen wir gezielt mit unserem Körper zum Einklang kommen – Praktiken und Tätigkeiten, mittels derer wir uns und unseren Körper *schön machen*. Genau das bedeutet *Kosmetik*: dem Körper *kósmos* – schöne Ordnung – zu verleihen. Dabei ist die sogenannte Kosmetik nur ein kleiner Ausschnitt aus dem reichen Repertoire möglicher Verfahren, mittels derer wir diesem Ziel nachgehen können.

Das heißt nicht, dass nicht auch sie in eine erotische Lebenskunst gehört[238]. Im Gegenteil: Uns schön zu machen, schön anzuziehen, schön zu bewegen – all dies sind Manifestationen unserer Liebe zum Leben, und wir wären schlecht beraten, dies nur als Ausgeburten der Eitelkeit zu verwerfen. Damit soll wiederum nicht gesagt sein, dass Kosmetik oder Mode nicht *auch* Ausgeburten von Eitelkeit und Egoismus sein *können*. Leider sind sie es oft genug – nämlich immer dann, wenn Menschen sich nur deshalb schön machen und stylen, weil sie ihrem Ego größeren Reiz verschaffen wollen: weil sie ihrem Egoismus frönen, anstatt der Liebe Ausdruck zu verleihen. Wenn uns die erotische Lebenskunst zuruft: »*Mach dich schön*!«, dann meint sie aber genau dies: Sie fordert dazu auf, der Liebe zum Leben Ausdruck zu verleihen, indem wir das Leben, das wir sind, schmücken, schön kleiden, ihm eine harmonische Bewegung verleihen – um so den Menschen unserer Umgebung die Chance zu geben, ebenfalls vom und fürs Leben erotisiert zu werden. Es ist ein großes Geschenk, wenn wir ihnen Schönheit schenken.

Nun gibt es viele Möglichkeiten, sich schön zu machen. Kosmetik im herkömmlichen Sinne ist eine, Gymnastik im klassischen Sinne der Griechen ein andere. Um recht zu verstehen, was es damit auf sich hat, ist es hilfreich, einen Blick auf die schon erwähnten großen Traditionen der asiatischen Körpertechniken zu werfen: Qigong, Tai-Chi, Yoga und was es da nicht alles gibt. Diese Meditations- und Energetisierungstechniken sind gesättigt mit einer alt hergebrachten und tiefen Weisheit, die darum weiß, dass unsere gesamte leibliche wie geistige Gesundheit an der inneren Harmonie und Balance unserer Lebensenergien hängt. Die ganze traditionelle Medizin ist auf dieser Grundannahme aufgebaut, auch die hippokratische Medizin der Griechen, die bei der Entwicklung der gymnastischen und musischen Bildungsprogramme Platons Pate stand.

Das führt uns zum Tanz, von dessen außerordentlicher harmonisierenden und erotisierenden Kraft die antike *paideía* wusste, wenn sie ihn als elementarste Praxis zur Einübung von Harmonie kultivierte. Taktgefühl, Gleichgewichtssinn, Rhythmusgefühl – was wird nicht alles beim Tanz geschult! Und selbst der orgiastische Taumel zum Schlag der Trommel führt durch die eruptive Freigabe aller Körperenergie ähnlich wie der Ausdauersport am Ende zu einer Austarierung von Körper und Seele. »Ich würde nur an einen Gott glauben, der zu tanzen verstünde«[239], lässt Nietzsche einmal seinen Zarathustra sagen – und mit Recht: Denn wenn Gott das vollkommenste Wesen ist, dann kann er nur ein Tänzer sein – einer, dem das Gute und Schöne, dem Harmonie und Glückseligkeit vollständig in Fleisch und Blut übergegangen sind. Kein Wunder so gesehen, dass die Sufi-Mystiker im Kreistanz der Derwische einen direkten Weg zur Verbindung mit Gott erkennen: den Kreistanz, bei dem sich alles um die Achse des Herzens dreht. Liest man die klassischen Texte der Sufi-Meister, etwa des großen Dschalaluddin Rumi, dann drängt sich die Vermutung auf, der Tanz sei gleichsam ein Generator für erotische Energie[240]:

Stets ist der Liebende trunken vor Liebe
Er fühlt sich befreit und ist berückt
Er tanzt im Rausch und voller Lust.[241]

Tanzen! – ein zuverlässiger Weg zum Glück und eine der besten Übungen zur Beflügelung des Eros. Nicht nur im Sufi-Tanz. Die Nähe von Eros und Tanz ist – man denke nur an Tango, Walzer oder griechische Volkstänze – so evident, dass man nicht weiter darauf eingehen muss. Stattdessen wenden wir uns nun einem anderen Bereich zu – wobei wir an das zuletzt Gesagte anknüpfen können. Denn bei dem, was wir jetzt beleuchten, geht es wie beim Tanz um heilsame Schritte – nur dass es sich nun um Schritte handelt, die zu tun uns meist Mühe kostet.

8. Tu den ersten Schritt!

Kommunikation – im Einklang mit anderen

Wir Menschen sind nie allein. Weder sind wir je *mit* uns allein, noch sind wir je *für* uns allein. Stets sind wir eingebunden in größere systemische Zusammenhänge, und stets sind wir selbst ein systemischer Zusammenhang: eine Symphonie verschiedener Stimmen, die zu dirigieren eine knifflige Aufgabe ist.

Hier nun geht es um die Frage, welche Methoden uns zu Gebote stehen, um in unseren Beziehungen unserer Sehnsucht nach Harmonie Ausdruck zu verleihen und auf diese Weise den Eros in uns zu beflügeln. Eines ist bereits deutlich geworden. Für ein gutes und harmonisches Miteinander bedarf es neben einer Haltung der Achtsamkeit und Dankbarkeit ebenso derjenigen des Annehmens und Bejahens. Wir werden nicht glücklich dadurch, dass wir uns in Opposition zu anderen begeben und unser Ego durch Verneinung des anderen aufblasen. Wir werden glücklich dadurch, dass wir uns mit anderen in Einklang bringen. Abzulehnen sind immer nur Eigenschaften und Verhaltensweisen, die diesem Einklang im Wege stehen, nie aber diejenige Person, mit der wir in ein harmonisches Verhältnis treten könnten.

Wenn es uns wirklich ein Herzensanliegen ist, die Verhältnisse und Beziehungen, in denen wir stehen, in Ordnung zu bringen, wenn wir wirklich ein bejahendes und respektvolles Verhältnis zu unseren Mitmenschen aufbauen wollen, dann liegt es an uns, die Initiative zu ergreifen. Deshalb: *Tu den ersten Schritt!* Geh auf die Menschen zu und trage ihnen die Liebe zu, die sich in dir danach sehnt, zum Ausdruck zu kommen. Begegne den Menschen in der Haltung des »Ja«! Zweierlei wird geschehen: Zum einen wird deine Liebe zum Leben wachsen und gedeihen, zum anderen wirst du Harmonie in die Welt tragen. Denn die systemischen Netze, in denen dein Leben sich bewegt, werden stimmig – und eben dies wird diejenigen, mit denen du zu tun hast, nicht unberührt lassen. *Tu den ersten Schritt!* – der erotische Imperativ der Kommunikation.

Aber wie tut man den ersten Schritt? Es gibt dafür ein probates Verfahren: Man stelle eine Frage. Denn »Fragen heißt ins Offene stellen«, wie der Philosoph Hans-Georg Gadamer treffend formulierte. Und er fährt fort: »Die Offenheit des Gefragten besteht in dem Nichtfestgelegtsein der Antwort. Das Gefragte muss für den feststellenden und entscheidenden Spruch noch in der Schwebe sein. Das macht den Sinn des Fragens aus, das Gefragte so in seiner Fraglichkeit offenzulegen.«[242] Fragen öffnen. Wo es sich um echte und nicht um rhetorische Fragen handelt (die eigentlich nur auf den Triumph der bereits gewussten Antwort abzielen), wird das Gewusste, Bekannte, Für-wahr-Gehaltene durch die Frage überschritten – und damit werden der Fragende *und* der Gefragte auf eine sie übersteigende Dimension hin geöffnet.

Wenn wir eine Frage stellen, dann haben wir einer zweiten Qualität der erotisch-harmonischen Kommunikation den Raum geöffnet. Sie heißt: *Verständigungsbereitschaft*. Eine vom Eros getragene Kommunikation mit anderen Menschen sehnt sich nach Verständigung. Verständigung heißt: die Erfahrung eines geteilten gemeinsamen Sinnes machen. Wo Verständigung gelingt, verständigen wir uns auf etwas, das uns beiden sinnvoll erscheint. Wo beiden etwas sinnvoll erscheint, können es beide bejahen. Und wo beide etwas bejahen können, finden sie zum Einklang sowohl mit dem Bejahten als auch miteinander. Harmonie entsteht – und das Glück folgt. Freilich bedeutet Verständigung nicht, dass man sich in den Armen liegt und in völliger Übereinstimmung schwelgt. Verständigung kann auch bedeuten, dass konkurrierende Meinungen bestehen bleiben – aber doch so, dass sie als verständliche Antworten auf eine gemeinsame Frage gelten gelassen werden. Harmonie ist eine spannungsvolle Angelegenheit.

Verständigung ist nicht allein eine Sache des Gesprächs. Verständigung findet auch im Handeln statt: immer da, wo wir mit anderen einvernehmlich an etwas arbeiten und uns, oft auch ohne viele Worte zu machen, in ein stimmiges Verhältnis zu einander setzen. Aber auch hier kommt es darauf an, dass wir bereit sind, den ersten Schritt zu tun. Nur wo wir diese Bereitschaft aufbringen, wird es uns gelingen, dem Eros Ausdruck zu verleihen und Schönheit in die Welt zu tragen – so dass sich an uns und an dem, was wir tun, der Eros anderer entzünden kann.

Dies waren acht Vorschläge zur erotischen Lebenskunst, die sich aus der jeweils weiblich-empfänglichen und der männlich-gestaltenden Komponente der von uns skizzierten (und kritisierten) Wege zum Glück ableiten lassen. Diese acht Anregungen stützen und bereichern sich wechselseitig. Eine jede von ihnen kann uns die Tür zum Glück aufstoßen – denn eine jede von ihnen kann den Eros in uns beflügeln; eine jede von ihnen kann Harmonie in unser Leben bringen. Ja, eine jede von ihnen hilft uns dabei, auf dem von Diotima skizzierten Entwicklungsweg des Eros voranzuschreiten, ohne dass man eine klare Reihenfolge benennen könnte, in der man diese Anregungen befolgen sollte. Jede einzelne ermöglicht es uns auf ihre Weise, die Welt und uns zu bejahen.

Wenn wir nun darüber hinaus zwei weitere Vorschläge unterbreiten, dann gelten sie den zwei wichtigsten Grundhaltungen der erotischen Lebenskunst. Wir greifen dafür noch einmal zurück auf unsere literarischen Zeugnisse authentischen Glückserlebens, die wir im dritten Kapitel angeschaut haben.

9. Spiel mit!

Spielen – im Einklang mit dem Leben

»Mitsingen im Chor der Sphären, Mittanzen im Reigen der Welt, Mitlachen im ewigen Lachen Gottes, das ist unsre Teilhabe am Glück.«[243] So lasen wir bei Hermann Hesse. Und was dies konkret bedeutet, das verriet er uns in seiner Schilderung des Augenblicks des Glücks, das ihm als Zehnjährigem unverhofft geschenkt wurde: »Himmelblau, Ziegelbraun und Glasblau hatten einen Sinn, sie gehörten zusammen, sie *spielten* miteinander, es war ihnen wohl, und es war gut und tat wohl, sie zu sehen, ihrem *Spiel* beizuwohnen, sich vom selben Morgenglanz und Wohlgefühl durchflossen zu fühlen wie sie.« Das große Glück, von dem er Zeugnis ablegt, ist ein *spielerisches* Glück. Es ist ein Glück, das sich ihm zuspielt, da er ohne Ziele, Absichten und Zwecke eingewilligt hat, dem stillen Spiel des Lebens beizuwohnen – besser noch: im großen Spiel des Lebens mitzuspielen; jenem Spiel, bei dem es nicht um das *Gewinnen* geht, sondern lediglich um das *Gelingen*: um die Stimmigkeit und Schönheit, die Balance und Harmonie, die ihren Sinn alleine in sich selber haben und in die sich einzuschwingen das große Wunder ist, zu dem Eros uns ermutigt und befähigt. Ist doch Eros selbst ein Spieler, der von den alten Griechen nicht zufällig als Knabe dargestellt wurde: als spielendes Kind, das frei von Begehren und Eigenwillen sich darin ergeht, uns Menschen dazu einzuladen, an dem großen Spiel der Götter teilzunehmen – mitzutanzen im Reigen der Welt, mitzusingen im Chor der Sphären. Das ist's, was der Mensch vom Erosknaben lernen kann: Spielerisch und spielend sich aufs Leben einzulassen, ist ein guter Weg zur Resonanz mit der großen Harmonie des Lebens – der Glückseligkeit.

Davon zeugen auch die Worte, die Paul Auster seinem Glücksritter Jack Pozzi in den Mund gelegt hat: »Du hast mir Leben eingehaucht, Kumpel, und immer wenn ich deinen Atem gespürt habe, ist mir das Glück in die Knochen geströmt. Es lief alles perfekt, sämtliche Räder kreisten, das war einfach schön, Mann, richtig schön. [...] Es war alles so harmonisch. Wir hatten einen Punkt erreicht, wo alles für uns zu Musik wurde, und da musst du nach oben gehen und die Instrumente zertrümmern.« Auch der Profi-Spieler weiß darum: Glück – und zwar in diesem Fall das Glück, das wir *Fortuna* oder *Týchē* nannten – ist da, wo wir im Einklang sind mit jener großen Melodie des Lebens, jenem großen Spiel des Kosmos, an dem teilhat, wer sich spielerisch aufs Leben einlässt und das Leben so zu leben weiß, als sei es Teil des großen Spiels. Denken wir erneut an Schiller, der uns nachdrücklich versicherte, dass der Mensch nur da ganz Mensch sei, wo er spielt. Weil wir spielend selbstvergessen hingegeben sind an das, was ist – weil wir spielend eben nicht um unsere eigenen Interessen kreisen oder – so wie Pozzis Kumpel Jim, der durch seinen Gang auf die Toilette das harmonische Kreisen der Räder zerstörte – unsere *Bedürfnisse* befriedigen. Die uns so vertraute *Logik des Um-Zu* ist, wo wir spielen, außer Kraft gesetzt. Denn das Spiel genügt sich selbst und verlangt nicht mehr, nichts anderes. Es ist frei davon, irgendeinen Profit oder ein Resultat hervorbringen zu müssen. Im Spiel können wir Menschen ganz bei uns sein – gerade weil wir völlig hingegeben sind ans Spiel des Lebens. Deshalb können wir von Kindern lernen, was Glückseligkeit bedeutet. Friedrich Hölderlin (1770-1842), der große Dichter, kann uns dies mit seinen Worten zu Bewusstsein bringen:

Da ich ein Knabe war,
Rettet' ein Gott mich oft

Vom Geschrei und der Rute der Menschen,
Da spielt ich sicher und gut
Mit den Blumen des Hains,
Und die Lüftchen des Himmels
Spielten mit mir.[244]

Man ahnt das unbeschwerte Glück, das hinter diesen Worten steht. Und man versteht, warum der Dichter das Gedicht, das mit diesen Zeilen beginnt, mit den ungeheuren Worten enden lässt: »Im Arme der Götter wuchs ich groß.« – Mitsingen im Chor der Sphären, Mitspielen im Spiel der Welt. *Spiel mit!* So lautet die Grundregel des Eros.

Weil Eros ein Spieler ist, vermag er auch den Anfang und das Ende der Wegstrecke, auf der er uns durchs Leben führt, zu einem Kreis zu schließen und die entlegensten Pole unseres Seins harmonisch aufeinander abzustimmen: unsere Leiblichkeit und unseren Geist – unsere Sexualität und unsere Spiritualität. Eros' Einfluss reicht vom Schlafzimmer bis in den Tempel – wenn wir nur begriffen haben, dass sein Wesen Spielen ist und nicht Begehren: dass er frei von eigenen Interessen oder Zielen sich darauf beschränkt, dem Schönen hingegeben Schönes zu erzeugen. Weil die *Ausfahrt auf das weite Meer des Schönen* einen Menschen davon frei macht, das von ihm geliebte Schöne besitzen, begehren oder haben zu müssen, kann er spielerisch der Welt begegnen: Die oder der Geliebte sind dem vom Eros entflammten Herzen keine Güter oder Waren, die es konsumieren könnte, sondern Mitspieler in einem großen, freien Liebesspiel. *Mitspielen im Liebesspiel des Lebens* – das ist die vielleicht schönste Formel der erotischen Lebenskunst.

Das unterscheidet sie von nahezu allen spirituellen oder mystischen Wegen. Ihnen fehlt der spielerische Blick aufs Leben. Sie sind meist bierernst und kreisen um das Ich, das sich von ihnen Glück und Seligkeit verspricht. Den

Ernst und die Hingabe des spielenden Kindes haben sie zumeist vergessen – und lassen es daher an einem freien Verhältnis zu Leiblichkeit und Sexualität vermissen; auch da, wo sie das Gegenteil behaupten. Bestenfalls erlauben sie eine geschlechtslose, landläufig *platonisch* genannte Liebe, die gerade nicht dasjenige ist, was Diotima dem Sokrates ans Herz legte. Denn ihr ging es ja nicht darum, dem Eros die Sexualität zu nehmen. Im Gegenteil betonte sie mit dem Geburtsmythos des Eros, dass sich seine Energie im sexuellen Spannungsfeld von Frau und Mann entfaltet.

Die von Diotima skizzierte *erotische Lebenskunst* hat ihre große Stärke darin, dass sie die Sexualität des Menschen bedingungslos zulässt, indem sie dazu einlädt, sie unter dem Einfluss der Schönheit von allem selbstbezüglichen Begehren zu befreien und in das ernste Spiel erotisch entflammter, ins Leben verliebter Menschen zu transformieren. Denn je empfänglicher wir für Schönheit werden, desto feiner und geistiger wird der Eros. Denn je mehr Eros die Liebe fürs Leben weckt und fördert, desto mehr lässt er die Selbstliebe des Egos verblassen – desto mehr erlaubt er es, sich der Lebendigkeit in allen Aspekten bejahend hinzugeben und die Sexualität als freies und unbeschwertes Spiel zu zelebrieren. Das Leben wäre unvollständig, wenn der leibhaft-sinnliche Sex keinen Ort in ihm hätte. Wir würden unser Leben nicht in der ganzen Breite seiner Aspekte bejahen und wären nicht mit uns im Einklang, wenn Sexualität darin nicht vorkäme. Sie muss vorkommen, nur eben nicht als eine Sexualität, die von ich-haftem Begehren getrieben ist, sondern als eine *spielerische* Sexualität: als eine Sexualität, die um des Lebens willen *gefeiert* wird.

Nun sagten wir, dass der spielende Eros den Anfang und das Ende des erotischen Spannungsbogens eines Menschenlebens zu einer stimmigen Harmonie zu verbinden vermag. Der Anfang ist die Leiblichkeit des Menschen, die im spielerischen Sex zur erotischen Feier des Lebens gerät. Das Ende ist die Spiritualität des Menschen, die nicht minder eine spielerische Haltung braucht, wenn sie uns *Glückseligkeit* bescheren soll – und nicht ein bloßes Versprechen auf die jenseitige oder weltentrückte Seligkeit, von der ein Augustinus und so viele andere religiöse Lehrer aller Traditionen sprechen.

Bleiben wir gleichwohl für einen Augenblick beim Christentum. Gefragt, was das höchste Gebot sei, antwortete Jesus von Nazareth :

> *»Du sollst den Herrn, deinen Gott, lieben von ganzem Herzen, von ganzer Seele und von ganzem Gemüt.« Das ist das höchste und größte Gebot. Das andere aber ist dem gleich: «Du sollst deinen Nächsten lieben wie dich selbst.« (Mt 22,37–40)*

Nun heißt die Liebe, von der Jesus – und auch sonst die neutestamentliche Überlieferung – spricht, nicht Eros, sondern *agápē*. Was das Wort genau bedeutet, darüber lässt sich trefflich streiten[245]. Fest steht aber, dass eben dieses Wort *agápē* in der griechischen Übersetzung des Alten Testaments, der *Septuaginta*, die den Autoren des Neuen Testaments bestens bekannt war, an prominenter Stelle auftauchte: im Hohelied der Liebe, wo es verwendet wird, um die Liebesleidenschaft von Braut und Bräutigam zu besingen – also genau diejenige Art leidenschaftlicher Liebe, die zu Platons Zeiten *Eros* hieß. Das ist überraschend, aber gleichzeitig erhellend. Denn dieser Befund gibt zu erkennen, dass die *agápē*, die Jesus von Nazareth als *den* Weg einer christlichen Lebenskunst empfahl, bei näherer Betrachtung ein *erótikon páthos* ist – eine erotische Leidenschaft –, wie Gregor von Nyssa einst sagte.

Vor dem Hintergrund der Rede der Diotima kann man sich einen Reim darauf machen. *Agápē* ist in ihrer Logik nichts anderes als diejenige Gestalt der erotischen Liebe, in der Eros gleichsam ans Ende kommt: die umfassende Verliebtheit, in der sich der oder die Liebende ganz und gar der nunmehr in allem wahrgenommenen Schönheit des Göttlichen oder der göttlichen Schönheit hingibt – die Liebe, in der unsere Seele schwingt, wenn das Leben ganz zu sich gekommen ist. Deswegen ist die Liebe der *agápē* diejenige Erscheinungsform des Eros, in der die von ihm betriebene *Anähnlichung an Gott* auf ihren höchsten Höhepunkt gelangt ist. Mit der *agápē* ist Eros als »Mittler zwischen Göttern und Menschen« vollends bei den Göttern angekommen – nachdem er als sexuelle Liebe ganz beim Menschen angefangen hatte. Wo er reif ist, spielt er beide Instrumente virtuos: das Instrument der Sexualität genauso wie das Instrument der Spiritualität – wenn sie nur ..., ja wenn sie nur vom Geist der spielerischen Erotik durchwaltet und nicht der Befriedigung unserer selbstbezüglichen Bedürfnisse gewidmet sind. Ob es sich dabei um sexuelle oder spirituelle Bedürfnisse und Wünsche handelt, ist einerlei: Wo wir ihnen huldigen, gibt es – das haben wir von Nietzsche hinreichend gelernt – nichts anderes als nur das *kleine Glück* der letzten Menschen, ihre kleine *happiness*, die sie im Schlafzimmer oder im Zen-Sesshin beglücken kann. Das große Glück der uns mit Haut und Haar durchglühenden Glückseligkeit bleibt denen vorbehalten, deren Bedürfnisse und deren Eigenwillen unter Einwirkung der Schönheit in der Glut des Eros geschmolzen und zum zweckfreien, sich selbst genügenden – gerade darin aber sinnvollen – Spiel transformiert werden konnten.

Das große Glück der menschlichen Glückseligkeit wird uns nur dann zuteil, wenn wir im Lichte der Schönheit selbstvergessen und hingebungsvoll zu spielen lernen. Denen, die sich in allem Ernst darum bemühen, ihre Selbstbezüglichkeit preiszugeben und sich willentlich religiösen Geboten und Weisungen hinzugeben – denjenigen also, die religiöse oder spirituelle Weg beschreiten –, wird sich die menschliche Glückseligkeit ebenso entziehen wie denen, die in Selbstbezüglichkeit erstarren. Vielleicht, dass ihnen auf ihrem Weg die Seligkeit im Himmelreich oder in ekstatischen Momenten mystischer Entrückung zuteil wird. Doch die *Seligkeit*, die sie für sich erhoffen, ist nicht das, was uns *glückselig* macht: nicht das Mitspielen im großen Spiel des Lebens, sondern eher das Aus-dem-Spiel-genommen-Sein; oder auch das Zuschauen bei jenem großen Spiel, bei dem man selber nicht mehr spielt, sondern zu einem seligen Gott geworden ist.

Doch genau darum geht es uns in der erotischen Lebenskunst *nicht*: nicht um die Seligkeit Gottes, sondern um die Glückseligkeit des Menschen, die uns da erwartet, wo wir uns im harmonischen Einklang mit dem ganzen Spektrum unseres menschlichen Lebens erfahren. Deshalb haben wir im ersten Teil dieses Buches den langen Weg durch die europäische Geistesgeschichte beschritten: um uns klarzumachen, dass wir nicht gut beraten sind, es bei unserer Suche nach der diesseitigen *Glückseligkeit* auf die jenseitige *Seligkeit* anzulegen. Uns geht es darum, ein Konzept der Glückseligkeit und eine entsprechende Lebenskunst zu finden, die uns in der ganzen Fülle – *und Unvollkommenheit* – unseres Menschseins entspricht: eine Lebenskunst, in der göttliche Vollkommenheit und menschliche Unvollkommenheit durch die Energie der erotischen Liebe in einem harmonischen Gleichgewicht zusammengespannt sind. Die erotische Lebenskunst ruft uns nicht dazu auf, *immerzu* vollkommen zu sein, sondern in unserer Unvollkommenheit das Leben spielerisch zu feiern – und das in seinem ganzen Spektrum.

In dieses Spektrum gehören die spirituelle *agápē* ebenso wie die sexuelle Erotik. Und wenn eine erotische Lebenskunst das ganze Spektrum der menschlichen Möglichkeiten in ein stimmiges Verhältnis zu fügen unternimmt, dann kann dies nur bedeuten, dass Sexualität und Spiritualität gleichermaßen in ihr vorkommen müssen. Sexualität gehört in sie hinein, damit der Eros nicht von seinen geschlechtlichen Wurzeln getrennt wird und die erotische Lebenskunst mit ihrem Anfang verbunden bleibt. Die hingebungsvolle Liebe der *agápē* gehört in sie hinein, weil in ihr der Eros zur Vollendung kommt und die erotische Lebenskunst mit ihrem Ende verbunden bleibt.

Aber am Anfang wie am Ende lauern Gefahren: in der Sexualität die Gefahr der Verflachung zur reinen Bedürfnisbefriedigung des Ego, in der *agápē* die Gefahr der Verjenseitigung zu einer entsinnlichten Verleugnung der Leiblichkeit. Es ist die Gefahr, dass hinter aller Hingabe kein leibhaftiger, liebender Mensch mehr erkennbar ist. Es ist die Gefahr der *Verwechselung von Glückseligkeit und Seligkeit* – ganz so, wie am anderen Ende der Skala eine Verdiesseitigung des Lebens zur *Verwechselung von Glückseligkeit und der happiness* gelungener Bedürfnisbefriedigung führte. *Happiness* und Seligkeit sind Möglichkeiten des Menschen, aber beide dürfen wir nicht mit der Glückseligkeit verwechseln, in der das Menschsein zur vollen Blüte kommt: unser Menschsein, das die Mitte hält zwischen der Animalität purer Sexualität und der Entrücktheit purer Selbstlosigkeit – ganz wie Eros, der Mittler zwischen Göttern und Menschen, der große *daimōn*, der alles zusammenhält und verbindet.

10. Bleibt der Erde treu!

Demut – im Einklang mit der Endlichkeit

Wie war das doch gleich bei Hermann Hesse? In welcher Position ward ihm der Augenblick des Glücks geschenkt? Richtig – im Liegen: »So *lag* ich, den beginnenden Morgen samt dem ruhigen Nachgefühl des Schlafes genießend, eine schöne Ewigkeit in meinem Bett, und ob ich ein gleiches oder ähnliches Glück noch andre Male in meinem Leben gekostet habe, tiefer und wirklicher konnte keines sein: *die Welt war in Ordnung*.« Und wie war es bei Friedrich Nietzsche? Genau – auch er empfing das Glück im Liegen: »O Glück! O Glück! Willst du wohl singen, o meine Seele; Du *liegst* im Grase. Aber das ist die heimliche feierliche Stunde, wo kein Hirt seine Flöte bläst. Scheue dich! Heißer Mittag schläft auf den Floren. Singe nicht! still! *Die Welt ist vollkommen*.«

Dass die Welt *in Ordnung* oder gar *vollkommen* ist, das erfährt der Mensch, so will es scheinen, vorzugsweise wenn er liegt – mal im Bett und mal im Gras. Wobei das Gras für unseren Zusammenhang bedeutungsvoller ist. Denn das Gras wächst auf der Erde, und die Erde ist es, die für unsere Glückseligkeit von größter Relevanz ist. Jedenfalls gemahnt uns Nietzsche eindringlich dazu, der Erde treu zu bleiben, wenn wir denn glückselig werden wollen. Seinen Zarathustra lässt er sagen:

Ich beschwöre euch, meine Brüder, bleibt der Erde treu![246]

Warum das? Weil die Erde für das Irdische und Endliche des Lebens steht; weil die Erde uns daran gemahnt, dass wir sterblich sind und unser Leib am Ende unserer Tage wieder der Erde übergeben werden wird; weil die Erde das begrenzte Spielfeld unseres Lebens ist, und unsere irdische Existenz eine begrenzte Spielzeit aufweist. Nicht zufällig beendet Nietzsche die Schilderung des Glücks seines Zarathustra damit, dass dieser sich seiner Zeit und Endlichkeit bewusst wird: »Auf!« sprach er zu sich selber, »du Schläfer! Du Mittagsschläfer! Wohlan, wohlauf, ihr alten Beine! Zeit ist's und Überzeit, manch gut Stücks Wegs blieb euch noch zurück.« Ja, Zeit ist's. Das weiß auch Hermann Hesse, wenn er rückblickend auf seinen Augenblick des Glücks bemerkt: »Und ob dieses Glück hundert Sekunden oder zehn Minuten gedauert habe, es war so *außerhalb der Zeit*, dass es jedem anderen echten Glücke so vollkommen glich wie ein flatternder Bläuling dem andern. *Es war vergänglich*, es wurde von der Zeit überspült...«

Wir sind vergänglich, wir sind sterblich, unsere Spielzeit ist begrenzt. Das zu wissen und zu bejahen, ist die Voraussetzung zu unserer Glückseligkeit. Mögen auch die Götter oder Gott sich ewiglich in Seligkeit ergehen – mögen auch die Seligen im Himmelreich sich ewiglich an Gottes Anblick freuen – uns, die wir auf Erden wandeln, scheint der Wunsch nach Seligkeit für unser Erdendasein viel zu hoch gegriffen und vermessen. Nicht zum Himmel wollen wir entweichen, sondern mit dem sehnsuchtsvollen Blick zum Himmel liebend auf der Erde weilen. Eros macht es möglich. Eros bleibt der Erde treu, auch wenn wir auf seinen Schwingen uns dem Göttlichen zu nähern in der Lage sind. Die Sterblichkeit und Endlichkeit hebt er nie auf – auch wenn er sich nach Ewigkeit und Unsterblichkeit sehnt.

Für die erotische Lebenskunst eignen wir uns deshalb Nietzsches flammenden Appell an: *Bleibt der Erde treu!* Verlieren wir uns nicht in den luftigen Höhen einer seligkeitstrunkenen und entrückten Spiritualität, die den Leib hinter sich lassen und als reiner Geist die Einheit mit dem Göttlichen erfahren will. Verlieren wir uns aber auch nicht an die Erde und reduzieren uns darauf, ein biochemischer Algorithmus zu sein. Nein, bleiben wir der Erde treu – harmonisch eingefügt ins große Netz des Lebens, mitschwingend in der Symphonie des Kosmos, resonant mit der großen Harmonie des Lebens; wohlwissend, dass die Glückseligkeit, die wir dabei erfahren können, endlich ist – und umso inniger verliebt ins Leben.

Anmerkungen

1 Jutta Bauer: Selma, Oldenburg 1997.

2 Vgl. Ludwig Marcuse: Philosophie des Glücks, Zürich 1972, S. 20.

3 Vgl. Joachim Ritter/Otto Hermann Pesch/Robert Spaemann: Artikel Glück, Glückseligkeit, in: Historisches Wörterbuch der Philosophie (HWPh), Bd. 3, S. 679–707, S. 700.

4 Dalai-Lama: Der Weg zum Glück. Sinn im Leben finden, hg. von Jeffrey Hopkins, Freiburg i. Br. 2002.

5 Wilhelm Schmid: Philosophie der Lebenskunst. Eine Grundlegung, Frankfurt/M. 1998.

6 Vgl. dazu: Sabine Meck: Vom guten Leben. Eine Geschichte des Glücks, Darmstadt 2003, S. 156–187.

7 Hermann Hesse: Glück, in: Ders., Glück, hg. von Volker Michels, Frankfurt/M. 2000, S. 13 f.

8 Ingvild Salid Grühus: Artikel Glück/Glückseligkeit, in: Religion in Geschichte und Gegenwart (RGG) IV, S. 1015.

9 Vgl. Wolfgang Schneider: Glück – was ist das?, München 1978, S. 20f.

10 Ludwig Marcuse, a. a. O., S. 21f.

11 Ludwig Marcuse, a. a. O., S. 23.

12 Martin Heidegger: Die Frage nach der Technik, in: Ders., Vorträge und Aufsätze I, Tübingen 1967, S. 36.

13 Friedrich Nietzsche: Vom Nutzen und Nachtheil der Historie für das Leben, in: Ders., Kritische Studienausgabe Bd 1., hg. von Giorgio Colli und Mazzino Montinari, München 1988 (abgek. KSA), S. 243–334, S. 248.

14 Friedrich Hölderlin: Werke in 2 Bänden, Bd. 1, München 1974, S. 229.

15 Aristoteles: Nikomachische Ethik (abgek. EN) 1178b25 ff. Zitiert nach der von Günther Bien hg. Ausgabe auf der Grundlage der Übersetzung von Eugen Rolfes, Hamburg 1985.

16 Vgl. Platon, Symposion (abgek. Symp.) 202d. Zitiert nach der von Gunther Eigler hg. Zweisprachigen Ausgabe der Werke Platons in 8 Bd., Darmstadt 1990.

17 Euripides, Orestes 667.

18 Friedrich Nietzsche: Also sprach Zarathustra. Zarathustras Vorrede 5, KSA 4, S. 19 f.

19 Vgl. Nietzsche: Zarathustra. Von der verkleinernden Tugend, a. a. O., S. 213: »Zum Tiktak des kleinen Glücks wollen sie meinen Fuss überreden.«

20 Friedrich Nietzsche: Jenseits von Gut und Böse, KSA Bd. 5, Abs. 228, S. 164.

21 Francis Hutcheson: Inquiry Concerning Moral Good and Evil, London 1726, Abschnitt 3.

22 Jeremy Bentham: An Introduction to the Principles of Morals and Legislation, London 1789, zitiert nach: Otfried Höffe: Einführung in die utilitaristische Ethik, München 1975, S. 35–58, S. 35 f.

23 Bentham, a. a. O., S. 50.

24 John Stuart Mill: Der Utilitarismus, hg. von Dieter Birnbacher, Stuttgart 1985, S. 13.

25 Aristoteles, EN 1094a1–3, 1095a17–20.

26 Aristoteles, EN 1095a20–28.

27 Aristoteles, EN 1097a30–b1.

28 Aristoteles, EN 1097b21 f.

29 Wo immer in diesem und den folgenden Kapiteln der Begriff Bestheit auftaucht, fungiert er als Übersetzung des griechischen aretē.

30 Vgl. Platon, Politeia (abgek. Rsp.) 352d–354a.
31 Aristoteles, EN 1097b30–34.
32 Aristoteles, EN 1098a3.
33 Aristoteles, EN 1101a14–17.
34 Aristoteles, EN 1177a11–17.
35 Aristoteles, EN 1177a20.22.
36 Aristoteles, EN 1177a27–b3.
37 Aristoteles, EN 1177a23–25.
38 Aristoteles, EN 1177b27–1178a8.
39 Aristoteles, EN 1178b25–28.
40 Aristoteles, EN 1178a3+4.
41 Aristoteles, EN 1177b26–27.
42 Augustinus, Confessiones X, 22. Zitiert nach: Aurelius Augustinus: Bekenntnisse, eingel. und übertragen von Wilhelm Thimme, Zürich 1958.
43 Ebd. 23.
44 Vgl. Otto Heinrich Pesch: Artikel »Glück«, Abs. II, in: HWPh Bd. 3, S. 691-696, hier S. 691.
45 Dante Alighieri: Die Göttliche Komödie, Dritter Teil, Paradiso, übers. und hg. von Hermann Gmelin, München 1988.
46 Zum Verhältnis Sokrates-Platon vgl. Günter Figal: Sokrates (Becksche Reihe Denker), München 1995.
47 Platon, Apologie (abgek. Apol.) 20d–21c.
48 Platon, Theaitetos (abgek. Tht.) 149a–151d.
49 Zitiert bei: Platon, Tht. 151e.
50 Platon, Gesetze (Nomoi; abgek. Nom.), 716c.
51 Platon, Gorgias (abgek. Gorg.), 470e.
52 Platon, Gorg. 472e.
53 Platon, Gorg. 474b.
54 Platon, Gorg. 506d.
55 Platon, Gorg. 506d–507c.
56 Platon, Gorg. 507e–508a.

57 In seinem späten Dialog Nomoi (Die Gesetze) nimmt Platon dieses Motiv wieder auf, wenn er dort eine Rede wider die »Gottesleugner« vortragen lässt, die ihre Pointe darin hat, dass das Sein im Ganzen ein lebendiges Gefüge ist, das sein absolutes Maß in sich hat.

58 Platon, Phaidon (abgek. Phdo.) 58e.

59 Vgl. dazu meine Dissertation: Sein und Seele – Platons Metaphysik der Lebendigkeit. Interpretationen zu PHAIDON und POLITEIA, Münster 1998. Außerdem: Christoph Quarch: Platon und die Folgen, Stuttgart 2019.

60 Platon, Rsp. 443d–e.

61 Platon, Rsp. 473c.

62 Platon, Nom. 891e–c.

63 Platon, Tht. 176b–177a.

64 Platon, Nom. 899a.

65 Paul Auster: Die Musik des Zufalls, Reinbek 1992 (The music of chance, 1990), S. 162–165.

66 Hermann Hesse: Glück, a. a. O., S. 16–17.

67 Hesse, a. a. O., S. 20.

68 Hesse, a. a. O., S. 21 f.

69 Nietzsche, a. a. O., KSA 4, S. 342–345.

70 Vgl. dazu: Werner Jäger: Paideia. Die Formung des griechischen Menschen (1933), 2. ungek. Nachdruck, Berlin 1989.

71 Platon, Nom. 788c.

72 Platon, Nom. 795d.; vgl. Rsp. 376e.

73 Platon, Rsp. 401d.

74 Platon, Rsp. 401c.

75 Platon, Nom. 795e.

76 Platon, Rsp. 412a.

77 Platon, Rsp. 525b–c.

78 Platon, Rsp. 527d–e.

79 Platon, Rsp. 529c–d.
80 Platon, Rsp. 530d.
81 Platon, Rsp. 514a–517a.
82 Platon, Rsp. 509b.
83 Platon, Rsp. 515e.
84 Wilhelm von Humboldt: Ideen zu einem Versuch, die Gränzen der Wirklichkeit des Staats zu bestimmen (1792), in: Ders., Schriften zur Anthropologie und Geschichte (Werke in fünf Bänden I), Darmstadt 1980, S. 56–240, S. 64.
85 Humboldt, a.a.O., S. 64f.
86 Humboldt, a.a.O., S. 65: »Diese Ideen weiter verfolgt und genauer entwickelt, dürften vielleicht auf eine richtigere Erklärung des Phänomens der Verbindungen führen, welche [...] man oft zu unedel mit dem Namen der gewöhnlichen Liebe, und immer unrichtig mit dem Namen der bloßen Freundschaft belegt hat.«
87 Humboldt, a.a.O., S. 65.
88 Wilhelm von Humboldt: Theorie der Bildung des Menschen (1792), in: Ders., a. a. O., S. 234–240, S. 237.
89 Humboldt, a.a.O., S. 66.
90 Humboldt, a.a.O., S. 78.
91 Friedrich Schiller: Über die Ästhetische Erziehung des Menschen in einer Reihe von Briefen (1795), in: Ders., Über das Schöne und die Kunst. Schriften zur Ästhetik, München 1984, S. 139–230, S. 228.
92 Schiller, a.a.O., S. 142.
93 Darin verband Kant auf gewisse Weise den anthropologischen Dualismus Descartes mit der Zwei-Reiche-Lehre der christlichen, zu dieser Zeit vornehmlich protestantischen Theologie, derzufolge

der Mensch sowohl den Gesetzen des Reiches Gottes als auch den Gesetzen der materiellen Welt unterworfen ist.

94 Schiller, a. a. O., S. 146.

95 Schiller, a. a. O., S. 149: »Mitten im Schoße der raffiniertesten Geselligkeit hat der Egoism sein System gegründet.«

96 Schiller, a. a. O., S. 141.

97 Schiller, a. a. O., S. 152.

98 Schiller, a. a. O., S. 160.

99 Schiller, a. a. O., S. 163.

100 Schiller, a. a. O., S. 171.

101 Schiller, a. a. O., S. 172.

102 Schiller, a. a. O., S. 170.

103 Schiller, a. a. O., S. 178.

104 Schiller, a. a. O., S. 179.

105 Schiller, a. a. O., S. 179 f.

106 Schiller, a. a. O., S. 181.

107 Schiller, a. a. O., S. 183.

108 Schiller, a. a. O., S. 184.

109 Schiller, a. a. O., S. 183.

110 Immanuel Kant: Kritik der Urteilskraft, § 9, B 28, in: Ders., Werkausgabe X, hg. von Wilhelm Weischedel, Frankfurt/M 1974, S. 132.

111 Schiller, a. a. O., S. 195.

112 Schiller, a. a. O., S. 197.

113 Schiller, a. a. O., S. 206.

114 Schiller, a. a. O., S. 204.

115 Schiller, a. a. O., S. 147.

116 Schiller, a. a. O., S. 207 mit 208.

117 Wilhelm Schmid: Schönes Leben? Einführung in die Lebenskunst, Frankfurt/M. 2000, S. 7.

118 Schmid, a. a. O., S. 7f.

119 Friedrich Nietzsche: Die fröhliche Wissenschaft, Abs. 125, in: Ders., KSA 3, S. 481.

120 Nietzsche, a.a.O., Abs. 299, S. 538.

121 Friedrich Nietzsche: Vom Nutzen und Nachtheil der Historie für das Leben 1, in: Ders., KSA 1, S. 251.

122 Friedrich Nietzsche: Die Geburt der Tragödie, in: Ders., KSA 1, S. 9–156.

123 Nietzsche, a.a.O., S. 56.

124 Nietzsche, a.a.O., S. 47.

125 Friedrich Nietzsche: Also sprach Zarathustra, KSA 4, S. 31.

126 Nietzsche, KSA 4, S. 208.

127 Nietzsche, KSA 4, S. 343.

128 Friedrich Nietzsche: Jenseits von Gut und Böse, Abs. 13, KSA 5, S. 27.

129 Nietzsche, Also sprach Zarathustra, KSA 4, S. 147.

130 Nietzsche, KSA 4, S. 146.

131 Nietzsche, KSA 4, S. 14: »Ich lehre euch den Übermenschen. Der Mensch ist Etwas, das überwunden werden soll.«

132 Nietzsche, KSA 4, S. 149.

133 Nietzsche, KSA 4, S. 181.

134 Schmid, a.a.O., S. 178.

135 Schmid, a.a.O., S. 27.

136 Schmid, a.a.O., S. 173.

137 Schmid, a.a.O., S. 175.

138 Schmid, a.a.O., S. 176.

139 Schmid, a.a.O., S. 177.

140 Schmid, a.a.O., S. 177.

141 Schmid, a.a.O., S. 169.

142 Schmid, a.a.O., S. 170.

143 Schmid, a.a.O., S. 172.

144 Schmid, a.a.O., S. 179.

145 Meister Eckehart: Deutsche Predigten und Traktate, hg. und übers. von Josef Quint, München 1963, S. 55f.

146 Meister Eckhart, Predigt 32, a.a.O., S. 304.
147 Dietmar Mieth: Meister Eckhart. Mystik und Lebenskunst, Düsseldorf 2004.
148 Meister Eckhart, Reden der Unterweisung 4, a.a.O., S. 57.
149 Meister Eckhart, Reden der Unterweisung 1, a.a.O., S. 53.
150 Ebd. S. 181.
151 Meister Eckhart, Predigt 32, S. 309.
152 Meister Eckhart, Predigt 6, S. 178.
153 Meister Eckhart, Predigt 6, S. 178.
154 Meister Eckhart, Predigt 32, S. 305.
155 Vgl. Meister Eckhart, Predigt 32, S. 305.
156 Vgl. Meister Eckhart, Reden der Unterweisung 6, S. 58ff.
157 Vgl. Meister Eckhart, Predigt 6, S 181: »Alle Dinge sind geschaffen aus nichts, darum ist ihr wahrer Ursprung das Nichts.«
158 Meister Eckhart, Predigt 2, S. 164.
159 Meister Eckhart, Reden der Unterweisung 1, S. 53.
160 Meister Eckhart, Reden der Unterweisung 6, S. 59.
161 Meister Eckhart, Vom edlen Menschen, S. 145.
162 Meister Eckhart, Reden der Unterweisung 3, S. 55.
163 Meister Eckhart, Reden der Unterweisung 11, S. 69.
164 Meister Eckhart, Reden der Unterweisung 3, S. 55: »Niemals steht ein Unfriede in dir auf, der nicht aus Eigenwillen kommt, ob man's nun merke oder nicht.«
165 Meister Eckhart, Reden der Unterweisung 1, S. 54.
166 Meister Eckhart, Reden der Unterweisung 10, S. 65; eine verblüffende Vorwegnahme von Kants berühmtem ersten Satz der Grundlegung zu einer Metaphysik der Sitten: »Es ist überall nichts in der

Welt, ja überhaupt auch außer derselben zu denken möglich, was ohne Einschränkung für gut könnte gehalten werden, als allein ein guter Wille …« (Grundlegung zur Metaphysik der Sitte, Werkausgabe VII, S. 18.)

167 Meister Eckhart, Reden der Unterweisung 12, S. 72.

168 Vgl. Meister Eckhart, Predigt 7, S. 184: »Gottes Sein ist mein Leben. Ist denn mein Leben Gottes Sein, so muss Gottes Sein mein sein und Gottes Wesenheit meine Wesenheit.«

169 Meister Eckhart, Predigt 6, S. 180.

170 Meister Eckharts mystische Schriften, Berlin 1903, S. 62.

171 Meister Eckhart, Predigt 6, S. 181.

172 Meister Eckhart, Reden der Unterweisung 15, S. 76; vgl. 18, S. 81.

173 Meister Eckhart, Reden der Unterweisung 6, S. 61 f.

174 Meister Eckhart, Vom edlen Menschen, S. 143.

175 Meister Eckhart, Vom edlen Menschen, S. 143.

176 Meister Eckhart, Predigt 2, S. 159.

177 Meister Eckhart, Predigt 32, S. 305.

178 Meister Eckhart, Predigt 32, S. 308.

179 Meister Eckhart, Predigt 2, S. 159.

180 Mechthild von Magdeburg: Das fließende Licht der Gottheit, Zweite, neu bearbeitete Übersetzung mit Einführung und Kommentar von Margot Schmidt, Stuttgart-Bad Cannstadt 1995, S. 33 f.

181 Mechthild von Magdeburg, a. a. O., S. 17.

182 Meister Eckhart, Predigt 2, S. 160.

183 Meister Eckhart, Reden der Unterweisung 23, S. 94.

184 Meister Eckhart, Predigt 28, S. 288.

185 Meister Eckhart, Predigt 28, S. 288.

186 Meister Eckhart, Predigt 28, S. 281.
187 Meister Eckhart, Predigt 6, S. 180.
188 Meister Eckhart, Reden der Unterweisung 6, S. 59; vgl. 11, S. 70.
189 Predigt 28, S. 281.
190 Mechthild von Magdeburg, a. a. O., S. 20.
191 Ebd., S. 23.
192 Ebd., S. 21–22.
193 Meister Eckhart, Reden der Unterweisung 6, S. 61; Vgl. Predigt 32, S. 308 f.
194 Meister Eckhart, Reden der Unterweisung 6, S. 60.
195 Zugrunde liegt dabei die Ausgabe und Übersetzung von Barbara Zehnpfennig: Platon, Symposion. Übers. u. hg. von Barbara Zehnpfennig, griechisch-deutsch, Hamburg 2000. Dieser Ausgabe, vor allem der Kommentierung Zehnpfennigs, verdanke ich wesentliche Inspirationen für die Interpretation der platonischen Eros-Philosophie.
196 Platon, Symp. 209e.
197 Platon, Symp. 198d–e.
198 Platon, Symp. 197b.
199 Platon, Symp. 197c.
200 Platon, Symp. 199d.
201 Platon, Symp.200a–e: »Jeder Begehrende begehrt etwas, was ihm nicht zur Verfügung steht und was noch nicht vorhanden ist; was man nicht hat und was man nicht selbst ist und was einem mangelt, dergleichen also sind die Dinge, worauf die Begierde und Eros sich richten.« (200e)
202 Homerischer Hymnus an Aphrodite 1–93; in: Die Homerischen Götterhymnen, dt. v. Thassilo von Scheffer, Leipzig 1974, S. 94–104.
203 Ebd., S. 149–154.
204 Platon, Symp. 201e.

205 Platon, Symp. 202a–c. Tatsächlich steht im griechischen Text hier das Wort eudaímonas, also glückselig. Der Sache nach aber will Diotima sagen, dass Eros nicht die Seligkeit des Göttlichen begehrt (dies wird deutlich in 201c4), weshalb ich mir erlaube, hier die Übersetzung selig zu verwenden.

206 Platon, Symp. 202d.

207 Platon, Symp. 202e.

208 Platon, Symp. 204b.

209 Platon, Symp. 204b.

210 Platon, Symp. 204a.

211 Platon, Symp. 203c.

212 Platon, Symp. 200a–e.

213 Platon, Symp. 203e.

214 Platon, Symp. 206e.

215 Platon, Symp. 206c.

216 Platon, Symp. 207a+b.

217 Platon, Symp. 207c–208b.

218 Platon, Symp. 206d.

219 Platon, Symp. 204d–205a.

220 Platon, Symp. 207b.

221 Platon, Symp. 204d–e.

222 Platon, Phdr. 254b–d.

223 Platon, Phdr. 254e.

224 Platon, Phdr. 251b.

225 Platon, Symp. 202b–d.

226 Platon, Symp. 202e.

227 Platon, Symp. 209e–210a.

228 Platon, Symp. 210a+b.

229 Platon, Symp. 205d; »größte und listenreichste« ist ein Zitat unbekannter Herkunft.

230 Platon, Symp. 208c–209e. Dass die Glückseligkeit die letzte Antwort auf die Frage ist, worum es uns allen am Ende zu tun ist, kennen wir seit Aristoteles

als unangetastete formale Definition des Glücks – dass aber Eros es ist, der alles Bemühen zum Glück anleitet, ist eine Einsicht, die wir Diotima verdanken.

231 Platon, Symp. 210b–e. Der Schluss ist frei übersetzt, um die etwas umständlichen Formulierungen Diotimas in 210e–211b abzukürzen.

232 Platon, Symp. 212a.

233 Meine praktischen Kenntnisse in Zen und Kontemplation verdanke ich Willigis Jäger (1925-2020), mit dem ich die Ehre und Freude hatte, verschiedene Bücher zu veröffentlichen.

234 Thich Nhat Hanh: Das Reich Gottes ist in uns, in: C. Quarch/G. Hartlieb, Eine Mystik, viele Stimmen, Freiburg i. B. 2004, S. 67–82, S. 73f.

235 Schiller, a. a. O., S. 160.

236 Willigis Jäger/Christoph Quarch: »... denn auch hier sind Götter«. Wellness – Fitness – Spiritualität, Freiburg i. B. 2004, S. 86.

237 Nietzsche, Also sprach Zarathustra, KSA 4, S. 181 und 179.

238 Vgl. hierzu das Kapitel »Den inneren Adel zeigen. Das spirituelle Potenzial der Kosmetik« in: Quarch u. Jäger, ... denn auch hier sind Götter, S. 105–117.

239 Nietzsche, Also sprach Zarathustra, KSA 4, S.49.

240 Zur Lektüre empfohlen seien die Bücher von Annemarie Schimmel, die viel über den Sufismus, und Reshad Feild, der viel aus dem Geiste der Sufis geschrieben hat.

241 Rumi: Das Lied der Liebe, hg. von Hans Christian Meiser, München 2005, S. 31.

242 Hans-Georg Gadamer: Wahrheit und Methode. Grundzüge einer philosophischen Hermeneutik, Tübingen 1986, S. 369. – In mancherlei Hinsicht ist Gadamers »philosophische Hermeneutik« eine

Lebenskunst der Verständigung. Jedenfalls verdanke ich ihm alles, was zu diesem Thema hier gesagt wird.

243 Hermann Hesse: Glück, a.a.O., S. 16–17.

244 Friedrich Hölderlin: Werke Bd. 1, S. 230.

245 Agápē ist diejenige Liebe, die das Christentum dem Seligen in Aussicht stellt, wenn er in das Reich Gottes eintritt. Von Platon her gedacht ist dies ganz einsichtig, sofern das »Reich Gottes« nichts anderes meint als das von der Mystik beschriebene Sein in der völligen Präsenz Gottes. Völlige Präsenz Gottes aber meint: Gott in allem zu sehen. Daher sagt Jesus: »Was ihr dem geringsten unter meinen Brüdern getan habt, das habt ihr mir getan.« Wer das wirklich begriffen hat, lebt in der Präsenz Gottes. Er hat die Kultur des Eros auf die Spitze getrieben, indem er sich auch für den noch entflammt, der ihm am fernsten ist. Agápē ist mithin nicht etwas anderes als Eros, sondern der ganz zu sich gekommene Eros. So gesehen muss sich das Christentum Nietzsches Vorwurf gefallen lassen, eine große Dummheit begangen zu haben, als es sich anschickte, um der Heiligung der Agápē willen »aus Eros und Aphrodite [...] höllische Kobolde und Truggeister zu schaffen«. (Nietzsche, Morgenröthe, Abs. 76, KSA 3, S. 73.)

246 Nietzsche, Also sprach Zarathustra, KSA 4, S.15.

Über den Autor

Dr. phil. Christoph Quarch (*1964 in Düsseldorf) ist Philosoph und Autor. Er lehrt Ethik und Wirtschaftsphilosophie, berät Unternehmen und veranstaltet Philosophie-Reisen (siehe ZEIT REISEN). Mit seiner SWR-Radiokolumne »Der Frühstücks-Quarch«, seinem Podcast, Artikeln und Büchern erreicht er ein breites Publikum im deutschsprachigen Raum. Im Jahr 2020 initiierte und gründete er die neue platonische Akademie *(akademie-3.org)* und ist Mitduetter beim *www.denkduett.de*. In seinen vielen Veröffentlichungen schöpft er aus den Quellen der europäischen Philosophie, um tragfähige Antworten auf die heutigen Herausforderungen zu finden. Er ist ein international renommierter Platon-Spezialist.

Zuletzt sind von ihm folgende Bücher erschienen:
Zu sein, zu leben, das ist genug.
Warum wir Hölderlin brauchen | legenda Q
Das große Ja. Ein philosophischer Wegweiser zum Sinn des Lebens | legenda Q
Wo die Seele singt | ReMedium Verlag
Platon und die Folgen | J.B. Metzler Verlag
Nicht denken ist auch keine Lösung | GU Verlag
Rettet das Spiel | btb und Hanser